民國文存

17

# 清初五大師集（卷一）
# 黃黎洲集

許嘯天　整理

知識產權出版社

黄黎洲是明末清初的思想家。本書由《明夷待訪錄》和《明儒學案節要》兩部分組成。《明夷待訪錄》體現了黄黎洲的民主、民本思想；《明儒學案節要》是整理者許嘯天對《明儒學案》這一闡述明代學術思想發展演變及其流派的學術史著作進行删節後形成。書前有許嘯天撰寫的新序。

本書適合對學術思想史感興趣者及相關的研究者閱讀使用。

**責任編輯：** 文　茜　　**責任校對：** 董志英　　**動態排版：** 賀　天
**执行編輯：** 韓　帥　　**責任出版：** 盧運霞
**特約編輯：** 吳杰華

**圖書在版編目（CIP）數據**

清初五大師集（卷一）· 黄黎洲集/許嘯天整理. —北京：知識産權出版社，2012.10
（民國文存）
ISBN 978-7-5130-1537-0
Ⅰ.①清…　Ⅱ.①許…　Ⅲ.①黄宗羲（1610~1695）—文集　Ⅳ.①B249.31
中國版本圖書館 CIP 數據核字（2012）第 217755 號

**清初五大師集（卷一）· 黄黎洲集**
Qingchu Wudashi Ji（Juanyi）· Huanglizhou Ji
許嘯天　整理

| | | | |
|---|---|---|---|
| **出版發行：** | 知識產權出版社 | | |
| **社　　址：** | 北京市海淀區馬甸南村 1 號 | **郵　　編：** | 100088 |
| **網　　址：** | http://www.ipph.cn | **郵　　箱：** | bjb@cnipr.com |
| **發行電話：** | 010-82000860 轉 8101/8102 | **傳　　真：** | 010-82005070/82000893 |
| **責編電話：** | 010-82000860 轉 8342 | **責編郵箱：** | wenqian@cnipr.com |
| **印　　刷：** | 北京中獻拓方科技發展有限公司 | **經　　銷：** | 新華書店及相關銷售網站 |
| **開　　本：** | 720 mm×960mm　1/16 | **印　　張：** | 25 |
| **版　　次：** | 2013 年 4 月第一版 | **印　　次：** | 2013 年 4 月第一次印刷 |
| **字　　數：** | 310 千字 | **定　　價：** | 78.00 元 |

ISBN 978-7-5130-1537-0/B · 066(4389)

# 民國文存

## （第一輯）

# 出版前言

民國時期，社會動亂不息，內憂外患交加，但中國的學術界卻大放異彩，文人學者輩出，名著佳作迭現。在炮火連天的歲月，深受中國傳統文化浸潤的知識份子，承當著西方文化的衝擊，內心洋溢著對古今中外文化的熱愛，他們窮其一生，潛心研究，著書立說。歲月的流逝、現實的苦樂、深刻的思考、智慧的光芒均流淌於他們的字裡行間，也呈現於那些細緻翔實的圖表中。在書籍紛呈的今天，再次翻開他們的作品，我們仍能清晰地體悟到當年那些知識分子發自內心的真誠，蘊藏著對國家的憂慮，對知識的熱愛，對真理的追求，對人生幸福的嚮往。這些著作，可謂是中華歷史文化長河中的珍寶。

民國圖書，有不少在新中國成立前就經過了多次再版，備受時人稱道。許多觀點在近一百年後的今天，仍可說是真知灼見。眾作者在經、史、子、集諸方面的建樹成爲中國學術研究的重要里程碑。蔡元培、章太炎、陳柱、呂思勉、謝無量、錢基博等人的學術研究今天仍爲學者們津津樂道；魯迅、周作人、沈從文、丁玲、梁遇春、李健吾等人的文學創作以及傅抱石、豐子愷、徐悲鴻、陳從周等人的藝術創想，無一不是首屈一指的大家名作。然而這些凝結著汗水與心血的作品，有的已經罹於戰火，有的僅存數本，成爲圖書館裡備受愛護的珍本，或成爲古玩市場裡待價而沽的商品，讀者很少有隨手翻閱的機會。

鑑此，爲整理保存中華民族文化瑰寶，本社從民國書海裡，精心挑出了一批集學術性與可讀性於一體的作品予以整理出版，以饗讀者。這些書，包括政治、經濟、法律、教育、文學、史學、哲學、藝術、科普、傳記十類，綜之爲民國文存。每一類，首選大家名作，尤其是對一些自新中國成立以后沒有再版的名家著作投入了大量的精力，進行了整理。在版式方面有所權衡，基本採用化豎爲橫、保持繁體的形式，標點符號則用現行的規範予以替換，一者考慮了民國繁體文字可以呈現當時的語言文字風貌，二者顧及到今人從左至右的閱讀習慣，以方便讀者翻閱，使這些書能真正走入大眾。然而，由於所選書籍品種較多，涉及的學科頗爲廣泛，限於編者的力量，不免有所脫誤遺漏及不妥當之處，望讀者予以指正。

# 目　錄

# 新序

許嘯天

我如今整理黃黎洲先生的集子，便連帶想起我二十五年前的學生生活來。那時我們全中國人的知覺，被日本一砲，從睡夢中恢復過來；——中日甲午年的一戰——第一件表示他的覺悟，便是開學堂。又因學堂兩字，洋氣太重，便改稱做書院；招的學生，都要有舉貢生監的資格，開書院的宗旨，是以中學爲體，西學爲用。凡是進書院去讀書的，大家稱他是讀洋書；那些鼻架玳瑁眼鏡的老先生，都搖着頭掉着文說道："是誠用夏變夷之道也！"我也便是當時書院中讀洋書的一個產兒。說也奇怪，當時書院中的教習老夫子，任他如何教我們要忠君，要攘夷；但我們除做照例中學西學的功課以外，便能自己覓得反對帝制的途徑，和主張民權的西洋學說。第一步佔據我腦筋的，有兩部書：第一部，是盧棱[1]的《民約論》；第二部，便是黃黎洲的《明夷待訪錄》。內中《原君》、《原臣》兩篇最容易彈動我們熱血少年的心絃；恰巧那時高高在上的皇帝，是那滿洲人愛新覺羅先生。我們受了推翻帝制、排斥異族兩種思潮的鼓動，便大高興而特高興，去做我們的革命事業；在書院裏先結了一個同志的團體，有幾位年輕的師長，做了我們的首領，秘密出發，四處去演講。課堂裏餘剩下來的工夫，又做了許多鼓吹革命的文章，還寫信給遠處的朋友，勸他和我們一致行動。這《民約論》和《明夷待訪錄》兩部書，恰做了我們唯一的資料；著書立

---

❶ "盧棱"，即"盧梭"，法國啓蒙思想家。——編者註

說，開口閉口，都拿他做引證。我可以說，我們當時在杭州做學生所傳下的革命種子，必是不少。後來事體愈鬧愈大了，黨羽也愈結愈多，地方上也漸漸的受起影響來了。駐防杭州的滿洲人裏面有兩個人最注意我們的動作：一個是瓜爾佳，——便是如今的金梁——一個是貴翰香；後來終究是他們兩人去在杭州駐防將軍跟前告密，雷厲風行，捕拿黨人。這班脆弱的學生，如何有抵抗的能力？一聽風聲不好，便立刻逃的逃、躲的躲。這風潮起過以後，別人如何的結果，我却不知道；講到我自己的結果，便鬧丟了徐錫麟、秋瑾兩條性命。

因此，這位黃黎洲先生的學說，和我自幼兒便發生了關係；到現在，還是崇拜他不懈的。講到黎洲先生當時的政治運動也和我們一般經過恐慌時代——這可以說我們模倣他——如今我趁便約略敘述在下面：

明朝滅亡的時候，黎洲先生在家裏讀書。——先生跟着劉蕺山先生求學問、講氣節，又研究明朝的歷史，便和明朝的皇家發生特別深厚的感情——順治元年五月初十那一天，福王在南京卽皇帝位；聽信了奸臣阮大鋮馬士英的話，捉了許多東林黨人去，關在牢監裏。——東林黨是明朝時候一班正直的讀書人結合的在野政黨，攻擊當時的貪官污吏，所以阮馬這班人把東林黨人恨如切骨，黎洲先生也是一位東林黨員——黎州先生避禍逃到日本去，第二年滿洲兵南下，先生又急急從日本回國來，回到他餘姚的原籍；在浙東一帶地方，召集了五六千人，編成“世忠營”，和滿州兵打。雖說打了敗仗，但終究不肯投降，帶了一千多人馬，到四明山裏去結定營寨，拿氣節兩字教練子弟；又過了一年，把兵權讓給王翊，先生自己到定海舟山一帶地方去幫助魯王，做種族革命的事業。東奔西走，忙了六年工夫，滿洲政府前後共捉捕他十一次，都不曾捉着。直到順治十五年，明朝永歷帝從雲南逃到緬甸，被緬甸人捉住了，獻給吳三桂，永歷帝被殺害；黎洲先生的革命運動，也從此告了一個結束。

我可以說黎洲先生這一番事業，完全是從平日學養工夫裏培植成功的；本來我們平日讀書，原爲臨時應用的，倘然是不能用的學問，便不必學，不能用的書本，便不必讀。黎洲先生的學問，叫人可敬的地方，便在他的實踐精神。先生是史學大家，那歷史學的效用，又完全在實踐上面。先生雖也講理學，但他是劉蕺山的一派，"不空談理氣性命，求本身眞實受用"的；因此我可以相信我們學生時代的鬧革命，和如今學生的民族自覺運動，反帝國主義運動，都是不可怪的。本來我們中國讀書人第一件大毛病，便在知而不行。中國學術的中心時期，是在周秦交界的時候；那時候時局特別的紊亂，那社會的事業也特別的發達，一切制度器物，直流傳到如今，便是一種東方文化，在當時發揚出來的，我們現在也還享用着；——這頗像西洋歷史上的希臘文明——到了漢儒手裏，用搬弄骨董式去研究經學；愈研究愈繁碎，愈繁碎也便愈不適於實用。到了宋儒手裏，從橫截裏殺進一般印度文化來，便大家用靜坐參禪式去講究理學；愈講究愈玄虛，愈玄虛也便愈不切於實用。從周秦以後，直到明朝，這幾千年裏面的讀書人，都犯了一個不知實踐的大病；因此民氣弄到這樣昏惰，物制弄到這樣簡陋。到了明朝嘉靖年間，出了一位王陽明；他到晚年纔漸漸的提倡"知行合一"的說頭。後來出了黃黎洲、顏習齋、王船山、顧亭林這一班大師，他們一面把"知行合一"的主義積極的鼓吹起來，一面極端反對靜坐參禪式的理學。這黃黎洲先生中年的政治事業，也是他"知行合一"的表現。可恨清朝三百多年過來，採用了明朝科舉束縛思想的政策，把明末幾位大師所提倡實踐精神的一絲活氣，重復抑制住；雖說這裏面有幾位不得志於功名的宿儒，也曾用力在史地經學工夫上，——我父親許傳霈也是其中的一員——但依舊是犯了一個知而不行、行而不適於用的大病。須知道做學問的工夫，第一步在養氣；如何能養成正大雄厚的氣？便在做事。讀書是第二步。支離瑣碎的讀書，是不中用的；虛無玄妙的讀書，也是不中用的。你看黃黎洲先生他在中年時候做那政治事業，何等的有實踐精神？後來他在史學上用工夫，又何等的有片段？明末浙東的史學派，要算先生是一個中堅份子；先生遵了他父親黃尊素先生的遺命，專治史學。尤特別注意明代的文獻。他的嫡派學生是萬季野、全榭山一班人；後來的章實齋也得了這一派的工夫。這一派的史學，可稱爲科學化的史學；影響在中國的學術界和思想界的，很是偉大。當時清朝政府修編《明史》，便把先生的兒子百家，和他的學生萬季野都請去；先生自己也著了一部《明儒學案》，是中國史學界中第一部學術專史。後來又續著《宋元學案》衹成了十七卷，由黃百家、全榭山兩先生續成了一百卷。若問先生在史學界如何能有這樣的供獻？我可以說，全因爲先生平日做學問，有實踐的精神，和有片段的眼光；不是和漢儒那般支離瑣屑，也不是和宋儒那般虛無玄妙，纔有這獨到的學問，和偉大的人格。梁啟超先生說的："爲學之道，人格在第一層，學問在第二層；只要人格偉大，便學術差一點，也不相干。"因此，我如今把我少年時候受用的一部《明夷待訪錄》全部重印出來，又把先生著的《明儒學案》——因爲原書太多內容中有許多不是我們現在所需要的思想，所以用一番刪節工夫——也整理出來，合刊成一部集子；讀了他的集子，却還要不忘記兩句話：

做學問，要有片段的眼光；做學問，要求實踐的可能。

十五年，一月，五日，在上海

# 顧甯人書

辛丑之歲，一至武林，便思東渡娥江，謁先生之杖履；而逡巡未果。及至北方，十有五載；流覽山川，周行邊塞，粗得古人之陳蹟；而離羣索居，幾同傖父。年踰六十，迄無所成。如何！如何！

伏念炎武，自中年以前，不過從諸文士之後；注蟲魚，唫風月而已。積以歲月，窮探古今；然後知後海先河，爲山覆簣；而於聖賢六經之旨，國家治亂之原，生民根本之計，漸有所窺；恨未得就正有道！

頃過薊門，見貴門人具稔起居無恙，因出大著《待訪錄》讀之，再三。於是，知天下之未嘗無人，百王之敝可以復起，而三代之盛可以徐還也。天下之事，有其識者，未必遭其時？而當其時者，或無其識？

古之君子，所以著書待後；有王者起，得而師之。然而易窮則變，變則通，通則久；聖人復起，而不易吾言，可預信於今日也！

炎武以管見爲《日知錄》一書，竊自幸其中所論，同於先生者十之六七；唯奉春一策，必在關中；而秣陵僅足偏方之業，非身歷者，不能知也。但鄙著恆自改竄，且有礙時，未刻；其已刻八卷，及《錢糧論》二篇，乃數年前筆也。先附呈大教，倘辱收諸同志之末，賜以抨彈；不厭往復，以開末學之愚，以貽後人，以幸萬世，曷勝禱切！

同學弟，顧炎武頓首

# 明夷待訪錄

余常疑孟子一治一亂之言，何三代而下之有亂無治也？乃觀胡翰所謂十二運者，起周敬王甲子以至於今，皆在一亂之運向；後二十年，交入大壯，始得一治；則三代之盛，猶未絕望也。

前年壬寅夏，條具爲治大法，未卒數章，遇火而止。今年目藍水返於故居，整理殘帙；此卷獨未失落於擔頭艙底，兒子某某請完之。

冬，十月，雨窗削筆喟然而歎曰："昔王冕做《周禮》著書一卷，自謂：'吾未即死，持此以遇明主；伊呂事業，不難致也'。終不得少試以死。冕之書，未得見；其可致治與否，固未可知；然亂終，亦何能爲大壯之交？吾雖老矣，如箕子之見訪，或庶幾焉！豈因夷之初旦明而未融，遂祕其運未言也？"

癸卯，梨洲老人識

## 原君

有生之初，人各自私也，人各自利也；天下有公利而莫或興之，有公害而莫或除之。有人者出，不以一己之利爲利，而使天下受其利；不以一己之害爲害，而使天下釋其害。此其人之勤勞，必千萬于天下之人。

夫以千萬倍之勤勞，而己又不享其利，必非天下之人情所欲居也。故古之人君，量而不欲入者，許由、務光是也；入而又去之者，堯舜是也；初不欲入而不得去者，禹是也。豈古之人有所異哉？好逸惡勞，亦猶夫人之情也。

後之爲人君者，不然！以爲天下利害之權，皆出于我；我以天下之利盡歸于己，以天下之害盡歸于人，亦無不可。使天下之人，不敢自私，不敢自利；以我之大私爲天下之公，始而慚焉，久而安焉。視天下爲莫大之産業，傳之子孫，受享無窮。漢高帝所謂："某業所就，孰與仲多者？"其逐利之情，不覺溢之于辭矣！此無他，古者以天下爲主，君爲客，凡君之所畢世而經營者，爲天下也；今也以君爲主，天下爲客，凡天下之無地而得安甯者，爲君也。是以其未得之也，屠毒天下之肝腦，離散天下之子女，以博我一人之産業，曾不慘然！曰："我固爲子孫創業也。"其既得之也，敲剝天下之骨髓，離散天下之子女，以奉我一人之淫樂，視爲當然！曰："此我産業之花息也。"然則爲天下之大害者，君而已矣！向使無君，人各得自私也，人各得自利也；嗚呼！豈設君之道，固如是乎？

古者，天下之人，愛戴其君，比之如父，擬之如天，誠不爲過也；今也，天下之人，怨惡其君，視之如寇讎，名之爲獨夫，固其所也；而小儒規規焉，以君臣之義，無所逃于天地之間。至桀紂之暴，猶謂湯武不當誅之，而妄傳伯夷、叔齊無稽之事。乃兆人萬姓崩潰之血肉，曾不異夫腐鼠。豈天地之大，于兆人萬姓之中，獨私其一人一姓乎？是故武王，聖人也；孟子之言，聖人之言也。後世之君，欲以如父如天之空名，禁人之窺伺者，皆不便于其言，至廢孟子而不立，非導源於小儒乎？

雖然，使後之爲君者，果能保此産業，傳之無窮，亦無怪乎其私之也。既以産業視之，人之欲得産業，誰不如我！攝緘滕，固扃鐍，一人之智力，不能勝天下欲得之者之衆。遠者數世，近者及身；其血肉之崩潰，在其子孫矣。

昔人願世世無生帝王家，而毅宗之語公主，亦曰："若何爲生我家？”痛哉斯言！囘思創業時，其欲得天下之心，有不廢然摧阻者乎？是故明乎爲君之職分，則唐虞之世，人人能讓，許由、務光，非絕塵也；不明乎爲君之職分，則市井之間，人人可欲，許由、務光，所以曠後世而不聞也。然君之職分難明，以俄頃淫樂不易無窮之悲，雖愚者亦明之矣。

## 原臣

有人焉，視于無形，聽于無聲，以事其君，可謂之臣乎？曰：“否。”殺其身，以事其君，可謂之臣乎？曰：“否。”夫視于無形，聽于無聲，資于事父也。殺其身者，無私之極則也，而猶不足以當之，則臣道如何而後可？曰：“緣夫天下之大，非一人之所能治，而分治之以羣工。故我之出而仕也，爲天下，非爲君也；爲萬民，非爲一姓也。吾以天下萬民起見，非其道，卽君以形聲強我，未之敢從也；況于無形無聲乎？非其道，卽立身于其朝，未之敢許也；況于殺其身乎？

不然，而以君之一身一姓起見，君有無形無聲之嗜慾，吾從而視之聽之，此宦官宮妾之心也；君爲己死而爲己亡，吾從而死之亡之，此其私暱者之事也；是乃臣、不臣之辨也。世之爲臣者昧于此義，以謂臣爲君而設者也。君分吾以天下，而後治之；君授吾以人民，而後牧之；視天下人民爲人君橐中之私物！今以四方之勞擾，民生之憔悴，足以危吾君也，不得不講治之牧之之術。苟無係于社稷之存亡，則四方之勞擾，民生之憔悴，雖有誠臣，亦以爲纖芥之疾也。

夫古之爲臣者，于此乎，于彼乎？蓋天下之治亂，不在一姓之興亡，而在萬民之憂樂；是故桀紂之亡，乃所以爲治也；秦政蒙古之興，乃所以爲亂也；晉宋齊梁之興亡，無與於治亂者也。爲臣者輕視斯民之水火，卽能輔君而興，從君而亡；其於臣道，固未嘗不背也。

夫治天下，猶曳大木然：前者唱邪，後者唱許，君與臣，共曳木之人也。若手不執紼，足不履地；曳木者唯娱笑於曳木者之前，從曳木者以爲良；而曳木之職，荒矣！

嗟乎！後世驕君自恣，不以天下萬民爲事。其所求乎草野者，不過欲得奔走服役之人；乃使草野之應於上者，莫不出夫奔走服役！一時免於寒餓，遂感在上之知遇，不復計其禮之備與不備；躋之僕妾之間，而以爲當然！

萬歷初神宗之待張居正其禮稍優，此於古之師傅，未能百一。當時論者駭然。居正之受，無人臣禮。

夫居正之罪，正坐不能以師傅自待，聽指使於僕妾；而責之反是，何也？是則耳目浸淫於流俗之所謂臣者，以爲鵠矣；又豈知臣之與君，名異而實同耶？

或曰："臣不與子並稱乎？"曰："非也。"父子一氣，子分父之身而爲身。故孝子雖異身而能日近其氣，久之無不通矣；不孝之子，分身而後日遠日疎，久之而氣不相似矣。君臣之名，從天下而有之者也；吾無天下之責，則吾在君爲路人。出而仕於君也，不以天下爲事，則君之僕妾也；以天下爲事，則君之師友也。夫然謂之臣，其名累變。夫父子，固不可變者也。

# 原法

三代以上有法，三代以下無法。何以言之？二帝三王，知天下之不可無養也，爲之授田以耕之；知天下之不可無衣也，爲之授地以桑麻之；知天下之不可無教也，爲之學校以興之。爲之婚姻之禮，以防其淫；爲之卒乘之賦，以防其亂。此三代以上之法也，固未嘗爲一已而立也。

後之人主，既得天下，唯恐其祚命之不長也，子孫之不能保有也，思患於未然以爲之法。然則其所謂法者，一家之法，而非天下之法也。是故秦變封建而爲郡縣，以郡縣得私於我也；漢建庶孽，以其可以藩屏於我也；宋解方鎮之兵，以方鎮之不利於我也。此其法，何曾有一毫爲天下之心哉？而亦可謂之法乎？

三代之法，藏天下於天下者也：山澤之利，不必其盡取；利賞之權，不疑其旁落；貴不在朝廷也，賤不在草莽也。在後世，方議其法之疎；而天下之人，不見上之可欲，不見下之可惡；法愈疎而亂愈不作，所謂無法之法也。

後世之法，藏天下於筐篋者也；利不欲其遺於下，福必欲其斂於上。用一人焉，則疑其自私，而又用一人以制其私；行一事焉，則慮其可欺，而又設一事以防其欺。天下之人，共知其筐篋之所在，吾亦鰓鰓然日唯筐篋之是虞。故其法，不得不密。法愈密，而天下之亂，卽生於法之中；所謂非法之法也。

論者謂一代有一代之法，子孫以法祖爲孝。夫非法之法，前王不勝其利欲之私以創之，後王或不勝其利欲之私以壞之。壞之者，固足以害天下；其創之者，亦未始非害天下者也！乃必欲周旋於此膠彼漆之中，以博憲章之餘名，此俗儒之剿說也。

即論者謂天下之治亂，不繫於法之存亡。夫古今之變，至秦而一盡，至元而又一盡。經此二盡之後，古聖王之所惻隱愛人而經營者，蕩然無具。苟非爲之遠思深覽，一一通變，以復井田封建學校卒乘之舊，雖小小更革，生民之戚戚終無已時也。

即論者謂有治人，無治法；吾以謂有治法，而後有治人。自非法之法，桎梏天下人之手足；即有能治之人，終不勝其牽挽嫌疑之顧盼。有所設施，亦就其分之所得；安於苟簡，而不能有度外之功名。使先王之法而在，莫不有法外之意存乎其間。其人是也，則可以無不行之意；其人非也，亦不至深刻羅網，文害天下。故曰："有治法，而後有治人。"

## 置相

有明之無善治，自高皇帝罷丞相始也。原夫作君之意，所以治天下也，天下不能一人而治，則設官以治之。是官者，分身之君也。

孟子曰："天子一位，公一位，侯一位，伯一位，子男同一位，凡五等；君一位，卿一位，大夫一位，上士一位，中士一位，下士一位，凡六等。"蓋自外而言之，天子之去公，猶公、侯、伯、子、男之遞相去；自內而言之，君之去卿，猶卿大夫士之遞相去。非獨至於天子，遂截然無等級也。

昔者伊尹、周公之攝政，以宰相而攝天子；亦不殊於大夫之攝卿，士之攝大夫耳。後世君驕臣諂，天子之位，始不利於卿大夫士之間。而小儒遂河漢其攝位之事，以至君崩子立，忘哭泣衰絰之哀，講禮樂征伐之治。君臣之義未必全，父子之恩已先絕矣！不幸國無君長，委之母后。爲宰相者，方避嫌而處，使其決裂敗壞，貽笑千古，無乃視天子之位過高所致乎？

古者，君之待臣也，臣拜君必答拜。秦漢以後，廢而不講。然丞相進，天子御座爲起，在輿爲下。宰相既罷，天子更無與爲禮者矣。遂謂百官之設，所以事我。能事我者，我賢之；不能事我者，我否之。設官之意既訛，尚能得作君之意乎？

古者不傳子而傳賢，其視天子之位，去留猶夫宰相也。其後天子傳子，宰相不傳子。天子之子不皆賢，尚賴宰相傳賢，足相補救。則天子亦不失傳賢之意，宰相既罷，天子之子，一不賢，更無與爲賢者矣，不亦并傳子之意而失者乎？

或謂後之入閣辦事，無宰相之名，有宰相之實也。曰："不然。"入閣辦事者，職在批答，猶開府之書記也。其事既輕，而批答之意，又必自內授之，而後擬之，可謂有其實乎？吾以謂有宰相之實者，今之宮奴也。蓋大權不能無所寄，彼宮奴者見宰相之政事墜地不收，從而設爲科條，增其職掌，生殺予奪，出自宰相者，次第而盡歸焉。

有明之閣下，賢者貸其殘膏賸馥；不賢者，假其喜笑怒罵。道路傳之，國史書之，則以爲其人之相業矣。故使宮奴有宰相之實者，則罷丞相之過也。閣下之賢者，盡其能事。則曰："法祖"，亦非爲祖宗之必足法也。其事位既輕，不得不假祖宗以壓後王，以塞宮奴祖宗之所行。未必皆當宮奴之黠者，又復條舉其疵行，亦曰："法祖"，而法祖之論荒矣。使宰相不罷，自得以古聖哲王之行，摩切其主；其主亦有所畏，而不敢不從也。

宰相一人，參知政事，無常員，每日便殿議政。天子南面，宰相六卿諫官東西面，以次坐。其執事皆用士人，凡章奏進呈，六科給事，中主之，給事中以白宰相，宰相以白天子，同議可否，天子批紅。天子不能盡，則宰相批之下六部施行，更不用呈之御前，轉發閣中。票擬閣中，又繳之御前而後下該衙門。如故事往返，使大權自宮奴出也。

宰相設政事堂，使新進士主之，或用待詔者。唐張説爲相，列五房於政事堂之後：一曰吏房，二曰樞機房，三曰兵房，四曰戶房，五曰刑禮房。分曹以主衆務，此其例也。四方上書言利弊者，及待詔之人，皆集焉，凡事無不得達。

## 學校

學校，所以養士也。然古之聖王，其意不僅此也。必使治天下之具，皆出於學校；而後設學校之意，始備。非謂班朝布令，養老恤孤，訊馘大師旅則會將士，大獄訟則期吏民，大祭祀則享始祖，行之自辟雍也。蓋使朝廷之上，閭閻之細，漸摩濡染，莫不有詩書寬大之氣。天子之所是，未必是；天子之所非，未必非。天子亦遂不敢自爲非是，而公其非是於學校。是故養士爲學校之一事，而學校不僅爲養士而設也。

三代以下，天下之是非一出於朝廷：天子榮之，則羣趨以爲是；天子辱之，則羣擿以爲非。薄書，期會，錢穀，戎獄，一切委之俗吏。時風衆勢之外，稍有人焉，便以爲學校中無當於緩急之習氣。而其所謂學校者，科舉囂爭，富貴熏心，亦遂以朝廷之勢利，一變其本領。而士之有才能學術者，且往往自拔於草野之間，於學校初無與也。究竟養士一事，亦失之矣。

於是，學校變而爲書院。有所非也，則朝廷必以爲是而榮之；有所是也，則朝廷必以爲非而辱之。僞學之禁，書院之毀，必欲以朝廷之權與之爭勝。其不仕者，有刑。曰：“此率天下士大夫，而背朝廷者也。”其始也，學校與朝廷無與；其繼也，朝廷與學校相反。不特不能養士，且至於害士。猶然循其名而立之，何與東漢太學三萬人，危言深論，不隱豪強，公卿避其貶議；宋諸生伏闕搥鼓，請起李綱？三代遺風，惟此猶爲相近。

使當日之在朝廷者，以其所非是爲非是，將見盜賊奸邪懾心於正氣霜雪之下，君安而國可保也。乃論者目之爲衰世之事，不知其所以亡者。收捕黨人，編管口口正坐。破壞學校所致，而反咎學校之人乎？

嗟乎！天之生斯民也，以教養託之於君。授田之法廢，民買田而自養，猶賦稅以擾之；學校之法廢，民蚩蚩而失教，猶勢利以誘之。是亦不仁之甚，而以其空名躋之曰君父！君父！則吾誰欺？

郡縣學官，毋得出自選除，郡縣公議，請名儒主之。自布衣以至宰相之謝事者，皆可當其任，不拘已[1]、未仕也。某人稍有干於清議，則諸生得共起而易之曰：“是不可以爲吾師也”。其下有五經師，兵法、歷算、醫、射，各有師，皆聽學官自擇。凡邑之生童，皆裹糧從學。離城烟火聚落之處，士人衆多者，亦置經師。民間童子，十人以上，則以諸生之老而不仕者，充爲蒙師。故郡邑無無師之士。而士之學行成者，非主六曹之事，則主分教之務，亦無不用之人。

---

❶ “已”，當爲“已”。原書中有不少“已”、“已”、“巳”混用的情況，以下徑改，不一一出註。——編者註

學宫以外，凡在城在野寺觀庵堂，大者改爲書院，經師領之；小者改爲小學，蒙師領之，以分處諸生受業。其寺產，即隸於學以贍諸生之貧者。二氏之徒，分别其有學行者歸之學宫，其餘則各還其業。

太學祭酒，推擇當世大儒，其重與宰相等，或宰相退處爲之。每朔日，天子臨幸太學，宰相六卿諫議，皆從之祭酒，南面講學。天子亦就弟子之列，政有缺失，祭酒直言無諱。

天子之子，年至十五，則與大臣之子，就學於太學。使知民之情僞，且使之稍習於勞苦，毋得閉置宫中。其所聞見，不出宦官宫妾之外，妄自崇大也。

郡縣朔望，大會一邑之縉紳士子。學官講學，郡縣官就弟子列，北面再拜。師弟子，各以疑義相質難，其以簿書期會不至者罰之。郡縣官政事缺失，小則糾繩，大則伐鼓，號於衆。其或僻郡下縣，學官不能驟得名儒，而郡縣官之學行過之者，則朔望之會，郡縣官南面講學可也。若郡縣官少年無實學，妄自壓老儒而上之者，則士子譁而退之。

擇名儒以提督學政，然學官不隸屬於提學，以其學行名輩相師友也。每三年，學官送其俊秀於提學而考之，補博士弟子；送博士弟子於提學而考之，以解禮部（更不别遣考試官）。發榜所遺之士，有平日優於學行者，學官咨於提學，補入之。其弟子之罷黜學官，以生平定之，而提學不與焉。

學歷者，能算氣朔，即補博士弟子。其精者，同入解額，使禮部考之，官於欽天監。學醫者，送提學考之，補博士弟子，方許行術，歲終，計其生死效否之數，書之於册，分爲三等：下等黜之，中等行術如故，上等解試禮部，入太醫院而官之。

凡鄉飲酒，合一郡一縣之縉紳士子士人，年七十以上、生平無玷清議者，庶民年八十以上、無過犯者，皆以齒南面，學官郡縣官，皆北面憲老乞言。

鄉賢名宦，毋得以勢位及子弟爲進退。功業氣節，則考之國史；文章則稽之傳世；理學則定之言行。此外鄉曲之小譽，時文之聲名，講章之經學，依附之事功，已經入祠者，皆罷之。

凡郡邑書籍，不論行世藏家，博搜重購。每書鈔印三册：一册上祕府，一册送太學，一冊存本學。時人文集古文，非有師法語錄，非有心得奏議，無裨實用，序事無補史學者，不許傳刻。其時文、小說、詞曲、應酬，代筆已刻者，皆追板燒之。士子選場屋之文，及私試義策蠱惑坊市者，弟子員黜革，見任官落職，致仕官奪告身。

民間吉凶，一依朱子家禮行事，庶民未必通諳，其喪服之制度，木主之尺寸，衣冠之式，宮室之制，在市肆工藝者學官定而付之。離城聚落，蒙師相其禮，以革習俗。

凡一邑之名蹟，及先賢陵墓祠宇，其修飾表章，皆學官之事。淫祠通行折毀，但留土穀，設主祀之。故入其境，有違禮之祀，有非法之服，市懸無益之物，土留未掩之喪，優歌在耳，鄙語滿街，則學官之職不修也。

## 取士上

取士之弊，至今日制科而極矣。故毅宗嘗患之也，爲拔貢保舉，准貢特授，積分換授，思以得度外之士。乃拔貢之試，猶然經義也。考官不遣詞臣，屬之提學，既已輕於解試矣。保舉之法，雖曰以名取人，不知今之所謂名者，何憑也？勢不得不雜以賄賂請託及其捧檄而至吏部，以一義一論試之，視解試，爲尤輕矣。

准貢者，用解試之副榜；特授者，用會試之副榜。夫副榜，黜落之餘也。其黜落者如此之重，將何以待中式者乎？積分不去貲郎，其源不能清也。換授以優宗室，其教可不豫乎？凡此六者，皆不離經義。欲得勝於科目之人，其法反不如科目之詳，所以徒爲紛亂，而無益於時也。

唐進士試詩賦，明經試墨義。所謂墨義者，每經問義十道：五道全寫疏，五道全寫注。宋初試士，詩賦論各一首，策五道帖，《論語》十帖，對《春秋》或《禮記》，墨義十條。其九經、五經、三禮、三傳、學究等，設科雖異，其墨義同也。王安石改法，罷詩賦帖經墨義。中書撰大義式頒行，須通經有文采，乃爲中格，不但如明經墨義粗解章句而已，然非創自安石也。唐柳冕卽有明六經之義，合先王之道者，以爲上等。其精於傳注與下等之義。權德輿駁曰："注疏猶可以質驗。不者，有司率情，上下其手。旣失其末，又不得其本，則蕩然矣。"其後朱祁、王珪，累有上問。大義不責記誦之奏，而不果行，至安石始決之。故時文者，帖書墨義之流也。

今日之弊，在當時權德輿已盡之。向若因循不改，則轉相模勒，日趨浮薄，人才終無振起之時。若罷經義，遂恐有棄經不學之士，而先王之道，益視爲迂闊無用之具。余謂當復墨義古法，使爲經義者，全寫注疏大全。漢宋諸儒之說，一一條具於前，而後申之以己意，亦不必墨守一先王之言。由前則空疎者絀，由後則愚蔽者絀，亦變浮薄之一術也。

或曰："以誦數精粗爲中否，唐之所以賤明經也，甯復貴其所賤乎？"曰："今日之時文，有非誦數時文所得者乎？同一誦數也。先儒之義，其學愈於餖飣之勦說，亦可知矣。非謂守此足以得天下之士也。趨天下之士于平實，面通經學古之人出焉。昔之詩賦，亦何足以得士？然必費考索，推聲病，未有若時文空疎。不學之人，皆可爲之也。”

## 取士下

古之取士也寬，其用士也嚴；今之取士也嚴，其用士也寬。古者鄉舉里選，士之有賢能者，不患於不知。降而唐宋，其爲科目不一。士不得與於此，尚可轉而從事於彼，是其取之之寬也。

《王制》論秀士升之司徒曰：“選士司徒論選士之秀者，升之學曰俊士。大樂正論造士之秀者，升之司馬曰進士。司馬論進士之賢者，以告於王而定其論。論定然後官之，任官然後爵之，位定然後祿之。”一人之身，未入仕之先，凡經四轉；已入仕之後，凡經三轉；總七轉，始與之以祿。唐之士及第者，未便解褐；入仕吏部，又復試之。——韓退之三試於吏部無成則十年猶布衣也——宋雖登第入仕，然亦止是簿尉令，錄榜首，纔得丞判，是其用之之嚴也。

寬於取，則無枉才；嚴於用，則少倖進。今也，不然。其所以程士者，止有科舉之一途；雖使古豪傑之士，若屈原、司馬遷、相如、董仲舒、楊雄之徒，舍是亦無由而進取之，不謂嚴乎哉？一日苟得上之列於侍從，下亦寘之郡縣，即其黜落而爲鄉貢者，終身不復取。解，授之以官，用之又何其寬也？

嚴於取，則豪傑之老死邱壑者多矣；寬於用，此在位者，多不得其人也。流俗之人，徒見夫二百年以來之功名氣節，一二出於其中；遂以爲科法已善，不必他求。不知科目之內，既聚此百千萬人，不應功名氣節之士，獨不得入。則是功名氣節之士之得科目，非科目之得功名氣節之士也！

假使士子，探籌第其長短而取之，行之數百年，則功名氣節之士，亦自有出於探籌之中者。甯可謂探籌爲取士之善法耶？究竟功名氣節人物，不及漢唐遠甚；徒使庸妄之輩，充塞天下。豈天之不生才哉？則取之之法非也！吾故寬取士之法：有科舉，有薦舉，有太學，有任子，有郡邑佐，有辟召，有絕學，有上書。而用之之嚴，附見焉。

科舉之法，其考校倣朱子議：第一場《易》《詩》《書》爲一科，子午年試之；三禮兼《大戴》爲一科，卯年試之；三傳爲一科，酉年試之。試義各二道，諸經皆兼四書。

義一道，答義者，先條舉注疏。及後儒之說既備，然後以愚按結之。其不條衆說，或條而不能備，竟入己意者，雖通，亦不中格。有司有不依章句移文配接命題者，有喪禮；服制忌諱不以爲題者，皆坐罪。

第二場，周、程、張、朱、陸六子爲一科，孫、吳、武經爲一科，荀、董、楊、文中爲一科，管、韓、老、莊爲一科，分年各試一論。第三場，《左》《國》三史爲一科，《三國》《晉書》《南北史》爲一科，《新、舊唐書》《五代史》爲一科，《宋史》、有《明實錄》爲一科。分年試史，論各二道。答者亦必摭事實而辨是非。若事實不詳，或牽連他事，而于本事反略者，皆不中格。第四場，時務策三道。凡博士弟子員遇以上，四年仲秋集於行省而試之，不限名數，以中格爲度。考官聘名儒，不論布衣在位而以提學主之。

明年會試經子史科，亦依鄉闈分年。禮部尚書知貢舉登第者，聽宰相鑒别分置六部各衙門爲吏，管領簿書。拔其尤者，倣古侍中之職，在天子左右三考滿，常調而後出官郡縣。又拔其尤者，爲各部主事。落第者，退爲弟子員，仍取解試，而後得入禮闈。

薦舉之法，每歲郡舉一人；與於待詔之列，宰相以國家疑難之事問之。觀其所對，令廷臣反覆詰難；如漢之賢良文學，以鹽鐵發策是也。能自理其說者，量才官之，或假之職事，觀其所效，而後官之。若庸下之材，勦說欺人者，舉主坐罪，其人報罷。若道德如吳與弼、陳獻章則不次待之，舉主受上賞。

太學之法，州縣學，每歲以弟子員之學成者，列其才能德藝以上之。不限名數，缺人則止，太學受而考之。其才能德藝，與所上不應者，本生報罷。凡士子之在學者，積歲月累試，分爲三等：上等則同登第者宰相分之爲侍中，屬吏；中等則不取解試，竟入禮闈；下等則罷歸鄉里。

任子之法，六品以上，其子十有五年，皆入州縣學，補博士弟子員。若教之十五年而無成，則出學。三品以上，其子十有五年，皆入太學；若教之十五年而無成，則出學。今也大夫之子，與庶民之子，同試。提學受其請託，是使其始進不以正；不受其請託，非所以優門第也。公卿之子，不論其賢否而仕之。賢者則困於常調，不賢者而使之在民上，既有害於民，亦非所以愛之也。

郡縣佐之法，郡縣各設六曹，提學試弟子員之高等者，分置之。如戶曹，管賦稅出入；禮曹，主祀事，鄉飲酒，上下吉凶之禮；兵曹，統民戶所出之兵，城守捕寇；工曹，主郡邑之興作；刑曹，主刑獄；吏曹，主各會之遷除資俸也。滿三考，升貢太學。其才能尤著者，補六部各衙門屬吏，凡廩生皆罷。

辟召之法，宰相六部，方鎭及各省巡撫，皆得自辟其屬吏，試以職事。如古之攝官，其果顯著，然後上聞，卽直。

絕學者，如歷算、樂律、測望、占候、火器、水利之類是也。郡縣上之於朝，政府考其果有發明，使之待詔；否則，罷歸。

上書有二一國家，有大事或大奸。朝廷之上不敢言，而草野言之者，如唐劉蕡、宋陳亮是也，則當處以諫職。若爲人嗾，使因而撓亂朝政者，如東漢牢修告捕黨人之事，卽應處斬。一以所著書進覽，或他人代進，看詳其書旨，以傳世者，則與登第者，一體出身。若無所發明，纂集舊書，且是非謬亂者，如今日趙宧光《說文長箋》、劉振《識大編》[1]之類部帙雖繁，卻其書而遣之。

## 建都

或問北都之亡，忽焉。其故何也？曰："亡之道不一，而建都失算，所以不可救也。"夫國祚中危，何代無之？安祿山之禍玄宗幸蜀，吐蕃之難代宗幸陝，朱泚之亂德宗幸奉天以汴京。中原四達，就使有急而行，勢無所阻。當李賊之圍京城也，毅宗亦欲南下；而孤懸絕北，音耗不通；一時既不能出，出亦不能必達，故不得已而身殉社稷。向非都燕，何遽不及三宗之事乎？

或曰："自永樂都燕，遂十有四代；豈可以一代之失，遂議始謀之不善乎？"曰："昔人之治天下也，以治天下爲事，不以失天下爲事者也。有明都燕，不過二百年，而英宗狩於土木，武宗困於陽和。景泰初，京城受圍；嘉靖二十八年受圍，四十三年邊人闌入；崇禎間，京城歲歲戒嚴，上下精神斃於寇，至日以失天下爲事。而禮樂政教，猶足觀乎？江南之民命，竭於輸輓；大府之金

[1] 劉振《識大編》，據《四庫存目業書》爲《識大錄》。——編者註

錢，靡於河道；皆都燕之爲害也！”

或曰：“有王者起，將復何都？”曰：“金陵。”或曰：“古之言形勝者，以關中爲上；金陵不與焉，何也？”曰：“時不同也。秦漢之時，關中風氣會聚，田野開闢，人物殷盛。吳楚方脫蠻夷之號，風氣樸略，故金陵不能與之爭勝。今關中人物，不及吳會久矣；又經流寇之亂，煙火聚落，十無二三。生聚教訓，故非一日之所能移也！而東南粟帛，灌輸天下，天下之有吳會，猶富室之有倉庫匱篋也。今夫千金之子，其倉庫匱篋，必身親守之，而門庭則以委之僕妾。舍金陵而勿都，是委僕妾以倉庫匱篋！昔日之都燕，則身守夫門庭矣。曾謂治天下而智，不千金之子若與？”

## 方鎮

今封建之事遠矣，因時乘勢，則方鎮可復也。自唐以方鎮亡天下，庸人狃之，遂爲厲階。然原其本末，則不然。當太宗分制節度，皆在邊境，不過數府。其帶甲十萬，力足以控制寇亂，故安祿山、朱泚皆憑方鎮而起。乃制亂者，亦藉方鎮。其後析爲數十，勢弱兵單，方鎮之兵不足相制。黃巢、朱温，遂決裂而無忌。然而唐之所以亡，由方鎮之弱，非由方鎮之強也。

是故封建之弊，強弱吞併；天子之政教，有所不加；郡縣之弊，疆埸之害，苦無已時。欲去兩者之弊，使其並行不悖，則沿邊之方鎮乎？宜將遼東、薊州、宣府、大同、榆林、甯夏、甘肅、固原、延綏，俱設方鎮。外則雲貴，亦依此例分割，附近州縣屬之。務令其錢糧兵馬，內足自立，外足捍患。田賦商稅，聽其徵收，以充戰守之用。一切政教張弛，不從中制；屬下官員，亦聽其自行辟召，然復名聞。每年一貢，三年一朝。終其世，兵民輯睦，疆埸甯謐者，許以嗣世。凡此則有五利：

今各邊有總督，有巡撫，有總兵，有本兵，有事復設經略。事權不一，能者壞於牽制，不能者易於推委。枝梧旦夕之間，掩飾章奏之上。其未至潰決者，直須時耳，統帥專一，獨任其咎。則思慮自周，戰守自固。以各爲長子孫之計，一也。國家有一警急，嘗竭天下之財，不足供一方之用。今一方之財，自供一方，二也。邊鎮之主兵，嘗不如客兵，故嘗以調發致亂。天啟之奢酋，崇禎之萊圍，是也。今一方之兵，自供一方，三也。治兵措餉，皆出朝廷。嘗以一方而動四方，既各有專地，兵食不出於外。卽一方不甯，他方宴如，四也。外有強兵，中朝自然顧忌；山有虎豹，藜藿不採，五也。

## 田制一

昔者禹則壤定賦，周官體國經野。則是夏之所定者，至周已不可爲準矣。當是時，其國之君，於其封彊[1]之內，田土之肥瘠，民口之衆寡，時勢之遷改，視之爲門以內之事也。井田旣壞，漢初十五而稅一，文景三十而稅一，光武初行什一之法，後亦三十而稅一。盡土地廣大，不能縷分區別。總其大勢，使瘠土之民，不至於甚困而已。是故合九州之田，以下下爲則。下下者不困，則天下之勢相安。吾亦可無事於縷分區別，而爲則壤經野之事也。夫三十而

❶ “彊”，當爲“疆”。——編者註

稅一，下下之稅也。當三代之盛，賦有九等，不能盡出於下下。漢獨能爲三代之所不能爲者，豈漢之德過於三代歟？古者井田養民，其田皆上之田也。自秦而後，民所自有之田也。上旣不能養民，使民自養，又從而賦之。雖三十而稅一，較之於古，亦未嘗爲輕也。至於後世，不能深原其本末，以爲十一而稅，古之法也。漢之省賦，非通行長久之道，必欲合於古法。九州之田，不授於上，而賦以十　，則是以上上爲則也。以上上爲則，而民焉有不困者乎？

漢之武帝度支不足，至於買爵，貸假，榷酤，算緡，鹽鐵之事，無所不舉，乃終不敢有加於田賦者，彼東郭咸陽、孔僅、桑弘羊計慮猶未熟與？然則十而稅一，名爲古法，其不合於古法甚矣。而兵興之世，又不能守其十一者；其賦之於民，不田而任用。以一時之用，制天下之賦，後王因之。後王旣衰，又以其時之用，制天下之賦，而後王又因之。嗚呼！吾見天下之賦日增，而後之爲民者日困於前。儒者曰：“井田不復，仁政不行，天下之民始敝矣。”而孰知魏晉之民，又困於漢；唐宋之民，又困於魏晉？則天下之害民者，寗獨在井田之不復乎？

今天下之財賦出於江南，江南之賦至錢氏而重；宋未嘗改，至張士誠而又重；有明亦未嘗改。故一畝之賦，自三斗起科，至於七斗；七斗之外，尚有官耗私增。計其一歲之穫，不過一石，盡輸於官，然且不足。乃其所以至此者，因循亂世，苟且之術也。

吾意有王者起，必當重定天下之賦；重定天下之賦，必當以下下爲則，而後合於古法也。或曰：“三十而稅一，國用不足矣。”夫古者千里之內，天子食之。其收之諸侯之貢者，不能十之一。今郡縣之賦，郡縣食之，不能十之一，其解運至於京師者，十有九。彼收其十一者，尚無不足；收其十九者，而反憂之乎？

# 田制二

自井田之廢，董仲舒有限民名田之議。師丹、孔光因之，令民名田，無過三十頃。期盡三年，而犯者沒入之。其意雖善，然古之聖君，方授田以養民；今民所自有之田，乃復以法奪之。授田之政未成，而奪田之事先見。所謂行一不義，而不可爲也。或者謂奪富民之田，則生亂。欲復井田者，乘大亂之後，土曠人稀，而後可。故漢高祖之滅秦，光武之乘漢，可爲而不爲，爲足惜！

夫先王之制井田，所以遂民之生，使其繁庶也。今幸民之殺戮，爲其可以便吾事。將使田卽井，而後人民繁庶，或不能於吾制無齟齬，豈反謂之不幸？與後儒言井田，必不可復者，莫詳於蘇洵。言井田必可復者，莫切於胡翰、方孝孺。

洵以川路澮道洫涂溝畛遂徑之制，非窮數百年之力不可。夫誠授民以田，有道路可通，有水利可修，亦何必拘泥其制度彊[1]界之末乎？凡蘇洵之所憂者，皆非爲井田者之所急也。胡翰、方孝孺但言其可復，其所以復之之法，亦不能詳。

余蓋於衞所之屯田，而知所以復井田者，亦不外於是矣。世儒於屯田則言可行，於井田則言不可行，是不知二五之爲十矣。每軍撥田五十畝，古之百畝也；非卽周時一夫授田百畝乎？五十畝科正糧十二石，聽本軍支用；餘糧十二石，給本衞官軍俸糧；是實徵十二石也。每畝二斗四升，亦卽周之鄉遂用貢法也。

天下屯田，見額六十四萬四千二百四十三頃；以萬歷六年，實

[1] “彊”，當爲“疆”。——編者註

在田土七百一萬三千九百七十六頃。二十八畝律之，屯田居其十分之一也。授田之法，未行者特九分耳。由一以推之九，似亦未難爲行，況田有官民，官田者，非民所得而自有者也。州縣之內，官田又居其十分之三；以實在田土均之，人戶一千六十二萬一千四百三十六。每戶授田五十畝，尚餘田一萬七千三十二萬五千八百二十八畝，以聽富民之所占。則天下之田，自無不足；又何必限田均田紛紛，而徒爲困苦富民之事乎？故吾於屯田之行，而知井田之必可復也。

難者曰："屯田既如井田，則屯田之軍，日宜繁庶，何以復有銷耗也？"曰："此其說有四：屯用非土著之民，雖授之田，不足以挽其鄉土之思，一也；又令少壯者守城，老弱者屯種，夫屯種而任之老弱則所穫幾何？且彼見不屯者之未嘗不得食也，亦何爲而任其勞苦乎？二也；古者什而稅一，今每畝一斗四升，計一畝之入不過一石，則是什稅二有半矣，三也；又徵收主自武人，而郡縣不與，則凡刻剝其軍者，何所不爲？四也，而又何怪乎其銷耗與？"

## 田制三

或問井田可復，既得聞命矣；若夫定稅則，如何而後可？曰："斯民之苦暴稅久矣，有積累莫返之害，有所稅非所出之害，有田土無等第之害。"

何謂積累莫返之害？三代之貢助徹，止稅田土耳。魏晉有戶調之名，有田者出租賦，有戶者出布帛。田之外，復有戶立矣。唐初租庸調之法，有田則有租，有戶則有調，有身則有庸。租出穀，庸出絹，調出纊繒布麻。戶之外，復有丁矣。楊炎變爲兩稅，人無丁中，以貧富爲差。雖租庸調之名渾然不見，其併而調庸實入於租也。相傳至宋，未嘗減庸調於租內，而復斂丁身錢米。後世安之，謂兩稅，租也，丁身，調庸也，豈爲知重出之賦乎？使庸調之名不去，何至是耶？故楊炎之利于一時者少，而害於後世者大矣。

有明兩稅丁口而外，有力差，有銀差。蓋十年而一，值嘉靖末，行一條鞭法，通府州縣。十歲中，夏秋糧。存留起運之額，均徭里，甲土貢。顧募加銀之例一條，總徵之，使一年而出者，分爲十年。及至所之年，一如餘年。是銀力二差，又併入於兩稅也。未幾而里甲之值年者，雜役仍復紛然。其後又安之，條鞭兩稅也。雜役值年之差也，豈知其爲重出之差使乎？銀差、力差之名不去，何至是耶？故條鞭之於一時者少，而害於後世者大矣。

萬歷間舊餉五百萬。其末年，加新餉九百萬。崇禎間，又增練餉七百三十萬。倪元璐爲戶部，合餉爲一。是新餉練餉，又併入於兩稅也。至今日，以爲兩稅固然，豈知其所以亡天不者之在斯乎？使餉新餉之名不改，或者顧名而思義，未可知也。此又元璐不學無術之過也！嗟乎！稅額之積累至此，之得有其生也，亦無幾矣！

今欲定稅，須反積累以前而爲之制。授田於民，以什一爲則；未授之田，以二十一爲則。其戶口以爲出兵養兵之賦，國用自無不足，又何事於暴稅乎？

何謂所稅非所出之害？古者任土作貢，雖諸侯不忍強之以其地之所無，況於小民乎？故賦穀田之所自出也，賦布帛，丁之所自爲也。其有納錢者，後世隨民所便。布一匹，直錢一千，輸官聽爲九百。布，直六百，輸官聽爲五百。比之民間，反從降落。錢之在賦，但與布帛通融耳。其田土之賦穀米，漢唐以前，未之改也。及楊炎以戶口之賦，併歸土田；於是，布帛之折於錢者，與穀相亂，遂不知錢之非田賦矣。

宋隆興二年，詔温、台、處、徽不通水路，其二税物帛，許依折法以銀折輸。蓋當時，銀價低下，其許以折物帛者，亦隨民所便也。然按熙甯税額，兩税之賦銀者，六萬一百三十七兩而已；而又穀賤之，時常平就糴。故雖賦銀，亦不至於甚困。

有明自漕糧而外，盡數折銀；不特折銀之布帛爲銀，而歷代相仍不折之穀米，亦無不爲銀矣。不特穀米不聽上納，卽欲以錢准銀，亦有所不能矣。夫以錢爲賦，陸贄尚曰："所供非所業，所業非所供"以爲不可，而況以銀爲賦乎？

天下之銀既竭，凶年田之所出不足以上供，豐年田之所出足以上供，折而爲銀，則仍不足以供也，無乃使民歲歲皆凶年乎？天與民以豐年，而上復奪之，是有天下者之以斯民爲讎也！然則聖王者而有天下，其必任土所宜。出百穀者，賦百穀；出桑麻者，賦布帛；以至雜物，皆賦其所出。斯民庶不至困瘁爾。

何謂田土無等第之害？《周禮·大司徒》：不易之地，家百晦[1]；一易之地，家二百畝；再易之地，家三百晦。是九則定賦之外，先王又細爲之等第也。今民間田土之價懸殊，不啻二十倍，而有司之徵收畫以一則，至使不毛之地，歲抱空租；亦有歲歲耕種，而所出之息，不償半種。小民但知其爲瘠土，向若如古法，休一歲二歲，未始非沃土矣。官府之催科不暇，雖欲易之，惡得而易之？何怪夫土力之日竭乎？

吾見有百畝之田，而不足當數十畝之用者，是不易之爲害也。今丈量天下田土，其上者依方田之法，二百四十步爲一畝；中者，以四百八十步爲一畝；下者，以七百二十步爲一畝。再酌之於

[1] "晦"，據《周禮·地官·大司徒》當爲"畮"，下文徑改，不另註。——編者註

三百六十步，六百步爲畝，分之五等：魚，鱗，册字號。一號以一畝準之，不得贅以奇零。如數畝而同一區者，不妨數號一畝；而分數區者，不妨一號。使田土之等第，不在稅額之重輕，而在丈量之廣狹，則不齊者，從而齊矣。是故田文中下者，得更番而作以收土田之利。如其力有餘也，而悉耕之。彼二畝三畝之入，與十田一畝，較量多寡亦無不可也。

## 兵制一

有明之兵制，蓋亦三變矣。衛所之兵變而爲召募，至崇禎弘光間，又變而爲大將之屯兵。衛所之弊也，官軍三百十三萬八千三百，皆仰食於民。除西北邊兵三十萬外，其所以禦寇定亂者，不得不別設兵以養之。分兵於農，然且不可，乃又使軍分於兵。是一天下，養兩天下之兵也。召募之弊也，如東事之起，安家行糧，馬匹甲杖，費數百萬金，得兵十餘萬，而不當三萬之選，天下已騷動矣。大將屯兵之弊也，擁衆自衛，與敵爲市，搶殺不可問，宣召不能行。率我所養之兵，反而攻我者，卽其人也。有明之所以亡，其不在斯三者乎？

議者曰：“衛所之爲召募，此不得已而行之者也。召募之爲大將屯兵，此勢之所趨而非制也。原夫衛所，其制非不善也。一鎮之兵，足守一鎮之地；一軍之田，足贍一軍之用。衛所、屯田，蓋相表裏者也。其後軍伍銷耗，耕者無人，則屯糧不足。增以客兵，坐食者衆，則屯糧不足。於是益之以民糧，又益之以鹽糧，又益之以京運；而衛所之制，始破壞矣。都燕而後，歲漕四百萬石。十有二總，領衛一百四十旗，軍十二萬六千八百人。輪年值運，有月糧，有行糧，一人兼二人之食，是歲有二十五萬三千六百不耕而食之軍矣。此又衛所之制，破壞於輪輓者也。

中都、大甯、山東、河南附近衛所，輪班上操。春班以三月至八月還，秋班以九月至二月還。有月糧，有行糧，一人兼二人之食。有歲有二十餘萬不耕而食之軍矣。此又衛所之制，破壞於班操者也。一邊有事，則調各邊之軍。應調者食此邊之新餉，其家口又支各邊之舊餉。舊兵不歸，各邊不得不補。補一名又添一名之新餉，是一兵而有三餉也。衛所之制，至是破壞而不可支矣。凡此皆末流之弊，其初制豈若是哉？”爲說者曰：“末流之弊，亦由其制之不善所致也。制之不善，則軍民之太分也。凡人膂力不過三十年，以七十爲率，則四十年，居其老弱也。軍既不得復還爲民，則一軍之在伍，其爲老弱者亦復四十年。如是而焉得不銷耗乎？鄉井之思，誰則無有？今以謫發充之，遠者萬里；近者千餘里。違其土性，死傷逃竄，十常八九。如是而焉得不銷耗乎？且燕都二百餘年，天下之財莫不盡取以歸京師。使東南之民力竭者，非軍也耶？”

或曰：“畿甸之歲，大半爲軍。今計口而給之，故天下有荒歲，而畿甸不困。此明知其無益，而不可已者也。”曰：“若是則非養兵也，乃養民也。天下之民，不耕而待養於上；則天下之耕者，當何人哉？東南之民奚罪焉？”

夫以養軍之故，至不得不養及於民，猶可請其制之善與？余以謂天下之兵，當取之於口；而天下爲兵之養，當取之於戶。其取之口也，教練之時，五十而出二；調發之時，五十而出一。其取之戶也，調發之兵，十戶而養一；教練之兵，則無資於養。如以萬歷六年戶口數目言之，人口六千六十九萬二千八百五十六，則得兵一百二十一萬三千八百五十七人矣，人戶一千六十二萬一千四百三十六，則可養兵一百六萬二千一百四十三人矣。

夫五十口而出一人，則其役不爲重；一十戶而養一人，則其費不爲難；而天下之兵滿一百二十餘萬，亦不爲少矣。王畿之內，以二十萬人，更番入衛，然亦不過千里。假如都金陵，其入衛者，但盡金陵所屬之郡邑，而他省不與焉。金陵人口一千五十萬二千六百五十一，則得勝兵二十一萬五百；以十萬各守郡邑，以十萬入衛，次年則以守郡邑者入衛，以入衛者歸守郡邑；又次年，則調發其同事教練之兵。其已經調發者，則住糧歸家，但聽教練而已。

夫五十口而出一人，而又四年方一行役；以一人計之，二十歲而入伍，五十歲而出伍。始終三十年，止歷七踐更耳，而又不出千里之遠。則爲兵者，其任亦不爲勞。國家無養兵之費，則國富；隊伍無老弱之卒，則兵強。人主欲富國強兵，而兵民太分，唐宋以來，但有彼善於此之制，其受兵之害，未嘗不與有明同也。

## 兵制二

國家當承平之時，武人至大帥者，干涉文臣。即其品級懸絕，亦必戎服。左握刀，右屬弓矢，帕首袴韡，趨入庭，拜其門狀，自稱走狗，退而與其僕隸齒。兵興以後，有言於天子者曰：“今日不重武臣，故武功不立。”於是毅宗皇帝專任大帥，不使文臣節制。不二三年，武臣擁衆，與賊相望。同事鹵略，李賊入京師，三輔至於青齊諸鎮，櫛比而營；天子封公侯，結其歡心，終莫肯以一矢入援。嗚呼！毅宗重武之効如此。

然則武固不當重與？曰："毅宗輕武，而不重武者也；武之所重者將！"湯之伐桀，伊尹爲將；武之入商，太公爲將。晉作六軍，其爲將者，皆六卿之選也。有明雖失其制，總兵皆用武人，然必聽節制於管撫或經略，則是督撫經略將也，總兵偏裨也。總兵有將之名，而無將之實，然且不可，況竟與之以實乎？夫安國家全社稷，君子之事也；供指使用氣力，小人之事也。國家社稷之事，孰有大于將；使小人而僨爲之，又何貴乎君子耶？

今以天下之大，託之于小人，爲重武耶，爲輕武耶？是故與毅宗從死者皆文臣也。當其時，屬之以一旅，赴賊俱死，尚冀十有一二相全，何至自致城破之日乎？是故建義于郡縣者，皆文臣及儒生也。

當其時，有所藉手以從事勝負，亦未可知；何至驅市人而戰，受其屠醢乎？彼武人之爲大帥者，方且飆浮雲起。昔之不敢一當敵者，乘時易職，各以利刃，而齒腐朽鮑，此所謂以其衆幸富貴矣。而後知承平之時，待以徒隸者之未爲非也。

然則彭越、黥布非古之良將與？曰："彭越、黥布非漢王將之者也，布、越無所藉于漢王；而漢王藉之，猶治病者之服烏喙藜蘆也。人見彭越、黥布之有功而欲將武人，亦猶見烏喙藜蘆之愈病，而欲以爲服食也。彼粗暴之徒，乘世之衰，竊亂天常。吾可以權授之，使之出落鈐鍵哉？"

然則叔孫通專言斬將搴旗之士，儒生無所言進，何也？曰："當是時漢王已將韓信彼通之，所進者，以首爭首，以力搏力之兵子耳，豈所謂將哉？"然則壯健輕死善擊刺者，非所貴與？曰："壯健輕死善擊刺之在人，猶精緻犀利之在器甲也。弓必欲無蔚，冶必欲援胡之稱，甲必欲上旅下旅札續之堅，人必欲壯健輕死善擊刺，其道一也。器甲之精緻犀利用之者，人也；人之壯健輕死善擊刺者，用之者，將也。今以壯健輕死善擊刺者之人，而可使之爲將；是精緻犀利之器甲，可以不待人而戰也！”

## 兵制三

唐宋以來，文武分爲兩途。然其職官，內而樞密，外而閫帥州軍，猶文武參用。惟有明，截然不相出入。文臣之督撫，雖與軍事而專任節制，與兵士離而不屬，是故涖軍者不得計餉，計餉者不得涖軍。節制者不得操兵，操兵者不得節制。方自以犬牙交制，使其勢不可爲叛。

夫天下有不可叛之人，未嘗有不可叛之法。杜牧所謂聖賢才能，多聞博識之士，此不可叛之人也。豪猪健狗之徒，不識義理，喜鹵掠[1]，輕去就；緩則受吾節制，指顧薄書之間，急則擁兵自重。節制之人，自然隨之上下。試觀崇禎時，督撫曾有不爲大帥驅使者乎？此時，法未嘗不在，未見其不可叛也。

有明武職之制，內設都督府錦衣衞，外設二十一都司四百九十三衞三百五十九所。平時有左右都督，都指揮使——指揮使——各係以同知僉事，及千戶百戶鎭撫之級。行伍有總兵、副將、參將、游擊、千把總之名，宜悉罷平時職級，只存行伍。京營之兵，兵部尚書，卽爲總兵，侍郎卽爲副將。其屬郎官，卽分任參遊，設或征討。將自中出，侍郎挂印，而總兵事，郎官從之者，一如京營。或用巡撫爲將，巡撫挂印，卽以副將屬之。參政、參將，屬之郡守。其行間戰將，勇略冠軍者，卽參用于其間。苟如近世之沈希

[1] “鹵”，今寫作“虜”。——編者註

儀、萬表、俞大猷、戚繼光，又未嘗不可使之內而兵部，外而巡撫也。

自儒生久不爲將，其視用兵也，一以爲尚力之事，當屬之豪健之流；一以爲陰謀之事，當屬之傾危之士。夫稱戈比干立矛者，士卒之事，而非將帥之事也。——即一人以力聞十人而勝之矣——兵興以來，田野市井之間，膂力稍過人者，當事即以奇士待之，究竟不當一卒之用，萬歷以來之將，掩敗飾功，所以欺其君父者，何所不至，亦可謂之傾危矣！乃只能施之君父，不能施之寇敵；然則今日之所以取敗亡者，非不足力與陰謀，可知矣。使文武合爲一途，爲儒生者，知兵書戰策，非我分外習之，而知其無過高之論；爲武夫者，知親上愛民，爲用武之本，不以麤暴爲能。是則皆不可叛之人也。

## 財計一

後之聖王，而欲天下安富，其必廢金銀乎？古之徵貴徵賤，以粟帛爲俯仰。故公上賦稅：有粟米之征，布縷之征，是也。民間市易，《詩》言握粟出卜，孟子言通工易事。——男粟女布是也——其時之金銀與珠玉無異，爲餽問器飾之用而已。

三代以下，用者粟帛而衡之以錢，故錢與粟帛相爲輕重。漢章帝時，穀帛價貴，張林言此錢多故也。宜令天下悉以布帛爲租，市賈皆用之。封錢勿出，物皆賤次。魏明帝時，廢錢用穀。桓玄輔晉，亦欲廢錢。孔琳之曰：“先王制無用之貨，以通有用之財。此錢之所以嗣功龜貝也。穀帛本充衣食，分以爲貨，勢毀干商販之手，耗棄于割截之用。此之爲弊者，著自于曩。”然則昔之有天下者，雖錢與穀帛雜用，猶不欲使其重在錢也。

梁初唯京師及三吳、荊、郢、江、湘、梁、益用錢，其餘州郡雜以穀帛。交廣之域，全以金銀爲貨。陳用錢兼以錫鐵粟帛。嶺南多以鹽米布交易，不用錢。北齊冀州之北，錢皆不行。交貿者，皆絹布。後周河西諸郡，或用西域金銀錢，而官不禁。

唐時民間用布帛處多，用錢處少。大歷以前，嶺南用——錢之外，雜以金銀丹砂象齒。貞元二十年，命市井交易，以綾羅絹布雜貨與錢兼用，憲中詔天下有銀之山，必有銅，唯銀無益于人。五嶺以北，採銀一兩者流他州，官吏論罪。元和六年貿易錢，十緡以上，參布帛。太和三年，飾佛像許以金銀，唯不得用銅。四年，交易百緡以上者，粟帛居半。按唐以前，自交廣外，上而賦稅，下而市易，一切無事于金銀。其可考，彰彰若是。

宋元豐十二年，蔡京當國，凡以金銀絲帛等貿易，勿受夾錫錢者，以法懲治。蓋其時，有以金銀爲用者矣。然重和之令，命官之家，留見錢二萬貫，民庶半之。餘限二年，聽易金銀之類。則是市易之在下者，未始不以錢爲重也。紹興以來，歲額金一百二十八兩，銀無額。七分入內庫，三分歸有司。則是賦稅之在上者，亦未始以金銀爲正供，爲有司之經費也。

及元起北方，錢法不行。于是，以金銀爲母，鈔爲子；子母相權而行，而金銀遂爲流通之貨矣。

明初亦嘗禁金銀交易，而許以金銀易鈔于官；則是罔民，而收其利也，其誰信之？故主今日而賦稅市易，銀乃單行，以爲天下之大害。蓋銀與鈔爲表裏，銀之力絀，鈔以舒之。故元之稅糧，折鈔而不折銀；今鈔既不行，錢僅爲小市之用不入貢賦；使百務併于一途，則銀力竭。元又立提舉司，置淘金戶，開設金銀場，各路聽民煽煉。則金銀之出於民間者尚多。今礦所封閉，間一開採，又使宮奴專之，以入大內；與民間無與，則銀力竭。二百餘年，天下金銀，綱運至于燕京，如水赴壑。承平之時，猶有商賈官吏，返其十分之二三。多故以來，在燕京者既盡泄之邊外。而富商大賈達官猾吏，自北而南，又能以其資力盡斂天下之金銀而去。此其理尚有往而復返者乎？

夫銀力已竭，而賦稅如故也，市易如故也，皇皇求銀，將于何所？故田土之價不當異時之十一，豈其壤瘠與？曰否，不能爲賦稅也，百貨之價亦不當異時之十一，豈其物阜與？曰否，市易無資也，當今之世，宛轉湯火之民，即時和年豐無益也，即勸農沛澤無益也。吾以爲非廢金銀不可。

廢金銀，其利有七：粟帛之屬，小民力治自致，則家易足，一也；鑄錢以通有無，鑄者不息，貨無匱竭，二也；不藏金銀，無甚貧甚富之家，三也；輕齎不便民，難去其鄉，四也；官吏贓私難覆，五也；盜賊胠篋，負重易跡，六也；錢鈔路通，七也。然須重爲之禁，盜礦者死刑，金銀市易者以盜鑄錢論，而後可。

## 財計二

錢幣所以爲利也，唯無一時之利，而後有久遠之利。以三四錢之費，得十錢之息；以尺寸之楮，當金銀之用。此一時之利也。使封域之內，常有千萬財用，流轉無窮，此久遠之利也。後之治天下者，嘗顧此而失彼，所以阻壞其始議也。

有明欲行錢法而不能行者，一曰：惜銅愛工，錢既惡薄，私鑄繁興；二曰：折二折三，當五當十，制度不常；三曰：銅禁不嚴，分造器皿；四曰：年號異文。此四害者，昔之所同。五曰：行用金銀，貨不歸一；六曰：賞賚賦稅，上行于下，下不行于上。昔之害錢者四，今之害錢者六。故今日之錢，不過資小小貿易；公私之利源，皆無賴焉。是行錢與不行，等也。

誠廢金銀，使貨物之衡，盡歸于錢。京省各設專官，鼓鑄有銅之山，官爲開採。民間之器皿，寺觀之像設，悉行燒毀入局。千錢，以重六觔四兩爲率。每錢重一錢，制作精工，樣式畫一，亦不必冠以年號。除田土賦粟帛外，凡鹽酒征榷，一切以錢爲稅。如此而患不行，吾不信也。

有明欲行鈔法而不能行者，崇禎閒桐城諸臣，蔣臣言鈔法可行，歲造三千萬貫。一貫直一金，歲可得金三千萬兩。戶工侍郎王鼇永主其說，且言初年造三千萬貫，可得五千萬金，所入既多，將金與土同價。上特設內寶鈔局，晝夜督造；募商發賣，無肯應者。大學士蔣德璟言以一金易一紙，愚者不爲。上以高皇帝之行鈔難之。德璟曰："高皇帝似亦神道設教，然賞賜折俸而已，固不曾用之兵餉也。"按鈔起于唐之飛錢，猶今民間之會票也；至宋而始官制行之。然宋之所以得行者，每造一界，備本錢三十六萬緡，而又佐之以鹽酒等項。蓋民間欲得鈔，則以錢入庫；欲得錢，則以鈔入庫；欲得鹽酒，則以鈔入諸務。故鈔之在手，與見錢無異。其必限之以界者：一則官之本錢，當使與所造之鈔相準，非界則增造無藝；一則每界造鈔若干，下界收鈔若干，詐僞易辨，非界則收造無數。宋之稱提鈔法如此，卽元之所以得行者。隨路設立官庫，貿易金銀，平準鈔法。有明寶鈔庫，不過倒收舊鈔。凡稱提之法，俱置不講。何怪乎其終不行也？毅宗言利之臣不詳其行壞之始末，徒見尺楮張紙，居然可當金銀，但講造之之法，不講行之之法。官無本錢，民何以信？故其時言可行者，猶見彈而求炙也然。

誠使停積發緡，五年爲界，斂舊鈔而焚之。官民使用：在關卽以之抵商稅，在場卽以之易鹽引；亦何患其不行？且誠廢金銀，則穀帛錢緡，不便行遠而囊括。尺寸之鈔，隨地可以變易。在仕宦商賈，又不得不行。德璟不言鈔與錢貨，不可相離；而言神道設教，非兵餉之用。彼行之于宋元者，何不深考乎？

## 財計三

治天下者，既輕其賦斂矣；而民間之習俗未去，蠱惑不除，奢侈不革，則民仍不可使富也。

何謂習俗？吉凶之禮既亡，則以其相沿者，爲禮婚之筐篚也，裝資也，宴會也，喪之含殮也，設祭也，佛事也，宴會也，芻靈也，富者以之相高，貧者以之相勉矣。

何謂蠱惑？佛也，巫也，佛一也，而有佛之宮室，佛之衣食，佛之役使。凡佛之資生器用，無不備，佛遂中分其民之作業矣。巫一耳，而資于楮錢香燭以爲巫，資于烹宰以爲巫，資于歌吹婆娑以爲巫！——凡齋醮祈賽之用，無不備，巫遂中分其民之資產矣。

何謂奢侈？其甚者倡優也，酒肆也，機坊也？倡優之費，一夕而中人之產；酒肆之費，一頓而終年之食；機坊之費，一衣而十夫之煖。故治之以本，使小民吉凶，一循于禮。投巫驅佛，吾所謂學校之教明，而後可也。治之以末，倡優有禁，酒有禁；除布帛外，皆有禁。

今夫通都之市肆，十室而九：有爲佛而貨者，有爲巫而貨者，有爲優倡而貨者，有爲奇技淫巧而貨者，皆不切于民用。一槩痛絕之，亦庶乎救弊之一端也，此古聖王崇本抑末之道。世儒不察，以工商爲末，妄議抑之。夫工固聖王之所欲來，商又使其願出于途者蓋皆本也。

## 胥吏

古之胥吏者一，今之胥吏者二。古者府史吏徒，所以守簿書定期會者也。其奔走服役，則以鄉戶充之。自王安石改差役爲顧役，而奔走服役者，亦化而爲胥吏矣。故欲除奔走服役胥吏之害，則復差役；欲除簿書期會胥吏之害，則用士人。

何謂復差役？宋時差役有衙前、散從、承符、弓手、手力、耆長、戶長、壯丁、色目、衙前，以主官物，今庫子、解戶之類；戶長以督賦稅，今坊里長；耆長、弓手、壯丁以逐捕盜賊，今弓兵、捕盜之類；承符、手力、散從以供驅使，今皁隸、快手、承差之類。凡今庫子、解戶、坊里長皆爲差役，弓兵、捕盜、皁隸、快手、承差則僱役也。余意坊里長值年之後，次年仍出一人以供雜役。

蓋胥吏之敢于爲害者，其故有三：其一，恃官司之力，鄉民不敢致難差役者，則知我之今歲致難于彼者不能保彼之來歲不致難于我也；其二，一爲官府之人，一爲田野之人，既非同類，自不相顧。差役者，則儕輩爾汝，無所畏忌；其三，久在官府，則根株窟穴，牢不可破。差役者，伎倆生疎，不敢弄法。是故坊里長同勾當于官府，而鄉民之于坊里長，不以爲甚害者，則差與顧之分也。治天下者，亦視其勢，勢可以爲惡，雖禁之而有所不止；勢不可以爲惡，其止之有不待禁也。差役者，固勢之不可以爲惡者也。

議者曰：“自安石變法，終宋之世，欲復之而不能，豈非以人不安于差役與？曰差役之害，唯有衙前，故安石以僱募救之。今庫子解戶，且不能不仍于差役，而其無害者，顧反不可復乎？”宋人欲復差役，以募錢爲害；吾以謂募錢之害小，而胥吏之害大也。

何謂用士人？六部院寺之吏，請以進士之觀政者爲之；次及任子，次及國學之應仕者。滿調，則出官州縣或歷部院。屬官不能者，落職。郡縣之吏，各設六曹，請以弟子員之當廩食者充之。滿調，則升之國學，或即補六部院寺之吏。不能者，終身不聽。出仕郡之經歷照磨，知事縣之丞簿典史，悉行汰去。行省之法，一如郡縣。

蓋吏胥之害，天下不可枚舉，而大要有四：其一，今之吏胥，以徒隸爲之。所謂皇皇求利者，而當可以爲利之處，則亦何所不至。——創爲文綱以濟其私——凡今之所設施之科條，皆出于吏。是以天下有吏之法，無朝廷之法。其二，天下之吏，既爲無賴子所據，而佐貳又爲吏之出身。仕人目爲異途，羞與爲伍。承平之世，士人衆多；出仕之途既狹，遂使有才者，老死邱壑。非如孔孟之時，委吏乘田，抱關擊柝之皆士人也。其三，各衙門之佐貳，不自其長，辟召一一銓之吏部。即其名姓且不能徧，况其人之賢不肖乎？故銓部化爲籤部，貽笑千古。其四，京師權要之吏，頂首皆數千金。父傳之子，兄傳之弟。其一人麗于法，後而繼一人焉，則其子若弟也。不然則其傳衣鉢者也。是以今天下無封建之國，有封建之吏。誠使吏胥皆用士人，則一切反是，而害可除矣。

且今各衙門之首領官與郡縣之佐貳，在漢則爲曹掾之屬。其長皆得自辟，即古之吏胥也。其後選除出自吏部，其長復自設曹掾以爲吏胥。相沿至今，曹掾之名既去，而吏胥之實亦亡矣。故今之吏胥，乃曹掾之重出者也。吾之法，亦使曹掾得其實，吏胥去其重而已。

## 奄宦上

奄宦之禍，歷漢唐宋而相尋無已，然未有若有明之爲烈也。漢唐宋有干與朝政之奄宦，無奉行奄宦之朝政。今夫宰相六部，朝政，所自出也；而本章之批答，先有口傳後有票擬。天下之財賦，先內庫而後太倉；天下之刑獄，先東廠而後法司；其他無不皆然。則是宰相六部，爲奄宦奉行之員而已。人主以天下爲家，故以府庫之有爲已有，環衞之強爲已強者，尚然末王之事。今也衣服、飲食、馬匹、甲仗、禮樂、貨賄、造作，無不取辦于禁城數里之內。而外庭所設之衙門，所供之財賦，亦遂視之爲非。其有嘵嘵而爭，使人主之天下，不過此禁城數里之內者，皆奄宦爲之也。

漢唐宋之奄宦，乘人主之昏而後可以得志。有明則格局已定，牽挽相維，以毅宗之哲王，始而疑之，終不能舍之；卒之，臨死而不能與廷臣一見，其禍未有若是之烈也！且夫人主之有奄宦，奴婢也；其有廷臣，師友也。所求乎奴婢者，使令；所求乎師友者，道德。故奴婢以伺喜怒爲賢，師友而喜怒其喜怒，則爲容悅矣。師友以規過失爲賢，奴婢而過失其過失，則爲悖逆矣。

自夫奄人以爲內臣，士大夫以爲外臣。奄人既以奴婢之道，事其主。其主之妄喜妄怒，外臣從而違之者，奄人曰：“夫非盡人之臣與？奈之何其不教也？”人主亦即以奴婢之道爲人臣之道，以其喜怒加之于奄人而受，加之于士大夫而不受。則曰：“夫非盡人之臣與？奈之何有敬有不敬也？蓋內臣，愛我者也；外臣，自愛者也。”

于是，天下之爲人臣者，見夫上之所賢所否者在是，亦遂舍其師友之道，而相趨于奴顔婢膝之一途。習之既久，小儒不通大義，又從而附會之曰：“君父天也。”故有明奏疏，吾見其是非甚明也，而不敢明言其是非；或舉其小過，而遺其大惡，或勉以近事，而闕于古。則以爲事君之道，當然。豈知一世之人心學術，爲奴婢之歸者，皆奄宦爲之也，禍不若是其烈與？

## 奄宦下

奄宦之如毒藥猛獸，數千年以來，人盡知之矣。乃率遭其裂肝碎首者，曷故哉？豈無法以制之與？則由于人主之多欲也。夫人主受命于天，原非得已。故許由、務光之流，實見其以天下爲桎梏，而掉臂去之。豈料後世之君，視天下爲娛樂之具。崇其宫室，不得不以女謁充之；盛其女謁，不得不以奄寺守之。此相因之勢也。其在後世之君，亦何足貴！而鄭玄之注《周禮》也，乃謂御女八十一人當九夕，世婦二十七人當三夕，九嬪九人當一夕，三夫人當一夕，后當一夕。其視古之賢王與後世無異，則是《周禮》爲誨淫之書也！孟子言侍妾數百人，我得志弗爲也。是時，齊梁秦楚之君，其爲奢僭；東西二周，且無此事。若使爲周公遺制，則孟子亦安爲？固然得志弗爲，則是以周公爲舛錯矣。苟如玄之爲言，王之妃百二十人，妃之下又有侍從，則奄之守衛服役者，勢當數千人。

後儒以寺人隸于冢宰，謂《周官》深得治奄之法。夫刑餘之人，不顧禮義，兇暴是聞。天下聚兇暴滿萬，而區區以係屬冢宰，納之鈐鍵，有是理乎？且古今不貴其能治，而貴其能不亂。奄人之衆多，卽未及亂，亦厝火積薪之下也。吾意爲人主者，自三宮以外，一切當罷。如是，則奄之給使令者，不過數十人而足矣。議者竊憂其嗣育之不廣也。

夫天下何常之有，吾不能治天下尚欲避之，況于子孫乎？彼鰓鰓然唯恐後之有天下者，不出于其子孫，是乃流俗富翁之見。故堯舜有子，尚不傳之；宋徽宗未嘗不多子，止以供金人之屠醢耳！

## 跋

族祖梨洲公，抱經世才。魯王監國，授左副都御史。國朝徵遺獻不就，著書數十種。其中《明夷待訪錄》，尤平生經濟所寄。當時有《二老閣梓》本，後又刊入《海山仙館》叢書。邇來二老閣板片久不存，叢書刻於粵東，卷帙繁重，購之頗艱。承乙曾祖石泉公，考藏書籍，至五萬餘卷，築五桂樓儲之。而於邑人著述，尤加意蒐求。逮承乙四世，保守弗失。曩年與同邑朱鎮夫孝廉商將虞世南《北堂書鈔》，趙考古《六書本義》及梨洲公著述，集資彙刻，藏板試院。會鎭夫歿而止。承乙塵網羈牽，楹書廢讀。永惟先人聚書之意，取《待訪錄》先行校梓。將來遇有同志，如鎭夫者，再將邑人著述，如虞氏《書鈔》諸書，逐一刊棗，未始非勸學之一助也。公是書成於康熙癸卯，迄今己卯，歷二百十六年。二老閣本，附刊公所著《思舊錄》。可以考見當時盍簪之盛。全謝山撰有序文一首，載《鮚埼亭集》。今併鈔附梓焉。

光緒五年冬，族孫承乙謹識

# 明儒學案節要

# 一　師說

## 方正學孝孺

神聖既遠，禍亂相尋，學士大夫有以生民爲慮王道爲心者絕少；宋沒，益不可問。先生稟絕世之資，慨焉以斯文自任。會文明啟運，千載一時；深維上天所以生我之意，與古聖賢之所講求，直欲排洪荒而開二帝，去雜霸而見三王。又推其餘以淑來禩，伊、周、孔、孟，合爲一人，將旦暮遇之，此非學而有以見性分之大全不能也。既而時命不偶，遂以九死成就一個是，完天下萬世之責，其扶持世教，信乎不愧千秋正學者也！

考先生在當時，已稱“程朱復出”。後之人反以一死抹過先生一生苦心，謂節義與理學是兩事，出此者入彼，至不得與揚雄、吳草廬論次並稱。於是成仁取義之訓，爲世大禁，而亂臣賊子，將接踵於天下矣。悲夫！

或言先生之忠至矣，而十族與殉，無乃傷於激乎？余曰：“先生只自辦一死，其激而及十族，十族各辦其一死耳。‘普天之下，莫非王土’。十族衆乎，而不當死乎？惟先生平日學問，斷斷乎臣盡忠、子盡孝，一本於良心之所固有者，率天下而趨之，至數十年之久，幾於風移世變。一日乃得透此一段精光，不可掩遏。蓋至誠形著動變之理宜然，而非人力之所幾及也。雖謂先生爲中庸之道可也！”

## 曹月川端

先生之學，不由師傳；特從古册中翻出古人公案，深有悟於造化之理。而以月川體其謂。反而求之吾心，卽心是極，卽心之動靜是陰陽，卽心之日用酬酢是五行變合，而一以事心爲入道之路。故其見雖徹而不元。學愈精而不雜，雖謂先生爲今之濂溪可也！乃先生自謂，其於斯道，“至四十而猶不勝其渺茫浩瀚”之苦，又“十年恍然一悟”。始知天下無性外之物，而性無不在焉。所謂太極之理，卽此而是。蓋見道之難如此，學者愼毋輕言悟也哉！

按先生門人彭大司馬澤，嘗稱“我朝一代文明之盛，經濟之學，莫盛於劉誠意宋學士；至道統之傳，則斷自澠池曹先生始”。上章請從祀孔子廟庭。愚謂方正學而後，斯道之絕而復續者，實賴有先生一人，薛文清亦聞先生之風而起者。

## 薛敬軒瑄

愚按：前輩論一代理學之儒，惟先生無間言。非以實踐之儒歟！然先生爲御史，在宣正兩朝，未嘗錚錚一論事；景皇易儲，先生時爲大理，亦無言。或云先生方轉餉貴州，及於肅愍之獄，係當朝第一案，功罪是非，而先生僅請從末減。坐視忠良之死而不之救，則將焉用彼相矣！就事相提，前日之不諫是，則今日之諫非，兩者必居一於此。而先生亦已愧不自得，乞身去矣。然先生於道，於古人全體大用，儘多缺陷；特其始終進退之節，有足稱者，則亦成其爲文淸而已！

閱先生《讀書錄》，多兢兢檢點言行間，所謂學貴踐履，意蓋如此。或曰，“七十六年無一事，此心惟覺性天通”。先生晚年聞道，未可量也。

## 吳康齋與弼

愚按：先生所不滿於當時者，大抵在訟弟一事，及爲石亨跋族譜稱門士而已。張東白聞之，有“上告素王正名討罪無得久竊虛名”之語；一時名流盡譁怨，未免爲羽毛起見者。予則謂先生之過，不特在訟弟之時，而尤在不能喻弟於道之日；特其不能喻弟於道，而遂至於官，且不難以囚服見有司，絕無矯飾，此則先生之過，所謂揭日月而共見者也。若族譜之跋，自署門下士，亦或宜然。徐孺子於諸公推轂，雖不應命，及卒，必千里赴吊；先生之意，其猶行古之道乎！後人以成敗論人，見亨他日以反誅，便謂先生不當與作緣；豈知先生之不與作緣，已在應聘辭官之日矣。不此之求，而屑屑於稱謂語言文字之間，甚矣責人之無已也！

先生之學，刻苦奮勵，多從“五更枕上汗流淚下”得來；及夫得之而有以自樂，則又不知足之蹈之手之舞之。蓋七十年如一日，憤樂相生，可謂獨得聖賢之心精者。至於學之之道，大要在“涵養性情”，而以“克己安貧”爲實地。此正孔、顏尋向上工夫，故不事著述而契道眞，言動之間，悉歸平澹。晚年出處一節，卓然世道羽儀，而處之恬然。圭角不露，非有得於道，其能如是。日記云：“澹如秋水貧中味，和似春風靜後功”，可爲先生寫照。充其所詣，庶幾依乎中庸遯世不見知而不悔氣象。余嘗僭評一時諸公：薛文清多困於流俗，陳白沙猶激於聲名，惟先生醇乎醇云。

## 陳剩夫眞晟

先生學方胡敬齋，而涵養不逮，氣質用事。晚年靜坐一機，疑是進步，惜未窺先生全書！

## 周小泉蕙

愚按："非聖勿學，惟聖斯學"二語，可謂直指心源。——段容思先生堅訓小泉先生語——而兩人亦獨超語言問答之外。其學至乎聖人，一日千里無疑也！夫聖人之道，反身而具足焉，不假外求，學之卽是，故先生亦止言聖學。段先生云："何爲有大如天地？須信無窮自古今。"意先生已信及此，非阿所好者。是時關中之學，皆自河東派來，而一變至道。

## 陳白沙獻章

愚按：前輩之論先生備矣，今請再訂之學術疑似之際。先生學宗自然，而要歸於自得；自得故資深逢源，與鳶魚同一活潑，而還以握造化之樞機，可謂獨開門戶，超然不凡。至問所謂得，則曰"靜中養出端倪"，"向求之典册累年無所得，而一朝以靜坐得之"，似與古人之言自得異。孟子曰："君子深造之以道"，欲其自得之也，不聞其以自然得也。靜坐一機，無乃淺嘗而捷取之乎？自然而得者，不思而得，不勉而中，從容中道，聖人也，不聞其以靜坐得也，先生蓋亦得其所得而已矣。道本自然，人不可以智力與；纔欲自然，便不自然。故曰："會得的活潑潑地，不會得的只是弄精魂。""靜中養出端倪，不知果是何物？"端倪云者，心可得而擬，口不可得而言，畢竟不離精魂者近是。今考先生證學諸語，大都說一段自然工夫；高妙處不容湊泊，終是精魂作弄處。蓋先生識趣近濂溪，而窮理不逮；學術類康節，而受用太早。質之聖門，難免欲速見小之病者也。似禪非禪，不必論矣。

## 陳克菴選

愚按：先生躬行粹潔，卓然聖人之徒無疑。其平生學力，盡見於張聚一疏，至誠而不動者未之有也。通紀評理學未必盡當，而推許老先生也至矣。文肅好古信道，眞不愧先生友者。

## 羅一峯倫

愚按：一峯嘗自言："予性剛，見剛者，好之若飢渴之於飲食，不能自喻於口也；求之不可得，則友其人於古，相與論其世，如侍几杖而聆謦欬也，而歆噓企羡至爲泣下。予之好剛，蓋天性然也。"孔子曰："吾未見剛者。"孟子曰："我善養吾浩然之氣。至大至剛，以塞乎天地之間；富貴不能淫，貧賤不能移，威武不能屈。此眞至剛之大丈夫哉！"孔孟之所謂剛，固予之所好者也，此可爲先生實錄。先生之學剛而正，或擬之孔融非是。又傳先生旣謫官，過崇仁，求謁康齋，康齋不見，意待再三而後見之。先生怒投一詩去。康齋之不見，所以進先生之意深矣，惜先生不悟也！又當時張延祥獨不喜康齋，故先生亦不喜之，然康齋終不可及也。

## 蔡虛齋清

先生闇修篤行，不聚徒，不講學，不由師承；崛起希曠之後，一以六經爲入門，四子爲標準，而反身用力，本之靜虛之地，所謂眞道德性命，端向此中有得焉。久之涵養深至日改而月以化，庶幾“慥慥君子。”前輩稱月湖過先生，殊未然。月湖之視先生，猶子夏之於曾子；玉夫清修勁力，差可伯仲，惜未底於成。又先生嘗友林見素，考見素立朝，卓然名德；又累疏薦羅整菴、王陽明、呂涇野、陳白沙，則其聲氣所感通可知，俟再考以入。——月湖，揚廉號。玉夫，丁璣字。

## 王陽明守仁

先生承絕學於詞章訓詁之後，一反求諸心，而得其所性之覺曰“良知”；因示人以求端用力之要，曰“致良知”。良知爲知，見知不因於聞見；致良知爲行，見行不滯於方隅。卽知卽行，卽心卽物，卽動卽靜，卽體卽用，卽工夫卽本體，卽下卽上：無之不一，以救學者支離眩鶩務華而絕根之病。可謂震霆啟寐，烈耀破迷，自孔孟以來，未有若此之深切著明者也！

特其與朱子之說，不無牴牾；而所極力表章者，乃在陸象山，遂疑其或出於禪。禪則先生固嘗逃之，後乃覺其非而去之矣。夫一者誠也，天之道也；誠之者明也，人之道也，致良知是也。因明至誠以人合天之謂聖，禪有乎哉？卽象山“本心”之說，疑其爲良知之所自來；而求本心於良知，指點更爲親切，合致知於格物，工夫確有循持。較之象山混人道一心卽本心而求悟者，不猶有毫釐之辨乎。

先生之言曰："良知卽是獨知時。"本非元妙，後人強作元妙觀，故近禪，殊非先生本旨。至其與朱子牴悟處，總在《大學》一書。朱子之解《大學》也，先格致而後授之以誠意；先生之解《大學》也，卽格致爲誠意，其於工夫似有分合之不同。然詳二先生最所吃緊處，皆不越"愼獨"一關，則所謂因明至誠以進於聖人之道一也。故先生又有"朱子晚定年論"之說。夫《大學》之教，一先一後，階級較然，而實無先後之可言，故八日總是一事。先生命世人豪，龍場一悟，得之天啟，亦自謂從五經印證過來，其爲廓然聖路無疑。特其急於明道，往往將向上一幾，輕於指點，啟後學獵等之弊有之。天假之年，盡融其高明卓絕之見，而低於實地，安知不更有晚年定論出於其間？而先生且遂，以優入聖域，則範圍朱陸而進退之，又不待言矣。先生屬纊時，嘗自言曰："我平生學問纔做得數分，惜不得與吾黨共成之！"此數分者，當是善信以上人，明道而後，未見其比。先生門人徧天下，自東廓先生而外，諸君子其最著與！然而淵源分合之故，亦略可覩矣。

## 鄒東廓守益

按：鄧文潔公稱陽明必爲聖學無疑；及門之士，旣多矛盾其說，而獨有取於念菴。然何獨近遺東廓耶？東廓以獨知爲良知，以戒懼謹獨爲致良知之功；此是師門本旨，而學焉者失之，浸流入猖狂一路。惟東廓斤斤以身體之，便將此意做實落工夫，卓然守聖矩，無少畔援。諸所論著，皆不落他人訓詁良知窠套，先生之教，率賴以不敝，可謂有功師門矣！後来念菴“收攝保任”之說，實遡諸此。

## 王龍溪畿

愚按：四句教法，考之《陽明集》中，並不經見，其說乃出於龍溪；則陽明未定之見，平日間嘗有是言，而未敢筆之於書以滋學者之惑。至龍溪先生始云：“四有之說，猥犯支離，勢必進之四無而後快。既無善惡，又何有心意知物？終必進之無心、無意、無知、無物而後元。如此則“致良知”三字，著在何處？”先生獨悟其所謂無者，以爲教外之別傳，而實亦併無是無。有無不立，善惡雙泯，任一點虛靈知覺之氣，從横自在，頭頭明顯，不離著於一處，幾何而不蹈佛氏之坑塹也哉！夫佛氏遺世累，專理會生死一事；無惡可去，并無善可爲，止餘眞空性地以眞顯覺。從此悟入，是爲宗門。若吾儒日在世法中求性命，吾慾薰染，頭出頭沒；於是而言無善惡，適爲濟惡之津渠耳！先生孜孜學道八十年，猶未討歸宿；不免沿門持鉢，習心習境，密制其命。此時是善是惡，只口中勞勞行脚，仍不脱在家窠臼，孤負一生無處根基，惜哉！

王門有心齋、龍溪，學皆尊悟，世稱二王。心齋言悟雖超曠，不離師門宗旨；至龍溪直把良知作佛性看，懸空期個悟，終成玩弄光景，雖謂之操戈入室可也。

# 羅整菴欽順

愚按：先生之學，始由禪入，從庭前柏樹子話頭得悟。一夕披衣，通身汗下，自怪其所得之易，反而求之儒，不合也。始知佛氏以覺爲性，以心爲本；非吾儒窮理盡性至命之旨，乃本程朱格致之說而求之。積二十年久，始有見於所謂性與天道之端。一口打并，則曰性命之妙，理一分殊而已矣。又申言之曰："此理在心目間，由本而之末，萬象紛紜而不亂；自末而歸本，一眞湛寂而無餘。"因以自附於卓如之見，如此亦可謂苦且難矣！

竊思先生所謂心目之間者，不知實在處，而其本之末末歸本者，又孰從而之之歸之乎？理一分殊，卽孔子一貫之旨，其要不離忠恕者，是則道之不遠於人心，亦從可決矣。乃先生方斷斷以心性辨儒釋，直以求心一路，歸之禪門。故甯舍置其心以言性，而判然二之，處理於不外不內之間，另呈一心目之象，終是泛觀物理如此。而所云之之歸之者，亦是聽其自之之而自歸之，於我無與焉。則亦不自覺其墮於恍惚之見矣！考先生所最得力處，乃在以"道心爲性，指未發而言；人心爲情，指已發而言"，自謂獨異於宋儒之見。且云"於此見得分明，則無往而不合。"試以先生之言思之，心與性情，原只是一人，不應危是心而微者非心；止緣先生認定佛氏以覺爲性，謂覺屬已發，是情不是性，卽本之心，亦只是惟危之心，而無惟微之心。遂以其微者拒之於心外，而求之天地萬物之表，謂天下無性外之物。格物致知，本末一貫，而後授之誠正，以立天下之大本，若此則幾以性爲外矣！我故曰，先生未嘗見性，以其外之也。夫性果在外乎？心果在內乎？心性之名，其不可混者，猶之理與氣；而其終不可得而分者，亦猶之乎理與氣也。先生既不與宋儒天命氣質之說，而蔽以理一分殊之一言，謂理即是氣之理，是矣，獨不曰性即是心之性乎？心即氣之聚於人者，而性即理之聚於人者；理氣是一，則心性不得是二，心性是一，性情又不得是二。使三者於一分一合之間終有二焉，則理氣是何物？心與性情，又是何物？天地間既有個合氣之理，又有個離氣之理；既有個離心之性，又有個離性之情。又烏在其爲一本也乎！吾儒本天，釋氏本心，自是古人鐵案。先生娓娓之言，可謂大有功於聖門。要之，善言天者，正不妨其合於人；善言心者，自不至流而爲釋。先生不免操因咽廢食之見，截得界限分明；雖足以洞彼家之弊，而實不免抛自身之藏。考先生於格物一節，幾用却二三十年工夫，迨其後即說心說性說理氣，一字不錯；亦只是說得是形容得著，於坐下毫無受用。若先生莊一靜正，德行如渾金璞玉，不愧聖人之徒。自是生質之美，非關學力。先生嘗與陽明先生書云：“如必以學不資於外求，但當反觀內省以爲務；則‘誠意正心’四字，亦何不盡之有？何必於入門之際，便困以格物一段工夫？”嗚呼！如先生者，眞所謂困以格物一段工夫；不特在入門，且在終身者也！不然，以先生之質，早尋向上而進之，宜其優入聖域，而惜也僅止於是！雖其始之易悟者，不免有毫釐之差；而終之苦難，一生擾擾到底者，幾乎千里之謬。蓋至是程朱之學亦弊矣！由其說將使學者終其身無入道之日，困之以二三十年工夫而後得，而得已無幾，視聖學幾爲絕德。此陽明氏所以作也。

## 呂涇野枘

愚按：關學世有淵源，皆以躬行禮教爲本，而涇野先生實集其大成。觀其出處言動，無一不規於道；極之心術隱微，無毫髮可疑，卓然閔冉之徒無疑也。異時陽明先生講“良知”之學，本以重躬行；而學者誤之，反遺行而言知。得先生尚行之旨以救之，可謂一髮千鈞。時先生講席，幾與陽明氏中分其盛。一時篤行自好之士，多出先生之門。馬、何諸君子，學行同類，故附焉。——何塘、馬里、崔銑、呂潛、張節、郭郛。

## 孟雲浦化鯉 孟我疆秋 張陽和元忭

愚按：二孟先生，如冰壺秋水，兩相輝映，以扶家傳於不墜，可稱北地聯璧！吾鄉文恭張先生，則所謂“附驥尾而名益彰”者乎？讀《二孟行》，可信也。文恭又嘗有《壯哉行贈鄒進士遣戊[1]貴陽》，其私吾黨臭味如此。君子哉若人！於今吾不得而見之矣！文恭與同郡羅文懿爲筆硯交，其後文懿爲會試舉主，文恭自追友誼如昔，亦不署門生，文懿每憾之，文恭不顧。延對係高中元讀卷，後相見亦不署門生，其矯矯自立如此。文恭又與鄧文潔交莫逆，及其沒也，文潔祭以文，稱其“好善若渴，以天下爲己任”云。

羅念菴洪先 趙大洲貞吉 王塘南時槐 鄧定宇以讚按：王門惟心齋氏盛傳其說。從不學不慮之旨，轉而標之曰“自然”，曰“學樂”。末流衍蔓，浸爲小人之無忌憚。羅先生後起，有憂之，特拈“收攝保聚”四字，爲致良知符訣。故其學專求之未發一機，以主靜無欲爲宗旨。可爲衞道苦心矣！或曰：“先生之主靜，不疑禪歟？”曰：“古人主教皆權法，王先生之後，不可無先生，吾取其足

[1] “戊”，當爲“戍”。原書中有“戊”“戌”“戍”混用的情況，以下徑改，不一一出註。——編者註

以扶持斯道於不墜而已。况先生已洞其似是而出入之，逃楊歸儒，視無忌憚者，不猶近乎？”趙王鄧三先生，其猶先生之意歟？鄧先生精密尤甚，其人品可伯仲先生。

## 羅近溪汝芳

鄧先生當土苴六經之後，獨發好古精心。考先聖人之遺經，稍稍補綴之，端委纚然。挽學者師心誣古之弊，其功可謂大矣！乃其學實本之東廓，獨聞“戒懼謹獨”之旨，則雖謂先生爲王門嫡傳可也。余嘗聞江西諸名宿言，先生學本修，羅先生本悟，兩人齗齗爭可否。及晚年，先生竟大服羅先生，不覺席之前也者。其祭羅先生文，略見一班，則羅先生之所養，蓋亦有大過人者。余故擇其吃緊眞切者載於篇，令後之學莽蕩者，無得藉口羅先生也。

## 李見羅材

文成而後，李先生又自出手眼，諄諄以“止修”二字壓倒“良知”。亦自謂考孔魯侯後聖，抗顏師席，率天下而從之，與文成同。昔人謂“良知”醒而蕩，似不若“止修”二字有根據，實也。然亦只是尋將好題目做文章，與坐下無與。吾人若理會坐下，更何良知止修分別之有？

先生氣魄大，以經世爲學，酷意學文成，故所至以功名自喜。微叩其歸宿，往往落求可求成一路，何敢望文成後塵。《大學》一書，程朱說誠正，陽明說致知，心齊說格物，盱江說明明德，釗江說修身。至此，其無餘藴乎！

### 許敬菴孚遠

余嘗親受業許師，見師端凝敦大，言前兢兢，儼然儒矩。其密繕身心，纖悉不肯放過，於天理人欲之辨，三致意焉。嘗深夜與門人弟輩，窅然靜坐，輕追數平生酒色財氣分數消長以自證。其所學篤實如此。

## 二 崇仁學案

康齋倡道小陂，一稟宋人成說。言心則以知覺而與理爲二，言工夫則靜時存養，動時省察。故必敬義夾持，明誠兩進，而後爲學問之全功。其相傳一派，雖一齋、莊渠，稍爲轉手，終不敢離此矩矱也。白沙出其門，然自敍所得，不關聘君，當爲別派。於戲，椎輪爲大輅之始，增冰爲積水所成，微康齋焉得有後時之盛哉！

### 吳康齊先生

吳與弼，字子傅，號康齋，撫州之崇仁人也。十九歲，從洗馬楊文定——溥——學，讀《伊洛淵源錄》，慨然有志於道，謂程伯淳見獵心喜，乃知聖賢猶夫人也，孰云不可學而至哉？遂棄去舉子業，謝人事，獨處小樓，玩四書五經諸儒語錄，體貼於身心；不下樓者二年，氣質偏於剛忿，至是覺之，隨下克之之功。辛卯，父命還鄉授室，長江遇風，舟將覆，先生正襟危坐，事定問之，曰：“守正以俟耳！”先生往來，粗衣敝履，人不知其爲司成之子也。

居鄉躬耕食力，弟子從遊者甚衆。先生謂婁諒確實，楊傑淳雅，周文勇邁。雨中被蓑笠，負耒耜，與諸生並耕；談乾坤及坎離艮震兌巽，於所耕之耒耜可見。歸則解犂飯糲，蔬豆共食。陳白沙自廣來學，晨光纔辨，先生手自簸穀；白沙未起，先生大聲曰：“秀才若爲懶惰，即他日何從到伊川門下？又何從到孟子門下？”一日刈禾，鎌傷厥指，先生負痛，曰：“何可爲物所勝？”竟刈如初。嘗歎箋註之繁，無益有害，故不輕著述。

省郡交薦之，不赴，太息曰：“宦官釋氏不除，而欲天下之治，難矣！吾庸出爲。”天順初，忠國公石亨汰甚，知爲上所疑。門客謝昭效、張觷之告蔡京，徵先生以收人望。先生三辭不得命，稱病篤不起。蓋先生知石亨必敗，故潔然高蹈。其南還也，人問其故，第曰：“欲保性命而已。”己丑十月十七日卒，年七十有九。

先生上無所傳，而聞道最早；身體力驗，只在走趨語默之間，出作入息，刻刻不忘，久之自成片段。所謂“敬義夾持，誠明兩進”者也。一切玄遠之言，絕口不道；學者依之，眞有途轍可循。以羲論之，當時石亨勢如燎原，其薦先生以炫耀天下者，區區自居一舉主之名耳；向若先生不稱門下，則大拂其初願，先生必不能善歸。先生所謂“欲保性命者”，其亦有甚不得已者乎！

## 吳康齋先生語

與鄰人處一事，涵容不熟；既以容訖，彼猶未悟，不免設破。此閒氣爲患，尋自悔之。因思爲君子當常受虧於人方做得，蓋受虧即有容也。食後坐東窗，四體舒泰，神氣清朗，讀書愈有進益，數日趣同，此又必透一關矣。日夜痛自點檢且不暇，豈有工夫點檢他人？責人密，自治疎矣，可不戒哉！“明德新民”雖無二致，然己德未明，遽欲新民，不惟失本末先後之序，豈能有新民之效乎？徒爾勞擾，成私意也。

貧困中事務紛至，兼以病瘡，不免時有憤躁；徐整衣冠讀書，便覺意思通暢。古人云：“不遇盤根錯節，無以別利器。”又云：“若要熟，也須從這裏過。然誠難能，只得小心寗耐做將去。”朱子云：“終不成軀不去便放下。”旨哉是言也！

文公謂延平先生，終日無疾言遽色，與弼常歎何修而至此，又自分雖終身不能學也。文公又云：“李先生初間也是豪邁底人，後來也是琢磨之功。”觀此，則李先生豈是生來便如此，蓋學力所致也。然下愚末學，苦不能克去血氣之剛。平居則慕心平氣和與物皆春，少不如意，躁急之態形焉。因思延平先生所與處者，豈皆聖賢；而能無疾言遽色者，豈非成湯與人不求備檢身若不及之功效歟？而今而後，吾知聖賢之必可學，而學之必可至；人性之本善，而氣質之可化也的然矣。下學之功，此去何如哉？南軒讀《孟子》甚樂，湛然虛明平旦之氣，略無所撓；綠陰淸晝，薰風徐來。而山林闃寂，天地自闊，日月自長。邵子所謂“心靜方能知白日，眼明始會識青天”，於斯可驗。

與弼氣質，偏於剛忿。永樂庚寅，年二十，從洗馬楊先生學，方始覺之。春季歸自先生官舍，紆道訪故人李原道於秦准客館，相與攜手准畔，共談日新。與弼深以剛忿爲言，始欲下克之之功。原道尋以告吾父母，二親爲之大喜。原道，吉安廬陵人，吾母姨夫中允公從子也。厥後克之之功，雖時有之，其如鹵莽滅裂何？十五六年之間，猖狂自恣；良心一發，憤恨無所容身。去冬今春，用功甚力；而日用之間，覺得愈加辛苦，疑下愚終不可以希聖賢之萬一，而小人之歸，無由可免矣。五六月來，覺氣象漸好，於是益加苦功，逐日有進，心氣稍稍和平；雖時當逆境，不免少動於中，尋卽排遣，而終無大害也。二十日，又一逆事，排遣不下，心愈不悅。蓋平日但制而不行，未有拔去病根之意；反復觀之，而後知吾近日之病，在於欲得心氣和平，而惡夫外物之逆以害吾中。此非也，心本太虛，七情不可有所於物之相接；甘辛鹹苦，萬有不齊，而吾惡其逆我者可乎？但當於萬有不齊之中，詳審其理以應之則善矣，於是中心灑然。此殆克己復禮之一端乎？蓋制而不行者硬苦，以理處之則順暢；因思心氣和平，非絕於往日，但未如此八九日之無間斷。又往日間和平多無事之時，今乃能於逆境擺脫，懼學之不繼也。故特書於册，冀日新又新，讀書窮理從事於敬恕之間，漸進於克己復禮之地，此吾志也。效之遲速，非所敢知。

澹如秋水貧中味，和似春風靜後功。

病體衰憊，家務相纏，不得專心致志於聖經賢傳中。心益以鄙詐，而無以致其知，外貌益以暴慢，而何以力於行？歲月如流，豈勝痛悼。如何如何！

觀《近思錄》，覺得精神收斂，身心檢束，有歉然不敢少恣之意，有悚然奮拔向前之意。大抵學者，踐履工夫，從至難至危處試驗過，方始無往不利；若舍至難至危，其他踐履，不足道也。

因暴怒，徐思之，以責人無恕故也。欲責人，須思吾能此事否；苟能之，又思曰，吾學聖賢方能此，安可遽責彼未嘗用功與用功未深者乎？況責人此理，吾未必皆能乎此也。以此度之，平生責人謬妄多矣。戒之戒之！信哉“躬自厚而薄責於人則遠怨”。以責人之心責已，則盡道也。

倦臥夢寐中，時時警恐，爲過時不能學也。

人須整理心下，使教瑩淨常惺惺地方好，此敬以直內工夫也。嗟夫，不敬則不直，不直便昏昏倒了！萬事從此隳，可不懼哉！

今日覺得貧困上稍有益，看來人不於貧困上著力，終不濟事，終是脆愞。

應事後卽須看書，不使此心頃刻走作。

早枕痛悔剛惡，偶得二句："豈伊人之難化，信吾德之不競。"遇逆境暴怒，再三以理遣。蓋平日自己無德，難於專一責人；況化人亦當以漸，又一時偶差，人所不免。嗚呼，難矣哉中庸之道也！

人之遇患難，須平心易氣以處之；厭心一生，必至於怨天尤人。此乃見學力不可不勉，凡百皆當責己。先哲云："身心須有安頓處"，蓋身心無安頓處，則日惟擾擾於利害之中而已。此亦非言可盡，默而識之可也。

人之病痛，不知則已；知而克治不勇，使其勢日甚，可乎哉？志之不立，古人之深戒也。男兒須挺然生世間。

處大事者，須深沈詳察。

看《言行錄》，龜山論東坡云："君子之所養，要令暴慢邪僻之氣，不設於身體，大有所省。"然志不能帥氣，工夫間斷；甚矣，聖賢之難能也！

看朱子"六十後長進不多"之語，恍然自失。嗚呼，日月逝矣，不可得而追矣！

"世間可喜可怒之事，自家著一分陪奉他，可謂勞矣。"誠哉是言也！

累日思平生架空過了時日。

事往往急便壞了。

請看風急天寒夜，誰是當門定脚人？

人生須自重。

學至於不尤人，學之至也。吾聞其語矣，未見其人也！

無時無處不是工夫。

年老厭煩，非理也。朱子云：“一日不死，一日要是當做。”於事厭倦皆無誠。

## 胡敬齋先生

胡居仁，字叔心，饒之餘干人也。學者稱爲敬齋先生。弱冠時，往遊康齋吳先生之門，遂絕意科舉，築室於梅溪山中，事親講學之外，不干人事。久之，欲廣聞見，適閩歷浙，入金陵，從彭蠡而返，所至訪求問學之士。

先生嚴毅清苦，左繩右矩，每日必立課程，詳書得失以自考；雖器物之微，區別精審，沒齒不亂。父病，嘗糞以驗其深淺；兄出，則迎候於門，有疾則躬調藥飲。家世爲農，至先生而窶甚；鶉衣脫粟，蕭然有自得之色。曰：“以仁義潤身，以牙籤潤屋，足矣！”成化甲辰三月十二日卒，年五十一。

先生一生得力於敬，故其持守可觀。其以有主言靜中之涵養，尤爲學者津梁。先生之辨釋氏尤力，謂其想像道理，所見非眞；又謂是空其心死其心制其心。先生言治法：寓兵未復，且先行屯田；賓與不行，且先薦舉。井田之法，當以田爲母，區畫有定數；以人爲子，增減以授之。設官之法，正官命於朝廷；僚屬大者薦聞，小者自辟。皆非迂儒所言，後有王者，所當取法者也。

### 居業錄

覺得心放，亦是好事；便提撕收斂，再不令走，便是主敬存心工夫。若心不知下落，茫茫蕩蕩，是何工夫？

窮理非一端，所得非一處：或在讀書上得之，或在講論上得之，或在思慮上得之，或在行事上得之。讀書得之雖多，講論得之尤速，思慮得之最深，行事得之最實。

人雖持敬，亦要義理來浸灌，方得此心悅懌；不然，只是硬持守也。

今人說靜時不可操，才操便是動。學之不講，乃至於此，甚可懼也！靜時不操，待何時去操？其意以爲不要惹動此心，待他自存，若操便要著意，著意便不得靜。是欲以空寂杳冥爲靜。不知所謂靜者，只是以思慮未萌事物未至而言，其中操持之意常在也。若不操持，待其自存，决無此理。程子曰："人心自由便放去。"又以思慮紛擾爲不靜，遂遏絕思慮以爲靜。殊不知君子九思，亦是存養法，但要專一；若專一時，自無雜慮。有事時專一，無事時亦專一。此敬之所以貫乎動靜，爲操存之要法也。

敬爲存養之道，貫徹始終。所謂涵養須用敬，進學則在致知。是未知之前，先須存養此心，方能致知。又謂識得此理，以誠敬存之而已，則致知之後，又要存養，方能不失。蓋致知之功有時，存養之功不息。

今人爲學，多在聲價上做，如此則學時已與道離了。費盡一生工夫，終不可得道。

天下縱有難處之事，若順理處之，不計較利害，則本心亦自泰然；若不以義理爲主，則遇難處之事，越難處矣。

今人不去學自守，先要學隨時，所以苟且不立。

人收斂警醒，則氣便清，心自明；才惰慢，便昏聵也。

端莊整肅，嚴威儼恪，是敬之入頭處；提撕喚醒，是敬之接續處；主一無適，湛然純一，是敬之無間斷處；惺惺不昧，精明不亂，是敬之效驗處。

敬該動靜，靜坐端嚴，敬也；隨事檢點致謹，亦敬也。敬兼內外，容貌莊正，敬也；心地湛然純一，亦敬也。

古人老而德愈進者，是持守得定，不與血氣同衰也。今日才氣之人，到老年便衰，是無持養之功也。

## 婁一齋先生

婁諒，字克貞，別號一齋，廣信上饒人。少有志於聖學，嘗求師於四方。夷然不屑，曰："率舉子學，非身心學也。"聞康齋在臨川，乃往從之。康齋一見喜之，云："老夫聰明性緊，賢也聰明性緊。"一日，康齋治地，召先生往視，云："學者須親細務。"先生素豪邁，由此折節，雖掃除之事，必躬自爲之，不責僮僕，遂爲康齋入室。凡康齋不以語門人者，於先生無所不盡。康齋學規，來學者始見，其餘則否。羅一峯未第時，往訪，康齋不出，先生謂康齋曰："此一有志知名之士也，如何不見？"康齋曰："我那得工夫見此小後生耶！"一峯不悅，移書四方，謂是名教中作怪；張東白從而和之，康齋若不聞。先生語兩人曰："君子小人，不容並立；使後世以康齋爲小人，二兄爲君子無疑。倘後世以君子處康齋，不知二兄安頓何地？"兩人之議遂息。

所著《日錄》四十卷，詞朴理純，不苟悅人；《三禮訂訛》四十卷，以《周禮》皆天子之禮爲國禮，《儀禮》皆公卿大夫士庶人之禮爲家禮；以《禮記》爲二經之傳，分附各篇，如冠禮附冠義之類，不可附各篇，各附一經之後，不可附一經，總附二經之後；取《繫辭傳》附《易》後之意。《諸儒附會》十三篇，以程朱論黜之;《春秋本意》十二篇，惟用經文訓釋而意自見。不用三傳事實，曰:“《春秋》必待三傳而後明，是《春秋》爲無用書矣。”

先生以“收放心”爲居敬之門，以“何思何慮勿助勿忘”爲居敬要指。康齋之門最著者，陳石齋、胡敬齋與先生三人而已。敬齋之所訾者，亦唯石齋與先生爲最，謂“兩人皆是儒者陷入異教去。”謂先生:“陸子不窮理，他卻肯窮理;石齋不讀書，他却勤讀書。但其窮理讀書，只是將聖賢言語來護己見耳。”先生之書，散逸不可見，觀此數言，則非僅蹈襲師門者也。又言:“克貞見搬木之人得法，便説他是道。此與運水搬柴相似，指知覺運動爲性。故如此説，道固無所不在，必其合乎義理而無私，乃可爲道，豈搬木者所能? 蓋搬木之人，故不可謂之知道;搬木得法，便是合乎義理，不可謂之非道。但行不習不著察耳，先生之言，未嘗非也。”

年七十而卒，門人私謚文肅先生。子兵部郎中，惟其女嫁爲甯庶人妃。庶人反，先生子姓皆逮繫，遺文散失。而宗先生者絀于石齋、敬齋矣! 文成年十七，親迎過信，從先生問學，相深契也;則姚江之學，先生爲發端也。子忱，字誠善，號冰溪，不下樓者十年;從遊甚衆，僧舍不能容。其弟子有架木爲巢而讀書者。

## 謝西山先生

謝復，字一陽，別號西山，祁門人也。謁康齋于小陂，師事之，閱三歲而後返，從事于踐履。葉畏齋問知，曰:“行。”陳寒谷問行，曰:“知。”未達，曰:“‘知至至之，知終終之’，非行乎? ‘未之能行，惟恐有聞’，非知乎? 知行合一，學之要也。”邑令問政，曰:“辨義利則知所以愛民勵己。”弘治乙丑卒。

## 鄭孔明先生

鄭伉，字孔明，常山之象湖人。不屑志於科舉，往見康齋。康齋曰："此間工夫，非朝夕可得，恐誤子遠來。"對曰："此心放逸已久，求先生復之耳，敢欲速乎？"因受小學，日驗於身心；久之若有見焉，始歸而讀書，一切折衷于朱子。痛惡佛老，曰："其在外者已非，又何待讀其書而後辨其謬哉？"楓山東白，皆與之上下其議論，亦一時之人傑也。

## 胡九韶先生

胡九韶，金溪人，自少從學康齋，家甚貧，課兒力耕，僅給衣食。康齋奔喪金陵，先生同往；凡康齋學有進益，無不相告。故康齋贈之詩云："頑鈍淬磨還有益，新功頻欲故人聞。"康齋語學者曰："吾平生每得力於患難。"先生曰："惟先生遇患難能進學，在他人則隳志矣。"成化初卒。

## 魏莊渠先生

魏校，字子才，別號莊渠，崑山人。先生私淑於胡敬齋，其宗旨爲天根之學，從人生而靜，培養根基；若是孩提知識後起，則未免夾雜矣。所謂天根，卽是主宰，貫動靜而一之者也。敬齋言："心無主宰，靜也不是工夫，動也不是工夫"，此師門敬字口訣也。第敬齋工夫，分乎動靜。先生貫串，總是一個，不離本末作兩段事，則加密矣。先生言理自然無爲，豈有靈也；氣形而下，莫能自主宰，心則處靈而能主宰。理也，氣也，心也，歧而爲三；不知天地間衹有一氣，其升降往來，卽理也，人得之以爲心，亦氣也。氣若不能自主宰，何以春而必夏必秋必冬哉？草木之榮枯，寒暑之運行，地理之剛柔，象緯之順逆，人物之生化，夫孰使之哉？皆氣之自爲主宰也。以其能主宰，故名之曰理。其間氣之有過不及，亦是理之當然；無過不及，便不成氣矣。氣旣能主宰而靈，則理亦有靈矣。若先生之言，氣之善惡，無與於理，理從而善之惡之；理不特死物，且閒物矣。其在於人。此虛靈者氣也；虛靈中之主宰，卽理也。善固理矣，卽過不及而爲惡，亦是欲動情勝，此理未嘗不在其間。故曰："不爲堯存，不爲桀亡。"以明氣之不能離於理也。先生疑象山爲禪，其後始知爲坦然大道，則於師門之教又一轉矣。先生提學廣東時，過曹溪焚大鑒之衣，椎碎其鉢，曰："無使惑後人也！"

## 體仁說

整齊嚴肅，莫是先制於外否？曰："此正是由中而出。吾心纔欲檢束，四體便自竦然矣。外旣不敢妄動，內亦不敢妄思，交養之道也。"

木必有根，然後千枝萬葉，可從而立；水必有源，然後千流萬派，其出無窮。人須存得此心，有個主宰：則萬事可以次第治矣。

思慮萬起萬滅如之何？曰："此是本體不純，故發用多雜。功夫只在主一，但覺思慮不齊，便截之使齊。立得個主宰，卻於雜思慮中，先除邪思慮，以次除閑思慮。推勘到底，直與斬絕，不得放過；久之本體純然是善，便自一念不生，生處皆善念矣。"

## 論學書

存養省察工夫，固學問根本，亦須發大勇猛心，方做得成就；若不曾發憤，只欲平做將去，可知是做不成也。

孔門唯顔子可當中行，自曾子以至子思、孟子，氣質皆偏於剛；然其所以傳聖人之道，則皆得剛毅之力也。文公謂世衰道微，人欲橫流，不是剛毅的人，亦立脚不住。

歲莫，一友過我，見某凝塵滿室泊然處之，歎曰："吾所居必灑掃涓潔，虛室以居。塵囂不雜，則與乾坤清氣相通，齋前雜樹花木，時觀萬物生意。深夜獨坐，或啟扉以漏月光；至昧爽，恆覺天地萬物清氣，自遠而屆，此心與相流通，更無窒礙。今室中蕪穢不治，弗以累心，賢於玩物遠矣！但恐於神爽未必有助也。"

人之一心，貫串千事百事。若不立個主宰，則終日營營，凡事都無統攝，不知從何處用功。

大丈夫凍死則凍死，餓死則餓死，方能堂堂立天地間！若開口告人貧，要人憐我，以小惠呴沫我，得無爲賤丈夫乎？

道體浩浩無窮，吾輩既爲氣質拘住，若欲止據已見持守，固亦自好；終恐規模窄狹，枯燥孤單，豈能展拓得去。古人所以親師取友汲汲於講學者，非故汎濫於外也；止欲廣求天工義理，而反之於身，合天下之長以爲一已之長，集天下之善以爲一已之善。庶幾規模闊大，氣質不得而限之。

## 余訒齋先生

余祐，字子積，别號訒齋，鄱陽人。年十九，往師胡敬齋，敬齋以女妻之。卒，年六十四。

先生之學，墨守敬齋，在獄中著《性書》三卷，其言程朱教人，拳拳以誠敬爲入門，學者豈必多言，惟去其念慮之不誠不敬者，使心地光明篤實，邪僻詭譎之意，勿留其間，不患不至於古人矣。時文成《朱文晚年定論》初出，以朱子到底歸於存養。先生謂文公論心學凡三變：如《存齋記》所言，心之爲物，不可以形體求，不可以聞見得，惟存之之久，則日用之間，若有見焉；此則少年學禪，見得昭昭靈靈意思。及見延平，盡悟其失；復會南軒，始聞五峯之學，以察識端倪爲最初下手處，未免闕却平時涵養一節工夫。別南軒詩："惟應酬酢處，特達見本根。"答叔京書尾，謂："南軒入處精切"，皆謂此也。後來自悟其失，改定已發未發之論。然後體用不偏，動靜交致其力，功夫方得渾全，此其終身定見也。安得以其入門功夫，謂之晚年哉？

愚按：此辨正先生之得統於師門處。《居業錄》云："古人只言涵養言操存，曷嘗言求見本體？是卽文公少年之見也。"又云："操存涵養，是靜中工夫；思索省察，是動上工夫。動靜二端，時節界限甚明，工夫所施，各有所當，不可混雜。"是卽文公動靜交致其力，方得渾全，而以單提涵養者爲不全也。雖然，動靜者時也，吾心之體，不着於時者也；分工夫爲兩節，則靜不能該動，動不能攝靜，豈得爲無弊哉？其《性書》之作，兼理氣論性，深闢性卽理也之言。蓋分理是理、氣是氣，截然爲二，幷朱子之意而失之。有云："氣嘗能輔理之美矣，理豈不救氣之衰乎？"整菴非之曰："不謂理氣交相爲賜如此。"

## 夏東巖先生

夏尚朴，字敦夫，别號東巖，永豐人。從學於婁一齋諒。王文成贈詩，有“舍瑟春風”之句。先生答曰：“孔門沂水春風景，不出虞延敬畏情。”先生傳主敬之學，謂：“纔提起便是天理，纔放下便是人欲。”魏莊渠歎爲至言。然而訾象山之學，以收斂精神爲主；吾儒收斂精神，要照管許多道理，不是徒收斂也。信如茲言，則總然提起，亦未必便是天理，無乃自背其說乎？蓋先生認心與理爲二，謂心所以窮理，不足以盡理。陽明點出心卽理也一言，何怪不說爲河漢乎？

### 夏東巖文集

纔提起便是天理；纔放下，便是人欲。

學者須收斂精神，譬如一爐火，聚則光燄四出，纔撥開便昏黑了。

人之思慮，多是觸類而生，無有甯息時節，所謂朋從爾思也，朋類也。試就思慮思量，如何思到此；逆推上去，便自見得。禪家謂之葛藤，所以要長存長覺，纔覺得便斷了，心要有所用，日用間都安在義理上，卽是心存；豈俟終日趺坐，漠然無所用心，然後爲存耶？

## 潘玉齋先生

潘潤，字德夫，號玉齋，信之永豐人。師事婁一齋，一齋嚴毅英邁，慨然以師道自任。嘗謂先生曰："致禮以治躬，外貌斯須不莊不敬，而慢易之心入之矣；致樂以治心，中心斯須不和不樂，而鄙詐之心入之矣。此禮樂之本，身心之學也。"先生謹佩其教，終日終身，出入準繩規矩。李空同督學江右，以人才爲問，諸生僉舉先生，空同致禮欲見之，時先生居憂，以衰服拜於門外，終不肯見，空同歎其知禮。焚香靜坐，時以所得者發爲吟詠。終成都教諭。

# 三　白沙學案

有明之學，至白沙始入精微。其吃緊工夫，全在涵養，喜怒未發而非空，萬感交集而不動。至陽明而後大，兩先生之學，最爲相近。不知陽明後來從不說起，其故何也？薛中離，陽明之高第弟子也，於正德十四年上疏，請白沙從祀孔廟，是必有以知師門之學同矣。羅一峯曰："白沙觀天人之微，究聖賢之蘊；充道以富，崇德以貴。天下之物，可愛可求，漠然無動於其中。"信斯言也，故出其門者多清苦自立，不以富貴爲意，其高風之所激遠矣！

## 陳白沙先生

陳獻章，字公甫，新會之白沙里人。幼警悟絕人，讀書一覽輒記。嘗讀《孟子》所謂"天民"者慨然曰："爲人必當如此！"已至崇仁，受學於康齋先生；歸卽絕意科舉，築春陽臺，靜坐其中，不出閾外者數年。彭韶、朱英交薦，授翰林院檢討而歸。有言其出處與康齋異者，先生曰："先師爲石亨所薦，所以不受職；某以聽選監生，始終願仕，故不敢僞辭以釣虛譽。或受或不受，各有攸宜。"弘治十三年二月十日卒，年七十有三。

先生之學，以虛爲基本，以靜爲門戶，以四方上下往古來今穿紐湊合爲匡郭，以日用常行分殊爲功用，以勿忘勿助之間爲體認之則，以未嘗致力而應用不遺爲實得。遠之則爲曾點，近之則爲堯夫，此可無疑者也。故有明儒者，不失其矩矱者，亦多有之。而作聖之功，至先生而始明，至文成而始大。向使先生與文成不作，則濂洛之精蘊，同之者固推見其至隱，異之者亦疏通其流別，未能如今日也。

先生自序爲學云："僕年二十七，始發憤從吳聘君學；其於古聖賢垂訓之書，蓋無所不講，然未知入處。比歸白沙，杜門不出，專求所以用力之方；既無師友指引，日靠書册尋之，忘寐忘食，如是者累年，而卒未有得。所謂未得，謂吾此心與此理未有湊泊脗合處也。於是舍彼之繁，求吾之約，惟在靜坐。久之然後見吾此心之體，隱然呈露。常若有物，日用間種種應酬，隨吾所欲，如馬之御銜勒也。體認物理，稽諸聖訓，各有頭緒來歷，如水之有源委也。於是渙然自信曰：'作聖之功，其在茲乎！'"萬歷十三年，詔從祀孔廟，稱先儒陳子，謚文恭。

## 論學書

伊川先生每見人靜坐，便歎其善學。此一"靜"字，自濂溪先生主靜發源；後來程門諸公，遞相傳授，至於豫章延平，尤專提此教人，學者亦以此得力。晦翁恐人差入禪去，故少說靜，只說敬。如伊川晚年之訓，此時防微慮遠之道。然在學者須自度量如何，若不至爲禪所誘，仍多着靜，方有入處；若平生忙者，此尤爲對症之藥。

“學者先須理會氣象，氣象好時，百事自當。”此言最可玩味，言語動靜，便是理會氣象地頭。變急爲緩，變激烈爲和平，則有大功，亦遠禍之道也，非但氣象好而已。

與林緝熙云：終日乾乾，只是收拾此理而已。此理干涉至大，無內外，無終始，無一處不到，無一息不運。知此則天地我立，萬化我出，而宇宙在我矣。得此把柄入手，更有何事？往古來今，四方上下，都一齊穿紐，一齊收拾；隨時隨處，無不是這個充塞。色色信他本來，何用爾脚勞手攘？舞雩三三兩兩，正在勿忘勿助之間。曾點些兒活計，被孟子打併出來，便都是鳶飛魚躍；若無孟子工夫，驟而語之以曾點見趣，一似說夢，會得雖堯舜事業，只如一點浮雲過目，安事推乎？此理包羅上下，貫徹終始，滾作一片，都無分別，無盡藏故也。自茲已往，更有分殊處，合要理會，毫分縷析；義理儘無窮，工夫儘無窮。書中所云，乃其統體該括耳！夫以無所着之心行於天下，亦焉往而不得哉？

與賀克恭云：“人要學聖賢，畢竟要去學他，若道只是個希慕之心，却恐末梢未易湊泊卒至廢弛。若道不希慕聖賢，我還肯如此學否？思量到此，見得個不容已處，雖使古無聖賢爲之依歸，我亦住不得，如此方是自得之學。”

心地要寬平，識見要超卓，規模要闊遠，踐履要篤實；能此四者，可以言學矣。爲學須從靜坐中養出個端倪來，方有商量處。

與何時矩云：“宇宙內更有何事？天自信天，地自信地，吾自信吾；自動自靜，自闔自闢，自舒自卷。甲不問乙供，乙不待甲賜；牛自爲牛，馬自爲馬。感於此，應於彼，發乎邇，見乎遠。故得之者，天地與順，日月與明，鬼神與福，萬民與誠，百世與名，而無一物奸於其間。”嗚呼大哉！前輩云：“銖視軒冕，塵視金玉。”此蓋略言之以諷始學者耳。人爭一個覺，纔覺便我大而物小，物盡而我無盡。夫無盡者，微塵六合，瞬息千古；生不知愛，死不知惡，尚奚暇銖軒冕而塵金玉耶？

前輩謂學貴知疑，小疑則小進，大疑則大進，疑者覺悟之機也，一番覺悟，一番長進，更無別法也。卽此便是科級，學者須循次而進，漸到至處耳。

與崔揖云：“棄禮從俗，壞名教事，賢者不爲。願更推廣此心於一切事，不令放倒。名節，道之藩籬；藩籬不守，其中未有能獨存者也。”

學無難易，在人自覺耳。才覺退，便是進也；才覺病，便是藥也。

## 語錄

爲學莫先於爲己爲人之辨，此是舉足第一步。

疑而後問，問而後知，知之眞則信矣。故疑者進道之萌芽也，信則有諸己矣。《論語》曰：“古之學者爲己。”善學者，主於靜以觀動之所本，察於用以觀體之所存。

## 題跋

贈彭惠安別言忘我而我大，不求勝物而物莫能撓。《孟子》云：“我善養吾浩然之氣。”山林朝市一也，死生常變一也，富貴貧賤威武一也。而無以動其心，是名曰自得。自得者不累於外物，不累於耳目，不累於造次顚沛鳶飛魚躍，其機在我。知此者謂之善學，不知此者，雖學無益也。（著撰《禽獸說》）人具七尺之軀，除了此心此理，便無可貴。渾是一包膿血，裹一大塊骨頭；饑能食，渴能飲，能着衣服，能行淫欲。貧賤而思富貴，富貴而貪權勢；忿而爭，憂而悲，窮則濫，樂則淫。凡百所爲，一信血氣，老死而後已，則命之曰禽獸可也！

## 李大厓先生

李承箕，字世卿，號大厓，楚之嘉魚人。其文出入經史，跌宕縱橫。聞白沙之學而慕之，弘治戊申，入南海而師焉。白沙與之登臨弔古，賦詩染翰，投壺飲酒；凡天地間耳目所聞見，古今上下載籍所存，無所不語。所未語者此心通塞往來之幾，生生化化之妙，欲先生深思而自得之，不可以見聞承當也。久之，而先生有所悟入，歸築釣臺於黃公山，讀書靜坐其中，不復仕進。自嘉魚至新會，涉江浮海，水陸萬里，先生往見者四。而白沙相憶之詩：“去歲逢君笑一回，經年笑口不曾開；山中莫謂無人笑，不是眞情懶放懷。”又：“衡岳千尋雲萬尋，丹青難寫夢中心；人間鐵笛無吹處，又向秋風寄此音。”眞有相視而莫逆者。蓋先生胸懷灑落，白沙之門，更無過之。乙丑二月卒，年五十四。

## 張東所先生

張詡，字廷實，號東所，南海人。白沙弟子。卒年六十。白沙以廷實之學，以自然爲宗，以忘己爲大，以無欲爲至；卽心觀妙，以揆聖人之用。其觀於天地，日月晦明，山川流峙；四時所以運行，萬物所以化生，無非在我之極。而思握其樞機，端其銜綏，行乎日用事物之中，以與之無窮，觀此則先生之所得深矣。

## 賀醫閭先生

賀欽，字克恭，別號醫閭。世爲定海人，以戎籍隸遼之義州衛。少習舉子業，輒鄙之，曰：“爲學止於是耶？”因亢旱上章極諫，謂：“此時遊樂，是爲樂憂。”白沙在太學，先生聞其爲己端默之旨，篤信不疑，從而稟學，遂澹然於富貴。故天下議白沙率人於僞，牽連而不仕，則以先生爲證。搆小齋讀書其中，隨事體驗，未得其要。潛心玩味，杜門不出者十餘年，乃見實理充塞無間，化機顯行，莫非道體，事事物物，各具本然實理。吾人之學，不必求之高遠；在主敬以收放心，勿忘勿助，循其所謂本然者而已。故推之家庭里閈冠婚喪祭服食起居，必求本然之理而力行之。久久純熟，心跡相應，不期信於人而人自信。有邊將詐誘殺爲陣獲者，見先生卽吐實，曰：“不忍欺也！”城中亂卒焚刼，不入其坊；先生往諭之，衆卽羅拜而泣，曰：“吾父也！”遂解散。其至誠感人如此。正德庚午十二月卒，年七十四。

### 言行錄

門人於衢路失儀，先生曰：“爲學須躬行，躬行須謹隱微。小小禮儀，尚守不得，更說甚躬行？於顯處尚如此，則隱微可知矣。”

善惡雖小，須辨别如睹黑白。

問：“靜極而動者聖人之復，豈常人之心，無有動靜乎？”曰：“常人雖當靜時，亦不能靜。”爲學先要正趨向，趨向正然後可以言學；若趨向專在得失，卽是小人而已矣！

驕惰之心一生，卽自壞矣。

今人見人有勉強把提者，便笑曰："某人造作不誠實。"我嘗曰："且得肯如此，亦好了。如本好色，把持不好色；如本好酒，把持不飲酒。此正矯揉之功，如何不好。若任情胡行，只管好色飲酒，乃曰：'吾性如此'。此等之人，以爲誠實不造作可乎？"

有以私囑者，先生正理喻之。因謂門人曰："渠以私意干我，我却以正道勸之；渠是拖人下水，我却是救人上岸。"

世風不善，豪傑之士，挺然特立，與俗違拗，方能去惡爲善。

人於富貴之關過不得者，說甚道理？

## 鄒立齋先生

鄒智，字汝愚，號立齋。四川合州人。先生與麻城李文祥，壽州湯鼐，以風期相許。鼐劾閣臣萬安劉吉尹直，吉陰使門客徐免、魏璋伺之，璋遂劾鼐案及先生俱下於獄。先生供詞："某等往來相會，或論輕[1]筵，不宜以寒暑輟講；或論午朝，不宜以一事兩事塞責。或論紀綱廢弛，或論風俗浮薄，或論民生憔悴無賑濟之策，或論邊境空虛無儲蓄之具。"謫廣東石城吏目。至官，卽從白沙問學。其父來視，責以不能祿養；箠之，泣受。辛亥十月卒，年二十六。初：王三原致京，先生迎謂曰："三代而下，人臣不獲見君，所以事事苟且。公宜請對，面陳時政之失，上許更張，然後受職。"又謂湯鼐曰："祖宗盛時，御史糾儀得面陳得失，言下取旨，近年遇事，惟退而具本，此君臣情分所由間隔也。請修復故事，今日第一著也。"

[1] 當爲"經"。——編者註

## 陳時周先生

陳茂烈，字時周，福之莆田人。年十八，卽有志聖賢之學；謂顔之克己，曾之日省，學之法也。作《省克錄》以自考。受業白沙之門，白沙語以爲學主靜。退而與張東所論難，作《靜思錄》。人爲監察御史，袍服樸陋，躄蹩一牝馬；而自係風紀之重。所過無不目而畏之。以母老終養。供母之外，匡牀敝席，不辦一帷；身自操作，治畦汲水。太守閔其勞，遣二力助之；閱三日，往白守曰："是使野人添事而溢口食也。"送之還。日坐斗室，體驗身心，隨得隨錄，曰："儒者有向上工夫，詩文其土苴耳！"先生爲諸生時，韓洪洞問莆人物於林俊。俊曰："從吾。"從吾者，彭韶字也。又問。曰："時周。"洪洞曰："以莆再指一書生耶？"俊曰："與時周語，沈疴頓去。"其爲時所信如此。

## 林緝熙先生

林光，字緝熙，東筦人。見白沙於神樂觀，語大契，從歸江門，築室口山，往來問學者二十年。白沙稱其所見甚是超脫。甚是完全；盡自李大厓而外，無有過之者。嘗言："所謂聞道者，在自得耳；讀盡天下書，說盡天下理，無自得入頭處，終是閒也。"致仕，年八十一卒。初，先生依白沙，不欲仕。晚以貧將求近地養親，未及陳情，遂轉兗州，未及一年而母氏卒。白沙責其因升斗之祿以求便養，無難處者。特於語默進退斟酌早晚之宜，不能自決，遂貽此悔，胸中不皎潔磊落也。

## 陳秉常先生

陳庸，字秉常，南海人。遊白沙之門，白沙示以自得之學，謂："我否子亦否，我然子亦然；然否苟由我，於子何有焉？"先生深契之。同門謝祐卒而貧，先生葬之。病革，設白沙像，焚香再拜而逝。年八十六。

## 李抱眞先生

李孔修，字子身，號抱眞子，居廣州之高第街。混迹闤闠，張東所識之，引入白沙門下。先生嘗輸糧於縣，縣令異其容止，問姓名不答，第拱手。令叱之曰："何物小民，乃與上官爲禮？"復拱手如前，令怒笞五下，竟無言而出。白沙詩："驢背推敲去，君知我是誰；如何叉兩手，剛被長官笞？"所由作也。父歿，庶母出嫁，誣先生奪其產；縣令鞫之，先生操筆置對曰："母言是也。"令疑焉，徐得其情，乃大禮敬。卒無子，葬於西樵山；西樵人祭社，以先生配。

## 謝天錫先生

謝祐，字天錫，南海人。白沙弟子，築室葵山之下，并日而食，襪不掩脛。名利之事，纖毫不能入也。卒後附祀於白沙。

## 何時振先生

何延矩，字時振，番禺人。及師白沙，卽棄舉子業。白沙詩云："良友惠我書，書中竟何如；上言我所憂，下述君所趨。開緘讀三四，亦足破煩污；丈夫立萬仞，肯受尋尺拘。不見柴桑人，丐食能歡娛；孟軻走四方，從者數十車。出處固有間，誰能別賢愚；鄙夫患得失，較計於其初。高天與深淵，懸絕徒嗟吁！"

## 史惺堂先生

史桂芳，字景實，號惺堂，豫之番陽人。先是，嶺表鄧德昌，白沙弟子也，以其學授傳明應。先生讀書鹿洞，傅一見奇之曰："子無第豪舉爲。聖門有正學，可勉也。"手書古格言以勗。先生瞿然，向學之意自此始。時譚者以解悟相高，先生取行其所知而止不輕信也。其學以知恥爲端，以改過遷善爲實，以親師取友爲佽助。若夫抉隱造微，則俟人之自得不數數然也。天臺以御史督學南畿，先生過之，卒然面質曰："子將何先？"天臺曰："方今爲此官者，優等多與賢書，便稱良矣。"先生厲聲曰："不圖子亦爲此陋語也！子不思如何正人心、挽士習以稱此官耶？"拂衣而起。天臺有年家子，宜黜而留之。先生曰："此便是脚根站不定！朝廷名器，是爾作面皮物耶？"天臺行部，值母謝日，供張過華。先生過見之，勃然辭去。謂天臺曰："富貴果能移人！兄家風素朴，舍中所見，居然改觀矣！"其直諒如此。先生在汝甯，與諸生論學；諸生或謁歸請益，卽輟案牍對之刺刺不休。談畢珍重曰："愼無弁髦吾言也！”激發屬吏，言辭慨慷；延平令故有貪名，聞之流涕，翻然改行。郡有孝女，不嫁養父；先生躬拜其廬，民俗爲之一變。其守延平，七日憂去，而盡革從前無名之費。若先生者，不徙講之口耳矣。

# 四　河東學案

河東之學，悃愊無華，格守宋人矩矱；故數傳之後，其議論設施，不問而可知其出於河東也。若陽明門下，親炙弟子，已往往背其師說，亦以其言之過高也。然河東有未見性之譏，所謂“此心始覺性天通”者，定非欺人語，可見無事乎張皇耳。

## 薛敬軒先生

薛瑄，字德温，號敬軒，山西河津人。魏、范二先生深於理學（魏純，字希文，山東高密人。范，俟考），俾先生與之遊處，講習濂洛諸書。歎曰：“此問學正路也！”因盡棄其舊學。差監湖廣銀場，手錄《性理大全》，通宵不寐，遇有所得，即便劄記。居家八年，從學者甚衆。天順八年甲申六月十五日卒，年七十有六。留詩有：“七十六年無一事，此心始覺性天通。”

先生以復性爲宗，濂洛爲鵠。所著《讀書錄》，大概爲《太極圖說》、《西銘正蒙》之義疏，其謂：“理氣無先後，無無氣之理，亦無無理之氣，不可易矣。”又言：“氣有聚散，理無聚散。以日光飛鳥喻之，理如日光，氣如飛鳥；理乘氣機而動，如日光載鳥背而飛。鳥飛而日光雖不離其背，實未嘗之俱往而有間斷之處；亦猶氣動而理雖未嘗與之暫離，實未嘗與之俱盡而有滅息之時。”羲竊謂：理爲氣之理，無氣則無理；若無飛鳥而有日光，亦可無日光而有飛鳥，不可爲喻。蓋以大德敦化者言之，氣無窮盡，理無窮盡；不特理無聚散，氣亦無聚散也。以小德川流者言之，日新不已，不以已往之氣爲方來之氣，亦不以已往之理爲方來之理。不特氣有聚散，理亦有聚散也。先生謂："水清則見毫毛，心清則見天理。喻理如物心如鏡，鏡明則物無遁形，心明則理無蔽迹。"羲竊謂：仁人心也，心之所以不得爲理者，由於昏也；若反其清明之體，卽是理矣。心清而見，則猶二之也。此是先生所言本領，安得起而質之乎？成化初，謚文清。隆慶五年，詔從祀孔廟，稱先儒薛子。

## 讀書錄

人心一息之頃，不在天理，便在人欲；未有不在天理人欲而中立者也。

少欲覺身輕。

心中無一物，其大浩然無涯。

爲政以法律爲師，亦名言也；既知律己，又可治人。

二十年治一"怒"字，尚未消磨得盡，以是知克己最難。

無欲非道；入道自無欲始。

誠不能動人，當責諸己；己不能感人，皆誠之未至。

常沈靜則含蓄義理，而應事有力。

厚重靜定寬緩，進德之基。

處人之難處者，正不必厲聲色與之辯是非，較短長。

纔舒放卽當收斂；纔言語便思簡默。

事已往不追，最妙。

人能於言動事爲之間，不敢輕忽，而事事處置合宜，則浩然之氣自生矣。

嬌輕警惰，只當於心志言動上用力。

須是盡去舊習，從新做起。張子曰："濯去舊見以來新意。"余在辰州府，五更，忽念己德所以不大進者，正爲舊習纏繞，未能擺脫；故爲善而善未純，去惡而惡未盡。自今當一刮舊習，一言一行，求合於道，否則匪人矣。

一念之差心卽放；纔覺其差而心卽正。

將聖賢言語作一場話說，學者之通患。

言不謹者，心不存也，心存則言謹矣。

余於坐立方向器用安頓之類，稍有不正，卽不樂，必正而後已；非作意爲之，亦其性然。

纔敬，便渣滓融化而不勝其大；不敬，則鄙吝卽萌不勝其小矣。

大事謹而小事不謹，則天理卽有欠缺間斷。

心一操而羣邪退聽；一放而羣邪並興。

不能克己者，志不勝氣也。

讀書以防檢此心，猶服藥以消磨此病，病雖未除，當使藥力勝則病自衰，心雖未定，常得書味深則心自熟，久則衰者盡而熟者化矣。

當事務叢雜之中，吾心當自有所主，不可因彼之擾擾而遷易也。

學不進，率由於因循。

事事不放過，而皆欲合理，則積久而業廣矣。

爲學時時處處是做工夫處，雖至陋至鄙處，皆當存謹畏之心而不可忽。且如就枕時，手足不敢妄動，心不敢亂想，這便是睡時做工夫，以至無時無事不然。工夫緊貼在身心做，不可斯須外離。

心一放卽悠悠蕩蕩，無所歸著。

讀前句如無後句，讀此書如無他書，心乃有入。

人心皆有所安，有所不安；安者義理也，不安者人欲也。然私意勝不能自克，則以不安者爲安矣。

略有與人計較短長意，卽是渣滓銷融未盡。

只主於敬，纔有卓立，不然東倒西歪，卒無可立之地。

方爲一事，卽欲人知，淺之尤者。

理明則心定。

凡所爲，當下卽求合理；勿曰今日姑如此，明日改之。一事苟，其餘無不苟矣。

習於見聞之久，則事之雖非者，亦莫覺其非矣。

教人言理太高，使人無可依據。

常存心於義理，久久漸明；存心於閒事，卽於義理日昧矣。

名節至大，不可妄交非類以壞名節。

雜慮少則漸近道。

心每有妄發，以經書聖賢之言制之。

一息之運，與古今之運同；一塵之土，與天地之土同；一夫之心，與億兆之心同。

## 閻子與先生

閻禹錫，字子與，洛陽人。聞薛文清講學，往從之遊。遂以所受於文清者授其弟子，人多化之。提督畿內學政，勵士以原本之學，講明《太極圖說通書》。使文清之學不失其傳者，先生之力也。成化丙申卒。所著有《自信集》。

## 張自在先生

張鼎，字大器，陝之咸甯人。乙卯，卒於家，年六十五。先生少從父之任蒲州，得及薛文清之門；終身恪守師說，不敢少有踰越。文清歿後，其文集散漫不傳；先生搜輯較正，凡數年，始得成書。

## 段容思先生

段堅，字可久，號容思，蘭州人也。年十四，爲諸生。見陳緱山明倫堂上銘，“羣居愼口，獨坐防心。”慨然有學聖人之志，於是動作不苟。自齊魯以至吳越，尋訪學問之人。得閻禹錫、白良輔，以溯文清之旨。踰年而歸，學益有得。越五年出知福山縣，以絃誦變其風俗；謂天下無不可化之人，無不可變之俗。六載而治行，鬱然可觀。建志學書院，與人士講習濂洛之書；其童蒙則授以小學家禮，祀烈女，迸巫尼，凡風教之事，無不盡心。成化甲辰卒，年六十六。嘗言：“學者主敬以致知格物，知吾之心卽天地之心，吾之理卽天地之理。吾身可以參贊者在此，其形於自得者。”詩云：“風清雲淨雨初晴，南畝東阡策杖行；幽鳥似知行樂意，綠楊煙外兩三聲。”先生雖未嘗及文清之門，而郡人陳祥贊之曰：“文清之統，惟公是廓。”則固私淑而有得者也。

## 張默齋先生

張傑，字立夫，號默齋，陝之鳳翔人。授趙城訓導，以講學爲事。文清過趙城，先生以所得質之；文清爲之證明，由是其學益深。爲《責躬詩》曰："年紀四十四，此理未眞知；晝夜不勤勉，遷延到幾時？"其工夫以"涵養須用敬，進學在致知"二語爲的。有勸先生著書者，曰："吾年未艾，猶可進也；俟有所得，爲之未晚。"成化壬辰十月卒，年五十二。

## 王凝齋先生

王鴻儒，字懋學，號凝齋，河南南陽人。時冢宰爲陸完，喜權術。先生諷之曰："惟誠與直，能濟國事；趨名者亦趨利，於社稷生民無益也。"宸濠反，武宗南巡。勤勞王事，疽發背卒。

## 周小泉先生

周蕙，字廷芳，號小泉，山丹衛人。聽講《大學》首章，奮然感動，始知讀書問字。爲蘭州戍卒，聞段容思講學，時往聽之。久之，諸儒令坐聽，旣而與之坐講。容思曰："非聖弗學。"先生曰："惟聖斯學。"於是篤信力行，以程朱自任。又受學於安邑李昶。李昶者，景泰丙子舉人，授清水教諭，文清之門人也。先生以父遊江南，久之不返；追尋江湖間，至揚子而溺，天下莫不悲之。門人最著者，渭南薛敬之、秦州王爵。

## 薛思菴先生

薛敬之，字顯思，號思菴。陝之渭南人。五歲即喜讀書，居止不同流俗，鄉人以道學呼之。成化丙戌，貢入太學；時白沙亦在太學，一時相與並稱。正德戊辰卒，年七十四。先生從周小泉學，常雞鳴而起，候門開灑掃設坐，至則跪以請教。故謂其爲子曰："周先生躬行孝弟，其學近於伊洛，吾以爲師，陝州陳雲逵，忠信狷介，凡事皆持敬，吾以爲友。吾所以有今日者，多此二人力也。"先生之論，特詳於理氣；其言"未有無氣質之性"是矣，而云一身皆是氣，惟心無氣，氣中靈底便是心，則又歧理氣而二之也。氣未有不靈者，氣之行處皆是心；不僅腔子內始是心也，即腔子內亦未始不是氣耳。

## 李介菴先生

李錦，字在中，號介菴，陝之咸甯人。受學於周小泉。以主敬窮理爲學，故然諾辭受之間，皆不敢苟。巡撫余肅敏聞其喪不能舉，賻以二槨，先生却其一，曰："不可因喪爲利也。"郡大夫賻米，以狀無俸字辭之。年五十一卒。

## 呂涇野先生

呂柟，字仲木，號涇野，陝之高陵人。壬寅七月朔卒，年六十四。賜謚文簡。先生師事薛思菴，所至講學。未第時，即與崔仲鳧講於寶邛寺。正德末，家居，築東郭别墅以會四方學者；别墅不能容，又築東林書屋。鎮守廖庵張甚，其使者過高陵，必誡之曰："呂公在，汝不得作過也。"在解州建解梁書院，選民間俊秀歌詩習禮。九載南都，與湛甘泉、鄒東廓共主講席，東南學者盡出其門。嘗道上黨，隱士仇欄遮道問學。有梓人張提，聞先生講，自悟其非，曾妄取人物，追還主者。朝鮮國聞先生名，奏請其文爲式國中。先生之學，以格物爲窮理，及先知而後行，皆是儒生所習聞；而先生所謂窮理，不是泛常不切於身，只在語默作止處驗之。所謂知者，即從聞見之知，以通德性之知，但事事不放過耳，大概工夫，下手明白，無從躲閃也。先生議"良知"，以爲聖人教人，每因人變化，未嘗規規於一方也。今不論其資稟造詣，數字以必人之從，不亦偏乎？夫因人變化者，言從入之工夫也。良知是言本體，本體無人不同，豈得而變化耶？非惟不知陽明，并不知聖人矣！

## 語錄

光祖曰："物之遇雨，或生或長，其效甚速，人遇教而不興者何也？"先生曰："只是中心未實；如五穀之種，或蠹或浥，難乎其爲苗矣。"

問："今之講學多有不同者如何？"曰："不同乃所以講學；既同矣，又安用講耶？故用人以治天下，不可皆求同，求同則讒諂而諛之人至矣。"道通曰："果然。治天下只看所重輕，問身甚弱；若有作盜賊的力量，改而爲聖人方易。"先生曰："作聖人不是用這等力量。見得善處肯行，便是力量；溺於流俗物欲者乃弱也。"

黃惟因問："白沙在山中十年作何事？"先生曰："用功不論山

林市朝也做得。昔終南僧用功三十年，儘禪定也。有僧曰：‘汝習靜久矣，同去長安柳街一行。’及到，見了妖麗之態，粉白黛綠，心遂動了，一旦廢了前三十年工夫。可見亦要於繁華波蕩中學，故於動處用功；佛家謂之消磨，吾儒謂之克治。”

許象先問：“‘樂在其中’與‘不改其樂’，樂字有淺深否？”先生曰：“汝不要管他淺深，今日只求自家一個樂耳。”大器曰：“然。求之有道乎？”先生曰：“各人揀自己所累處，一切盡除去，則自然心廣體胖。然所謂累處者，不必皆是聲色貨利麤惡的；只於寫字做詩，凡嗜好一邊皆是。程子曰：‘書札於儒者事最近。然一向好著，亦自喪志。’可見。”

詔問：“講良知者何如？”先生曰：“聖人教人，每因人變化：如顏淵問仁，夫子告以‘克己復禮’；仲弓則告以‘敬恕’；樊遲則告以‘居處恭，執事敬，與人忠’。蓋隨人之資質學力所到而進之，未嘗規規於一方也。世之儒者誨人，往往不論其資稟造詣，刻數字以必人之從，不亦偏乎？”

先生謂諸生曰：“學者則隱顯窮達始終不變方好。今之人，對顯明廣衆之前一人焉，閒居獨處之時又一人焉；對富貴又一人焉，貧賤又一人焉。眼底交遊所不變者，惟何粹夫乎？”

問愼獨工夫。曰：“此只在於心上做，如心有偏處，如好欲處，如好勝處；但凡念慮不在天理處，人不能知而己所獨知，此處當要知謹，自省卽便克去。若從此漸漸積累，至於極處，自能勃然上進；雖博厚高明，皆是此積。”

先生曰：“汝輩做工夫，須要有把柄，然後纔把捉得住，不然，鮮不倒了的。故叉手不定便撒擺，立脚不定便那移。”

先生曰：“學者必是有定守，然後不好的事，不能來就我。《易》曰：‘鼎有實，我仇有疾；不我能卽，吉。’若我無實，則這不好的事，皆可以來卽我也。”

呂潛問：“欲根在心，何法可以一時拔得去？”先生曰：“這也難說。一時要拔去得，須要積久工夫才得就。且聖如孔子，猶且十五志學，必至三十方能立，前此不免小出入時有之。學者今日且於一言一行差處，心中卽便檢制，不可復使這等；如或他日又有一言一行差處，心中卽又便如是檢制。此等處人皆不知，己獨知之；檢制不復萌，便是愼獨工夫。積久熟後動靜自與理俱，而人欲不覺自消。欲以一時一念的工夫，望病根盡去，却難也。”。

李欒初見先生，問：“聖學工夫如何下手？”先生曰：“亦只在下學做去。”先生因問：“汝平日做甚工夫來？”和仲默然，良久不應。先生曰：“看來聖學工夫，只在無隱上，就可做得。學者但於己身有是不是處，就說出來，無所隱匿，使吾心事常如青天白日纔好；不然，久之積下種子，便陷於有心了。故司馬溫公謂‘平生無不可對人說得的言語’。就是到‘建諸天地不悖，質之鬼神無疑’，也都從這裏起。”

詔云：“近日多人事，恐或廢學。”先生曰：“這便可就在人事上學。今人把事做事，學做學，分做兩樣看了。須是卽事卽學，卽學卽事；方見心事合一，體用一原的道理。”因問：“汝於人事上亦能發得出來否？”詔曰：“來見的亦未免有些俗人。”先生曰：“遇看俗人便卽事卽物，把俗言語譬曉得他來，亦未嘗不可。如舜在深山河濱，皆俗人也。”詔顧語象先曰：“吾輩今日安得有這樣度量？”

先生語學者曰：“近日做甚工夫來？”曰：“只是做得個矜持的工夫，於道却未有得處。”先生曰：“矜持亦嘗覺不好，這便是君子終日乾乾夕惕若戒愼不睹恐懼不問的工夫，但恐這個心未免或有時間歇耳！”曰：“然。非有間歇的心，只是忘了。”先生曰：“還是不知。如知得身上寒，必定要討一件衣穿；知得腹中饑，必定要討一盂飯吃。使知得這道如飢寒之於衣食一般，不道就罷了。恁地看來，學問思辨的工夫，須是要在戒愼恐懼之前，方能別白得。是天理，便做將去？是人欲，卽便斬斷，然後能不間歇了。故某常說聖門知字工夫是第一件要緊的，雖欲不先，不可得矣。”

先生曰：“人能反己，則四通八達，皆坦途也；若常以責人爲心，則舉足皆荊棘也。”

問：“無事時心淸，有事時心却不淸。”曰：“此是心作主不定，故厭事也。如事不得已，亦要理會。”

教汝輩學禮，猶隄防之於水；若無禮以隄防其身，則滿腔一團私意，縱橫四出矣。

## 呂愧軒先生

呂潛，字時見，號愧軒，陝之涇陽人。師事呂涇野，一言一動，咸以爲法。與郭蒙泉講學谷口洞中，從學者甚衆。涇野之傳，海內推之。萬歷戊寅卒，年六十二。

## 張石谷先生

張節，字介夫，號石谷，涇陽人。初從湛甘泉遊，繼受學於涇野；涇野贈詩，稱其守道不回。嘗語學者：“先儒云：‘默坐澄心，體認天理。’又云：‘靜中養出端倪。’吾輩須理會得此，方知一貫眞境；不爾，縱事事求合於道，終難湊泊，不成片段矣！”萬歷壬午年八十卒。

### 李正立先生

李挺，字正立，咸甯人。從涇野學，孤直不隨時俯仰。嘗自誦云：“生須肩大事。還用讀《春秋》。”往馬谿田所講學，死於盜。人皆惜之。

### 郭蒙泉先生

郭郛，字惟藩，號蒙泉，涇陽人。先生與呂愧軒同學，愧軒之父，其師也。其學以持敬爲主，自少至老，一步不敢屑越。嘗有詩云：“道學全憑敬作箴，須臾離敬道難尋；常從獨木橋邊過，惟願無忘此際心。”又云：“近名終喪己，無欲自通神；識柱乾坤闊，心空意見新。閉門只靜坐，自是出風塵。”

## 五　三原學案

“關學”大概宗薛氏，三原又其別派也。其門下多以氣節著，風土之厚，而又加之學問者也。

### 王石渠先生

王恕，字宗貫，號介菴，晚又號石渠，陝之三原人。後進在朝者，如庶吉士鄒智、御史湯鼐、主事李文祥，十餘人，皆慷慨喜事，以先生爲宗主。先生侍經筵，見上困於酷暑，請暫輟講。鼒卽言："天子方向學，奈何阻其進！恕請非是。"先生惶恐待罪，謂："諸臣責臣是也；然諸臣求治太急，見朝廷待臣太重，故責臣太深。欲臣盡取朝事更張之，如宋司馬光；毋論臣不敢望光，令亦豈熙豐時也？"上優詔答之。先生家居編集《歷代名臣諫議錄》一百二十四卷。又取經書傳註，有所疑滯，再三體認；行不去者，以己意推之，名曰《石渠意見》。意見者乃意度之見耳，未敢自以爲是也。蓋年八十四而著《意見》，八十六爲《拾遺》，八十八爲《補缺》，其耄而好學如此。先生之學，大抵推之事爲之際，以得其心安者，故隨地可以自見；至於大本之所在，或未之及也。九十歲，天子遣行人存問，又三年卒。贈特進左柱國太師，謚端毅。

## 王平川先生

王承裕，字天宇，號平川。冢宰之季子也。戊戌五月卒，年七十四。謚康僖。十四五時，從莆田蕭某學；蕭令侍立三日，一無所授。先生歸告端毅曰："蕭先生待某如此，豈以某爲不足教耶？"端毅曰："是卽教也，眞汝師矣！"登第後，侍端毅歸，講學於弘道書院，弟子至不能容。冠婚喪祭，必率禮而行；三原士風民俗，爲之一變。馮少墟以爲先生之學，皆本之家庭者也。

## 爲谿田先生

馬理，字伯循，號谿田，陝之三原人。爲孝廉時，遊太學，與呂涇野、崔後渠交相切劘，名震都下，高麗使人亦知慕之，錄其文以歸，安南貢使問禮部主事黃清曰："關中馬理先生，何尚未登仕籍？"其名重外夷如此。登正德甲戌進士第，時以《大學衍義》爲問。先生對曰："《大學》之書，乃堯舜禹湯文武之道也。傳有'克明峻德，湯之盤銘，堯舜帥天下以仁'之語；眞氏所衍，唐漢宋之事，非《大學》本旨也。眞氏所衍，止於齊家；不知治國平天下，皆本於愼獨工夫。宋儒所造，大率未精。"以此失問者之意。故欲塡首甲而降之。未幾送嫡母還鄉，乃設教於武安王祠，藩臬爲建嵯峨精舍以居生徒。癸卯後卽引年致仕，隱於商山書院。又十年而卒，嘉靖乙卯十二月也。年八十二。先生師事王康僖，又得涇野、後渠以爲之友，墨守主敬窮理之傳。嘗謂見行可之仕，唯孔子可以當之，學聖人者當自量力。故每出不一二年卽歸，歸必十數年而後起，綽綽然於進退之間。後渠稱其"愛道甚於愛官"，眞不虛也。

## 韓苑洛先生

韓邦奇，字汝節，號苑洛，陝之朝邑人。辛未，考察都御史，袖私帙視之。先生奪去，曰："考覈公事，有公籍在。"都御史爲之遜謝。宸濠將謀反，譴內監飯僧於天竺寺，聚者數千人；先生防其不測，立散遣之。又以儀賓進貢假道衢州，先生不可，曰："貢使自當沿江而下，奚俟假道？"於是襲浙之計窮。乙卯，地震而卒，年七十七。贈少保，謚恭簡。門人白璧曰："先生天稟高明，學問精到，明於數學，胸次灑落，大類堯夫；而論道體乃獨取橫渠，少負氣節。既乃不欲爲奇節一行，涵養宏深，持守堅定，則又一薛敬軒也。"

# 楊斛山先生

楊爵，字伯修，號斛山，陝之富平人。幼貧苦，披册躬耜，爲兄所累，繫獄，上書邑令，辭意激烈。令異之曰：“此奇士也！”出而加禮；辛丑上封事，謂：“今日致危亂者五：一則輔臣夏言習爲欺罔，翊國公郭勳爲國巨蠹，所當急去；二則凍餒之民不憂恤，而爲方士修雷壇；三則大小臣工弗覩朝儀，宜慰其望；四則名器濫及緇黄，出入大內，非制；五則言事諸臣，若楊最、羅洪先等，非死卽斥，所損國體不小。”疏入，上大怒。逮繫鎮撫司，拷掠備至，押鎖晝夜，血肉淋漓，死者數矣。而先生氣定，故得再甦。主事周天佐、御史浦鋐，俱以救先生箠死獄中。於是防守益嚴，上日使人偵先生，一言一動皆籍記；偵者苦於不得言以情告先生，使多爲善言。先生曰：“有意而言，便是欺也。”部郎錢緒山、劉晴川，給事周訥谿，先後以事下獄，相與講學不輟。緒山先釋，先生願有以爲别。緒山曰：“靜中收攝精神，勿使遊放，則心體湛一，高明廣大，可馴致矣。作聖之功，其在此乎。”先生敬識之。與晴川、訥谿讀書賦詩，如是者五年。所著《周易辨錄》、《中庸解》若干卷。釋歸，歸二年而卒，己酉十月九日也。年五十七。隆慶初，贈光祿寺少卿，謚忠介。初，韓恭簡講學，先生輩來往拜其門，恭簡異其氣岸，欲勿受。已叩其學，詫曰：“宿學老儒，莫能過也！吾幾失人矣！”剛大之氣，百折不回；人與椒山並稱，謂之曰韓門二楊。

## 漫錄

作一好事，必要向人稱述，使人知之，此心不定也。不知所作好事，乃吾分所當爲，雖事皆中理，纔能免於過惡耳。豈可自以爲美，纔以爲美，便是矜心，禹之不矜不伐，顔淵無伐善無施勞，此聖賢切己之學也。

好議論人長短，亦學者之大病也。若眞有爲己之心，便惟日不足，戒愼乎其所不睹，恐懼乎其所不聞；時時刻刻，防檢不暇，豈暇論人？學所以成性而已，人有寸長，取爲己有，於其所短，且置勿論；輕肆辯折，而無疑難涵蓄之心，謂之喪德可也。此予之深患，不能自克。可愧可愧！

今日早起，朗誦"君子之所以異於人者"一章，卽覺襟懷開灑，心廣體胖，《西銘》與物同體之氣象。此心至易昏惰，須常以聖賢格言輔養之，便日有進益。

智者自以爲不足，愚者自以爲有餘。自以爲不足，則以虛受人，進善其無窮矣；自以爲有餘，必無孜孜求造之心，以一善自滿，而他善無可入之隙，終亦必亡而已矣。書之以自勵焉。

古人律己甚嚴，其責人甚恕；今人律己甚恕，其責人甚嚴。孜孜爲己，不求人知，方始是學。

## 王秦關先生

王之士，字欲立，號秦關，陝之藍田人。屏案帖括，潛心理學，作《養心圖》、《定氣說》，書之座右。閉關不出者九年，蒿牀糲食，尚友千古。以爲藍田風俗之美，由於呂氏，今其鄉約具在。乃爲十二會，赴會者百餘人。灑掃應對，冠婚喪祭，一一潤澤其條件，行之惟謹，美俗復興。又謂天下之學術不一，非親證之不能得其大同，於是赴都門講會，與諸老先生相問難。南行入江右，見章本淸、鄧潛谷、楊止菴；浮浙水而下，至吳興，問許敬菴。學者聞先生至，亦多從之。萬歷庚寅卒於家，年六十三。

## 六　姚江學案

有明學術，從前習熟先儒之成說未嘗反身理會，推見至隱，所謂“此亦一述朱，彼亦一述朱”耳。高忠憲云：“薛敬軒、呂涇野語錄中，皆無甚透悟”，亦爲是也。自姚江指點出“良知”，人人現在，一反觀而自得，便人人有個作聖之路。故無姚江則古來之學脈絕矣。然“致良知”一語，發自晚年，未及與學者深究其旨；後來門下各以意見攙和，說玄說妙，幾同射覆，非復立言之本意。先生之格物，謂：“致吾心良知之天理於事事物物，則事事物物，皆得其理。以聖人教人，只是一個行，如‘博學’‘審問’‘愼思’‘明辨’皆是行也。篤行之者，行此數者不已是也。”先生致之於事物，致字卽是行字，以救空空窮理只在知上討個分曉之非；乃後之學者，測度想像，求見本體，只在知識上立家儅，以爲良知。則先生何不仍窮理格物之訓，先知後行，而必欲自爲一說耶？天泉問答：無善無惡者心之體，有善有惡者意之動；知善知惡是良知，爲善去惡是格物。今之解者曰：“心體無善無惡是性。由是而發之爲有善有惡之意，由是而有分別其善惡之知，由是而有爲善去惡之格物。”層層自內而之外，一切皆是麤機；則“良知”已落後著，非不慮之本然。故鄧定宇以爲權論也。其實無善無惡者，無善念惡念耳，非謂性無善無惡也；下句意之有善有惡，亦是有善念有惡念耳，兩句只完得“動靜”二字。他日語薛侃曰：“無善無惡者理之靜，有善有惡者氣之動”，卽此兩句也，所謂知善知惡者，非意動於善惡，從而分別之爲知，知亦只是誠意中之好惡；好必於善，惡必於忠。孰是孰非而不容已者，虛靈不昧之性體也。爲善去惡，只是率性而行，自然無善惡之夾雜，先生所謂“致吾心之良知於事事物物”也。四句本是無病，學也錯會文致。彼以無善無惡言性者，謂無善無惡斯爲至善，善一也；而有有善之善，有無善之善，無乃斷滅性種乎？彼在發用處求良知者，認已發作未發教人在致知上著力，是指月者不指天上之月而指地上之光，愈求愈遠矣。得羲說而存之，而後知先生之無弊也。

## 王陽明先生

王守仁，字伯安，學者稱爲陽明先生。餘姚人也。父華，先生娠十四月而生，豪邁不羈；十五歲縱觀塞外，經月始返。十八歲過廣信，謁婁一齋，慨然以聖人可學而至。已卯六月，奉敕勘處福建叛軍，至豐城而聞宸濠反，遂返吉安，起兵討之。宸濠方圍安慶，先生破南昌，濠返兵自救，遇之於樵舍，三戰俘濠。武宗率師親征，羣小張忠、許泰益縱濠鄱湖，待武宗接戰而後奏凱。先生不聽，乘夜過玉山，集浙江，三司，以濠付太監張永。張永者，爲武宗親信，羣小之所憚也。丁亥，原官兼左都御史，起征思田；思田平，以歸師襲八寨斷藤峽，破之。先生已病疏請告，至南安。門人周積侍疾，問遺言。先生曰：“此心光明，亦復何言。”頃之而逝，——七年戊子十一月二十九日也——年五十七。先生之學始泛濫於詞章，繼而徧讀考亭之書，循序格物；顧物理吾心，終判爲二，無所得入。於是出入於佛老者久之。及至居夷處困，動心忍性；因念聖人處此，更有何道？忽悟“格物致知”之旨，聖人之道，吾性自足，不假外求。其學凡三變，而始得其門。自此以後，盡去枝葉，一意本原，以默坐澄心爲學的。有未發之中，始能有發而中節之和。視聽言動，大率以收斂爲主，發散是不得已。江右以後，專提“致良知”三字；默不假坐，心不待澄，不習不慮，出之自有天則。蓋良知卽是未發之中，此知之前，更無未發；良知卽是中節之和。此知之後，更無已發。此知自能收斂，不須更主於收斂；此知自能發散，不須更期於發散。收斂者，感之體，靜而動也；發散者，寂之用，動而靜也。知之眞切篤實處卽是行，行之明覺精察處卽是知，無有二也。居越以後，所操益熟，所得益化；時時知是知非，時時無是無非。開口卽得本心，更無假借湊泊；如亦日當空，而萬象畢照。是學成之後，又有此三變也。先生憫宋儒之後，學者以知識爲知，謂人心之所有者，不重明覺，而理爲天地萬物之所公共；故必窮盡大地萬物之理，然後吾心之明覺，與之渾合而無間。說是無內外，其實全靠外來聞見，以塡補其靈明者也。先生以聖人之學，心學也。心卽理也，故於致知格物之訓，不得不言致吾心良知之天理於事事物物，則事事物物皆得其理。夫以知識爲知，則輕浮而不實，故必以力行爲功夫，良知感應神速，無有等待，本心之明卽知，不欺本心之明卽行也，不得不言知行合一。此其立言之大旨，不出於是。而或者以釋氏本心之說，頗近於心學，不知儒釋界限，只一“理”字：釋氏於天地萬物之理，一切置之度外，更不復講，而止守此明覺；世儒則不恃此明覺而求理於天地萬物之間，所爲絕異。然其歸理於天地萬物，歸明覺於吾心，則一也。向外尋理，終是無源之水，無根之木；總使合得，本體上已費轉手。故沿門乞火，與合眼見闇，相去不遠。先生點出心之所以爲心，不在明覺而在天理。金鏡已墜而復收，遂使儒釋疆界，渺若山河，此有目者所共覩也。試以孔孟之言證之：致吾良知於事物，事物皆得其理，非所謂“人能弘道”乎？若在事物，則是“道能弘人”矣。告子之外義，豈滅義而不顧乎？亦於事物之間，求其義而合之，正如世儒之所謂窮理也。孟子胡以不許之，而四端必歸之心哉？嗟乎，糠粃眯目，四方易位，而後先生可疑也！隆慶初贈新建侯，謚文成，萬歷中，詔從祀孔廟，稱先儒王子。

## 陽明傳信錄

暇日讀陽則先生集，摘其要語，得三卷：首《語錄》，錄先生與門弟子論學諸書，有學則也。次《文錄》，錄先生贈遺雜著，存教法也。又次《傳習錄》，錄諸門弟子所口授於先生之爲言學言教者，存宗旨也。先生之學，始出詞章，繼逃佛老，終乃求之六經，而一變至道；世未有善學如先生者也，是謂學則。先生教人吃緊在去人欲而存天理，進之以知行合一之說，其要歸於致良知；雖累千百言，不出此三言爲轉註。凡以使學者截去之，繞而向上去而已；世未有善教如先生者也，是謂教法。而先生之言良知也，近本之孔孟之說，遠遡之“精一”之傳。蓋自程朱一綫中絕而後，補偏救弊，契聖歸宗，未有若先生之深切著明者也，是謂宗旨。則後之學先生者，從可知已。不學其所悟而學其所悔，舍天理而求良知，陰以叛孔孟之道而不顧，又其弊也。說知說行，先後兩截，言悟言參，轉增學慮，吾不知於先生之道爲何如？間嘗求其故而不得，意者先生因病立方，時時權實互用；後人不得其解，未免轉增離歧乎？宗周因於手抄之餘，有可以發明先生之蘊者，僭存一二管窺，以質所疑，冀得藉手以就正於有道；庶幾有善學先生者出，而先生之道，傳之久而無弊也。因題之曰《傳信》云。

## 語錄

刊落聲華，務於切己處著實用力；所謂靜坐事，非欲坐禪入定。蓋因吾輩平日爲事物紛拏，未知爲己，欲以此補小學收放心一段功夫耳。明道云："纔學便須知有着力處，既學便須知有得力處；諸友宜於此處著力，方有進步，異時始有得力處也。學要鞭辟近裏着己，君子之道，闇然而日章；爲名與爲利，雖清濁不同，然其利心則一。謙受益，不求異於人，而求同於理。"此數語宜書之壁間，常目在之。舉業不患妨功，惟思奪志；只如前目所約，循循爲之，亦自兩無相礙。所謂"知得則灑掃應對，便是精義入神"也。

志道懇切，固是誠意；然急迫求之，則反爲私己，不可不察也。日用間何莫非天理流行，但此心常存而不放，則義理自熟，孟子所謂"勿忘勿助深造自得"者矣。

聖人之心，纖翳自無所容，自不消磨刮；若常人之心，如斑垢駁雜之鏡，須痛加刮磨一番，盡去其駁蝕，然後纖塵卽見，纔拂便去，亦自不消費力，到此已是識得仁體矣。若駁雜未去，其間固亦有一點明處；塵埃之落，固亦見得，亦纔拂便去。至於堆積於駁蝕之上，終弗之能見也。此學利困勉之所由異，幸弗以爲煩難而疑之也。凡人情好易而惡難，其間亦自有私意；習氣纏蔽，在識破後，自然不見其難矣。古之人至有出萬死而樂爲之者，亦見得耳，向時未見得向裏面意思，此工夫自無可講處；今已見此一層，卻恐好易惡難，便流入禪釋去也。昨論儒釋之異，明道所謂"敬以直內"則有之，"義以方外"則未。畢竟連敬以直內亦不是者，已說到八九分矣！

僕近時與朋友論學，惟說“立誠”二字。殺人須就咽喉上著刀，吾人爲學，當從心髓入微處用力，自然篤實光輝。雖私欲之萌，眞是紅爐點雪，天下之大本立矣。若就標末妝綴比擬，凡平日所謂學問思辨者，適足以爲長傲遂非之資；自以爲進於高明光大，而不知陷於狠戾險嫉。亦誠可哀也已！

吾輩通患，正如池而浮萍，隨開隨蔽；未論江海，但在活水，浮萍卽不能蔽。何者？活水有源，池水無源；有源者由己，無源者從物。故凡不息者有源，作輟者皆無源故耳。

變化氣質，居常無所見，惟當利害經變故遭屈辱。平時憤怒者，到此能不憤怒，憂惶失措者，到此能不憂惶失措，始是得力處，亦便是用力處。天下事雖萬變，吾所以應之，不出乎喜怒哀樂四者。此爲學之要，而爲政亦在其中矣。

在物爲理，處物爲義，在性爲喜；因所指而異其名，實皆吾之心也。心外無物，心外無言，心外無理，心外無義，心外無善；吾心之處事物，純乎理而無人僞之雜謂之善，非在事物有定所可求也。處物爲義，是吾心之得其宜也，義非在外可襲而取也。格者格此也，致者致此也。必曰事事物物上求個至善，是離而二之也。伊川所云：“纔明彼，卽曉此”。是猶謂之二。心無彼此，理無彼此，心無彼此，善無彼此也。

《大學》之所謂“誠意”，卽《中庸》之所謂“誠身”也；《大學》之所謂“格物致知”，卽《中庸》之所謂“明善”也。“博學”“審問”“愼思”“明辨”“篤行”，皆所以明善而爲誠身之功也，非明善之外別有所謂誠身之功也。格物致知之外，又豈別有所謂誠意之功乎？《書》之所謂“精一”，《語》之所謂“博文約禮”，《中庸》之所謂“尊德性而道問學”，皆若此而已。

學絕道喪，俗之陷溺，如人在大海波濤中；且須援之登岸，然後可授之衣而與之食。若以衣食投之波濤中，是適重其溺，彼將不以爲德而反以爲尤矣。故凡居今之時，且須隨機導引，因事啟沃，寬心平氣以薰陶之；俟其感發興起，而後開之以其說。是故爲力易而收效溥。

使在我果無功利之心，雖錢穀兵甲搬柴運水，何往而非實學，何事而非天理，況子史詩文之類乎？使在我尚有功利之心，則雖日談道德仁義，亦只是功利之事，況子史詩文之類乎？一切屏絕之說，猶是泥於舊聞；平日用功，未有得力處。

數年切磋，只得立志辨義利；若於此未有得力處，却是平日所講，盡成虛話，平日所見，皆非實得。

經一蹶者長一智，今日之失，未必不爲後日之得。但已落第二義，須從第一義上着力，一眞一切眞。

理無內外、性無內外，故學無內外：講習討論，未嘗非內也；反觀內省，未嘗遺外也。夫謂學必資於外求，是以己性爲有外也，是義外也，用智者也；謂反觀內省爲求之於內，是以己性爲有內也，是有我也，自私者也。是皆不知性之無內外也。故曰“精義入神，以致用也；利用安身，以崇德也”；“性之德也，合內外之道也”，此可以知格物之學矣。格物者《大學》之實下手處，徹首徹尾，自始學至聖人，只此工夫而已，非但入門之際，有此一段也。夫正心誠意致知格物，皆所以修身；而格物者，其所以用力日可見之地。故格物者，格其心之物也，格其意之物也，格其知之物也；正心者，正其物之心也；誠意者，誠其物之意也；致知者，致其物之知也。此豈有內外彼此之分哉？

昔夫子謂子貢曰：“賜也，汝以予爲多學而識之者與？”對曰：“然。非與？”子曰：“非也。予一以貫之。”然述聖人之學，豈不有要乎！彼釋氏之外人倫遺物理而墮於空寂者，固不得謂之明其心矣；若世儒之外務講求考索而不知本諸身者，其亦可謂窮理乎？

心無動靜者也：其靜也者，以言其體也；其動也者，以言其用也。故君子之學，無間於動靜。其靜也，常學而未嘗無也，故常應；其動也，常定而未嘗有也，故常寂。常應常寂，動靜皆有事焉，是之謂集義；集義故能無反悔，所謂動亦定，靜亦定者也，心一而已。靜其體也，而復求靜根焉，是撓其體也；動其用也，而懼其易動焉，是廢其用也。故求靜之心卽動也，惡動之心非靜也；是之謂動亦動、靜亦動，將迎起伏，相尋於無窮矣。故循理之謂靜，從欲之謂動，欲也者，非必聲色貨利外誘也，有心之私皆欲也。故循理焉，雖酬酢萬變皆靜也。濂溪所謂主靜，無欲之謂也，是謂集義者也，從欲焉，雖心齋坐忘，亦動也；告子之強制，正助之謂也，是外義者也。

且以所見者實體諸心，必將有疑；果無疑必將有得，果無得又必有見。

孟子云："是非之心智也。"是非之心，人皆有之，卽所謂"良知"也。孰無是良知乎？但不能致之耳。曷謂知至至之？知至者知也，至之者致知也。此知行之所以一也。

妄心則動也，照心非動也。恆照則恆動恆靜，天地之所以恆久而不已也。照心固照也，妄心亦照也；其爲物不貳，則其生物不息，有刻暫停則息矣，非至誠何息之學矣。

心之本體，無起無不起；雖妄念之發，而良知未嘗不在。但人不知存，則有時而或放耳。雖昏塞之極，而良知未嘗不明；但人不知察，則有時而或蔽耳。雖有時而或放，其體實未嘗不在也，存之而已耳；雖有時而或蔽，其體實未嘗不明也，察之而已耳。

性無不善，故知無不良。良知須是未發之中，卽是廓然大公寂然不動之本體，人人之所同具者也。但不能不昏蔽於物欲，故須學以去其昏蔽；然於良知之本體，初不能有加損於毫末也。

理無動者也，常知常存，當主於理，即“不睹、不聞、無思、無爲”之謂也。不睹、不聞、無思、無爲，非槁木死灰之謂也。睹、聞、思爲一於理，而未嘗有所睹、聞、思爲，即是動而未嘗動也；所謂動亦定靜亦定，體用一原者也。

未發之中，即良知也，無前後內外而渾然一體者也。有事無事可以言動靜，而良知無分於有事無事也；寂然感通可以言動靜，而良知無分於寂然感通也。動靜者所遇之時，心之本體，固無分於動靜也。

理無動者也，動即爲欲；循理則雖酬酢萬變而未嘗動也，從欲則雖槁心一念而未嘗靜也。

照心非動者，以其發於本體明覺之自然，而未嘗有所動也，有所動即妄矣。妄心亦照者，以其本體明覺之自然者，未嘗不存於其中；但有所動耳，無所動即照矣。無妄無照，非以妄爲照，以照爲妄也；照心爲照，妄心爲妄，是猶有妄有照也。有妄有照，則有二也，二則息矣；無妄無照，則不貳，不貳則不息矣。

必欲此心純乎天理而無一毫人欲之私，此作聖之功也。必欲此心純乎天理而無一毫人欲之私，非防於未萌之先，而克於方萌之際不能也。防於未萌之先，而克於方萌之際，此正《中庸》戒愼恐懼，《大學》致知格物之功；舍此之外，無別功矣。

不思善、不思惡時，是本來面目；此佛氏爲未識本來面目以設此方便，本來面目即吾聖門所謂良知。今既認得良知明白，即已不消如此說矣。隨物而格，是致知之功，即佛氏之常惺惺，亦是常存他本來面目耳；體段功夫，大略相似。但佛氏有個自私自利之心，所以便有不同。

病瘧之人，瘧雖未發，而病根自在；則亦安可以其瘧之未發，而遂忘其服藥調理之功乎？若必待瘧發而後服藥調理，則既晚矣！

君子之所謂敬畏者，非有所恐懼憂患之謂也，乃戒慎不睹恐懼不聞之謂耳；君子之所謂灑落者，非曠蕩放逸縱情肆意之謂也，乃其心體不累於欲，無入而不自得之謂耳。夫心之本體，卽天理也；天理之昭明靈覺，所謂“良知”也。君子之戒愼恐懼，惟恐其昭明靈覺者，或有所昏昧放逸，流於非僻邪妄，而失其本體之正耳；戒愼恐懼之功，無時或間，則天理常存，而其昭明靈覺之本體，無所虧蔽，無所牽擾，無所恐懼憂患，無所好樂忿懥，無所意必固我，無所歉餒愧怍，和融瑩徹，充塞流行，動容周旋而中禮，從心所欲而不踰，斯乃所謂眞灑落矣。是灑落生於天理之常存，天理常存，生於戒愼恐懼之無間。孰謂敬畏之增，反爲樂之累耶？

《繫》言“何思何慮”是言所思所慮，只是一個天理，更無別思別慮耳，非謂無思無慮也。故曰：“同歸而殊途，一致而百慮。”天下何思何慮，云殊途，云百慮，則豈謂無思無慮耶？心之本體，卽是天理，只是一個，更何思慮得？天理原自寂然不動，原自感而遂通；學者用功，雖千思萬慮，只是要復他本來體用而已，不是以私意去安排思索出來。故明道云：“君子之學，莫若廓然而大公，物來而順應；若以私意安排思索，便是用智自私矣！”何思何慮，正是工夫；在聖人分上，便是自然的，在學者分上，便是勉然的。性善之端，須在氣上始見得，若無氣亦無可見矣。惻隱、羞惡、辭讓、是非，卽是氣。程子謂“論性不論氣不備，論氣不論性不明”，亦是爲學者各執一邊，只得如此說。若見得自性明白時，氣卽是性，性卽是氣，原無性氣之可分也。

謹獨，卽是致良知。

凡謂之行者，只是著實去做這件事；若著實做學問思辨工夫，則學問思辨亦便是行矣。學是學做這件事，問是問做這件事，思辨是思辨做這件事，則行亦便是學問思辨矣。若謂學問思辨之然后去行，却如何懸空先去學問思辨得？行時又如何去得個學問思辨的事？行之明覺精察處便是知，知之眞切篤實處便是行；若行而不能明覺精察，便是冥行，便是學而不思則罔，所以必須說個知。知而不能眞切篤實，便是妄想，便是思而不學則殆，所以必須說個行。原來只是一個工夫。凡古人說知行，皆是就一個工夫上補偏救弊說，不似今人截然分作兩件事做。某今說知行合一，雖亦是就今時補偏救弊說；然知行體段，亦本來如是。

知行原是兩個字說一個工夫，這一個工夫，須着此兩個字，方說得完全無弊病；若頭腦處見得分明，見得原是一個頭腦，則雖把知行分作兩個說，畢竟將來做那一個工夫？則始或未便融會，終所謂百慮而一致矣！若頭腦見得不分明，原看做兩個了；則雖把知行合作一個說，亦恐終未有湊泊處。况又分作兩截去做，則是從頭至尾，更沒討下落處也。

夫物理不外於吾心，外吾心而求物理，無物理矣；遺物理而求吾心，吾心又何物耶？心之體性也，性卽理也。故有孝親之心，卽有孝之理，無孝親之心，卽無孝之理矣；有忠君之心，卽有忠之理，無忠君之心，卽無忠之理矣。理豈外于吾心耶？晦菴謂："人之所以爲學者，心與理而已：心雖主乎一身，而實管乎天不之理；理雖散于萬事，而實不外乎一人之心。"是其一分一合之間，而未免已啟學者心理爲二之弊。

明道云："只窮理便盡性至命"，故必仁極仁而後謂之能窮仁之理，義極義而後謂之能窮義之理。仁極仁則盡仁之性矣，學至於窮理至矣，而尚未措之於行，天下甯有是耶？是故知不行之不可以爲學，則知不行之不可以爲窮理矣；知不行之不可以爲窮理，則知知行之合一並進，而不可以分爲兩節事矣。夫萬事萬物之理，不外於吾心；而必曰窮天下之理，是殆以吾心之良知爲未足，而必外求於天下之廣以裨補增益之，是猶析心與理而爲二也。夫學問思辨篤行之功，雖其困勉至於人一己百，而擴充之極至於盡性知天，亦不過致吾心之“良知”而已，“良知”之外豈復有加於毫末乎？今必曰“窮天下之理”，而不知反求諸其心；則凡所謂善惡之機、眞妄之辨者，舍吾心之良知，亦將何以致其體察乎？

夫“良知”之於節目事變，猶規矩尺度之于方圓長短也；節目事變之不可預定，猶方圓長短之不可勝窮也。故規矩誠立，則不可欺以方圓；而天下之方圓，不可勝用矣。尺度誠陳，則不可欺以長短；而天下之長短，不可勝用矣。良知誠致，則不可欺以節目事變；而天下之節目事變，不可勝應矣。毫釐千里之謬，不於吾心良知一念之微而察之，亦將何所用其學乎！是不以規矩而欲定天下之方圓，不以尺度而欲盡天下之長短；吾見其乖張謬戾，日勞而無成也已！吾子謂語孝於溫凊定省，孰不知之，然而能致其知者鮮矣。若謂粗知溫凊定省之儀節，而遂謂之能致其知；則凡知君之當仁者，皆可謂之能致其仁之知，知臣之當忠者，皆可謂之能致其忠之知，則天下孰非致知者耶？以是而言，可以知致知之必在於行，而不行之不可以爲致知也明矣。知行合一之體，不益較然矣乎？夫舜之不告而娶，豈舜之前，已有不告而娶者爲之準則，故舜得以考之何典、問諸何人而爲此耶？抑亦求諸其心一念之“良知”，權輕重之宜，不得已而爲此耶？武之不葬而興師，豈武之前，已有不葬而興師者爲之準則，故武得以考之何典問諸何人而爲此耶？抑亦求諸其心一念之良知，權輕重之宜，不得已而爲此耶？

使舜之心而非誠於爲無後，武之心而非誠於爲救民；則其不告而娶與不葬而興師，乃不孝不忠之大者。而後之人不務致其“良知”，以精察義理，於此心感應酬酢之間；顧欲懸空討論此等變常之事，執之以爲制事之本，以求臨事之無失，其亦遠矣。

天下古今之人，其情一而已矣。先王制禮，皆因人情而爲之節文，是以行之萬世而皆準；其或反之吾心而有所未安者，非其傳記之訛缺，則必古今風氣習俗之異宜者矣！此雖先王未之有，亦可以義起，三王之所以不相襲禮也。若徒泥於拘古，不得於心而冥行焉；是乃非禮之禮，行不著而習不察者矣！學絕道喪之餘，若有興起向慕於學者，皆可以爲同志，不必銖稱寸度而求其盡合於此；以之待人可也，若在我之所以爲造端立命者，則不容有毫髮之或爽矣。道一而已，仁者見仁，知者見知；釋氏之所以爲釋，老氏之所以爲老，百姓日用而不知，皆是道也，寧有二乎？今古學術之誠僞邪正，何啻碔砆美玉？有眩惑終身而不能辨者，正以此道之無二；而其變動不拘，充塞無間，縱横顛倒，皆可推之而通。世之儒者，各就其一偏之見，而又飾之以比擬倣像之功，文之以章句假借之訓；其爲習熟既足以自信，而條目又足以自安。此其所以誑己誑人，終身沒溺而不悟焉耳！然其毫釐之差，而乃致千里之謬；非誠有求爲聖人之志，而從事於“惟精惟一”之學者，莫能得其受病之源，而發其神奸之所由伏也。若某之不肖，蓋亦嘗陷溺於其間者幾年，倀倀然既自以爲是矣；賴天之靈，偶有悟於“良知”之學，然後悔其向之所爲者，固包藏禍幾，作僞於外，而心勞日拙者也。十餘年來，雖痛自洗剔創艾，而病根深痼，萌蘖時生。所幸良知在我，操得其要；譬猶舟之得舵，雖驚風巨浪，顛沛不安，尚猶得免於傾覆者也。夫舊習之溺人，雖已覺悔悟。而其克治之功，尚且其難若此；又況溺而不悟，日益以深者，亦將何所底極乎？

人者，天地萬物之心也；心者，天地萬物之主也。心卽天，言心則天地萬物皆舉之矣。——答李明德——大抵學問工夫，只要主意頭腦的當；若主意頭腦專以“致良知”爲事，則凡多聞多見，莫非致良知之功。蓋日用之間，見聞酬酢，雖千頭萬緒，莫非良知之發用流行；除卻見聞酬酢，亦無良知可致矣。學者往往說勿忘勿助工夫甚難，才著意便是助，才不著意便是忘。問之云：“忘是忘個甚麼？助是助個甚麼？”其人默然無對。因與說：我此間講學，却只說個必有事焉，不說勿忘勿助。必有事焉者，只是時時去集義；若時時去用必有事的工夫，而或有時間斷，此便是忘了。卽須勿忘，時時去用必有事的工夫，而或有時欲速求效，此便是助了。卽須勿助，工夫全在必有事上；勿忘勿助，只就其間提撕警覺而已。若工夫原不間斷，不須更說勿忘；原不欲速求效，不須更說勿助。今却不去必有事上用工，而乃懸空守着一個勿忘勿助；此如燒鍋煑飯，鍋內不曾漬水下米，而乃專去添柴放火，吾恐火候未及調停，而鍋先破裂矣！所謂時時去集義者，只是“致良知”；說集義則一時未見頭腦，說致良知，當下便有用工實地。

“良知”只是一個，隨他發見流行處；當下具足，更無去來，不須假借。然其發見流行處，却自有輕重厚薄，毫髮不容增減者，所謂天然自有之中也。雖則輕重厚薄，毫髮不容增減，而原來只是一個。

明道云：“吾學雖有所受，然‘天理’二字，卻是自家體認出來。”“良知”卽是天理，體認者實“有諸已”之謂耳。

凡人言語正到快意時，便截然能忍默得；意氣正到發揚時，便翕然能收斂得；憤怒嗜欲正到騰沸時，便廓然能消化得；此非天下之大勇不能也。然見得“良知”親切時，其工夫又自不難。

《象山文集》所載，未嘗不教其徒讀書窮理；而自謂理會文字頗與人異者，則其意實欲體之於身。其亟所稱述以誨人者，曰："居處恭，執事敬，與人忠。"曰："克己復禮。"曰："萬物皆備於我；反身而誠，樂莫大焉。"曰："學問之道無他，求其放心而已。"曰："先立乎其大者，而小者不能奪。"是數言者，孔孟之言也，惡在其爲空虛者乎？獨其易簡覺悟之說，頗爲當時所疑；然易簡之說，出於《繫辭》，覺悟之說，雖有同於釋氏，然釋氏之說，亦自有同於吾儒，而不害其爲異者。惟在於幾微毫忽之間而已。晦菴之言曰："居敬窮理。"曰："非存心無以致知。"曰："君子之心，常存敬畏；雖不見聞，亦不敢忽。所以存天理之本然，而不使離於須臾之頃也。"是其爲言，雖未盡瑩；亦何嘗不以尊德性爲事，而又惡在其爲支離者乎？獨其平日汲汲於訓解，雖韓文《楚辭》、《陰符》、《參同》之屬，亦必與之註釋考辨，而論者遂疑其玩物。又其心慮學者之躐等而或失之於妄作，使必先之以格致而無不明，然後有以實之於誠正而無所謬；世之學者掛一漏萬，求之愈繁，而失之愈遠，至有疲力終身，苦其難而卒無所入，則遂議其支離。不知此乃後世學者之弊，當時晦菴之自爲，亦豈至是乎？僕嘗以爲晦菴之與象山，雖其所爲學者若有不同，而要皆不失爲聖人之徒。今晦菴之學，天下之人，童而習之，既已入人之深，有不容於論辨者；獨象山之學，則以其常與晦菴之有言，而遂藩籬之。使若由賜之殊科焉則可矣。乃擯放廢斥，若碔砆之與美玉，則豈不過甚矣乎？夫晦菴折衷羣儒之說，以發明《六經》、《語》、《孟》之旨於天下；其嘉惠後學之心，眞有不可得而議者。而象山辨義利之分，立大本，求放心，以示後學篤實爲己之道，其功亦寗可得而盡誣之？而世之儒者，附和雷同，不究其實，而概目之以禪學，則誠可冤也已！

凡工夫只是要簡易眞切：愈眞切，愈簡易；愈簡易，愈眞切。

愛問："'知止而后有定。'朱子以爲事事物物，皆有定理；似與先生之說相戾？”曰：“於事事物物上求至善，卻是義外也；至善是心之本體，只是明明德到至精至一處便是，然亦未嘗離卻事物。本註所謂盡夫天理之極，而無一毫人欲之私者得之。”

愛問：“至善只求諸心，恐於天下事理有不能盡？”曰：“心卽理也，此心無私欲之蔽，卽是天理，不須外面添一分。以此純乎天理之心，發之事父便是孝，發之事君便是忠，治之交友信民便是信與仁；只在此心去人欲存天理上用功便是。”愛曰：“如事父一事，其間溫凊定省之類，有許多節目，亦須講求否？”曰：“如何不講求？只是有個頭腦，只就此心去人欲存天理上講求。如講求冬溫，也只是要盡此心之孝，恐怕有一毫人欲間雜；講求夏凊，也只是要盡此心之孝，恐怕有一毫人欲間雜。此心若無人欲，純是天理，是個誠於孝親之心。冬時自然思量父母寒，自去求溫的道理；夏時自然思量父母熱，自去求凊的道理。譬之樹木，這誠孝的心便是根，許多條件便是枝節；須先有根然後有枝節，不是先尋了枝節，然後去種根。《禮記》‘孝子之有深愛者必有和氣；有和氣者必有愉色；有愉色者必有婉容，’便是如此。”

愛問：“今人儘有知父當孝兄當弟者；却不能孝不能弟，知行分明是兩件。”曰：“此已被私欲間斷，不是知行本體。未有知而不行者。知而不行，只是未知。聖賢教人知行，正是要復那本體。故《大學》指個眞知行與人看，說：‘如好好色，如惡惡臭。’見好色屬知，好好色屬行；只見好色時，已自好了，不是見後又立個心去好。聞惡臭屬知，惡惡臭屬行；只聞惡臭時，已自惡了，不是聞後別立個心去惡。”愛曰：“古人分知行爲兩，亦是要人見得分曉；一行工夫做知，一行工夫做行，則工夫始有下落。”曰：“此卻失了古人宗旨。某嘗說知是行的主意，行是知的工夫；知是行之始，行是知之成。若會得時，只說一個知，已自有行在；只說一個行，已自有知在。古人所以既說知又說行者；只爲世間有一種人懵懵懂懂，任意去做，全不解思維省察，只是個冥行妄作。所以必說個知，方纔行得是。又有一種人茫茫蕩蕩，懸空去思索；全不肯着實躬行，只是個揣摩影響。所以必說一個行，方纔知得眞。此是古人不得已補偏救弊的說話。今若知得宗旨，卽說兩個亦不妨，亦只是一個；若不會宗旨，便說一個亦濟得甚事，只是閒說話。"

愛問："格物，物字卽是事字，皆從心上說。"曰"然。身之主宰便是心；心之所發便是意；意之本體便是知；意之所在便是物。如意在於事親，卽事親便是一物；意在於事君，卽事君便是一物；意在於仁民愛物，卽仁民愛物便是一物；意在於視聽言動，卽視聽言動便是一物。所以某說無心外之理，無心外之物。《中庸》言'不誠無物'，《大學》'明明德'之功，只是個誠意；誠意之功，只是個格物。"

知是心之本體，心自然會知。見父自然知孝，見兄自然知弟，見孺子入井自然知惻隱：此便是"良知"，不假外求。若良知之發，更無私意障礙，卽所謂充其惻隱之心而仁不可勝用矣。常人不能無私意，所以須用致知格物之功，勝私復禮；"良知"更無障礙，得以充塞流行。便是致其知，知致則意誠。

問博約。曰："禮字卽是理字。理之發見可見者謂之文，文之隱微不可見者謂之理；只是一物。約禮只是要此心純是一個天理；要此心純是天理，須就理之發見處用功。如發見於事親時，就在事親上學存此天理；發見於事君時，就在事君上學存此天理。至於作止語默，無處不然，這便是博學於文，便是約禮的工夫。博文卽是惟精，約禮卽是惟一。"

愛問："道心常爲一身之主，而人心每聽命；以先生精一之訓推之，此語似有弊。"曰："然。心一也，未雜於人謂之道心，雜以人僞謂之人心；人心之得其正者卽道心，道心之失其正者卽人心，初非有二心也。程子謂‘人心卽人欲，道心卽天理’；語若分析，而意實得之。今曰道心爲主，而人心聽命，是二心也；天理、人欲不並立，安有天命爲主，人欲又從而聽命者？”愛因舊說汩沒，始聞先生之教，駭愕不定，無入頭處；其後聞之既熟，反身實踐，始信先生之學爲孔門嫡傳，舍是皆旁蹊小徑，斷港絕河矣。如說格物是誠意工夫，明善是誠身工夫，窮理是盡性工夫，道問學是尊德性工夫，博文是約禮工夫，惟精是惟一工夫：此類始皆落落難合，久之不覺手舞足蹈。

澄問："主一之功，如讀書則一心在讀書上，接客則一心在接客上，可以爲主一乎？"曰："好色則一心在好色上，好貨則一心在好貨上，可以爲主一乎？主一是專主一個天理。"

孟源有自是好名之病，先生喻之曰："此是汝一生大病根。譬如方丈地內，種此一大樹；雨露之滋，土脈之力，只滋養得這個大根。四旁縱要種些嘉穀，上被此樹遮覆，下被此樹盤結，如何生長得成？須是伐去此樹，纖根勿留，方可種植嘉種。不然，任汝耕耘培壅，只滋養得此根。"

問："靜時亦覺意思好，纔遇事便不同。如何？"曰："是徒知養靜，而不用克己工夫也。人須在事上磨練，方立得住，方能靜亦定動亦定。"

問上達工夫。曰："後儒教人，總涉精微，便謂上達未當學，且說下學，是分下學上達爲二也。夫目可得見，耳可得聞，口可得言，心可得思者，皆下學也；目不可得見，耳不可得聞，口不可得言，心不可得思者，上達也。如木之栽培灌漑，是下學也；至於日夜之所息，條達暢茂，乃是上達。人安能與其力哉？凡聖人所說，雖極精微，俱是下學；學者只從下學裏用，功自然上達去，不必別尋上達工夫。”

問：“甯靜存心時，可爲未發之中否？”曰：“今人存心，只定得氣；當其甯靜時，亦只是氣甯靜，不可以爲夫發之中。”曰：“未便是中，莫亦是求中工夫？”曰：“只要去人欲存天理，方是工夫。靜時念念去欲存理，動時念念去欲存理，不管甯靜不甯靜。若靠着甯靜，不惟有喜靜厭動之弊，中間許多病痛，只是潛伏在，終不能絕去。遇事依舊滋長以循理爲主，何嘗不甯靜；以甯靜爲主，未必能循理。”

省察是有事時存養；存養是無事時省察。

定者心之本體，天理也，動靜所遇之時也。

唐詡問：“立志是常存個善念要爲善去惡否？”曰：“善念存時，即是天理。此念卽善，更思何善？此念非惡，更去何惡？此念如樹之根芽，立志者長立此善念而已；從心所欲不踰矩，只是志到熟處。”

許魯齋謂“儒者以治生爲先”之說，亦誤人。

喜怒哀樂本體，自是中和的；纔自家着些意思，便過不及，便是私。

問：“知至然後可以言意誠。今天理人欲，知之未盡，如何用得克己工夫？”曰：“人若眞實切己用功不已，則於此心天理之精微，日見一日；私欲之細微，亦日見一日。若不用克己工夫，天理私欲，終不自見。如走路一般，走得一段，方認得一段。走到歧路處，有疑便問；問了又走，方纔能到。今於已知之天理不肯存，已知之人欲不肯去，只管愁不能盡知，閒講何益？且待克得自已無私可克，方愁不能盡知，亦未遲在。”

問：“伊川謂不當於喜怒哀樂未發之前求中；延平却教學者看未發以前氣象。何如？”曰：“皆是也。伊川恐人於未發前討個中，把中作一物看；如吾向所謂認氣定時做中，故令只於涵養省察上用功。延平恐人未便有下手處，故令人時時刻刻求未發前氣象；使人正目而視惟此，傾耳而聽惟此。卽是戒愼不睹、恐懼不聞的工夫，皆古人不得已誘人之言也。”

澄於中字之義，尚未明。曰：“此須自心體認出來，非言語所能喩。中只是天理。”曰：“天理何以謂之中？”曰：“無所偏倚。”曰：“無所偏倚何等氣象？”曰：“如明鏡全體瑩徹，無纖塵點染。”曰：“當其已發，或着在好色、好利、好名上，方見偏倚；若未發時，何以知其有所偏倚？”曰：“平日美色名利之心，原未嘗無；病根不除，則暫時潛伏，偏倚仍在。須是平日私心，蕩除潔淨，廓然純乎天理，方可謂中。”

言語無序，亦足以見心之不存。

問：“格物於動處用功否？”曰：“格物無間動靜，靜亦物也；孟子謂：‘必有事焉’，是動靜皆有事。”

問：“程子云：‘仁者以天地萬物爲一體’。何墨氏兼愛，反不得謂之仁？”曰：“仁是造化生生不息之理，雖彌漫周遍，然其流行發生，亦自有漸；惟其有漸，所以必有發端處，惟有發端處，所以生生不息。譬之於木，其始抽芽，便是生意發端處，然後有榦有枝葉。父子兄弟之愛，是人心生意發端處，如木之抽芽；自此而仁民而愛物，如木之有榦有枝葉也。墨氏將父子兄弟與途人一例，便沒了發端處；安能生生，安得謂之仁？”

問延平云：“‘當理而無私心’。當理與無私心，如何分別？”曰：“心，卽理也；無私心卽是當理，未當理卽是私心。若析心與理言之，恐亦未善。”又問：“釋氏於世間情欲之私不染，似無私心；外棄人倫，却似未當理。”曰：“亦只是一統事，成就它一個私己的心。”

聖人之所以爲聖，只是此心純乎天理，而無人欲之雜；猶精金之所以爲精，但以其成色足而無銅鉛之雜也。人到純乎天理方是聖，金到足色方是精。然聖人之才力，亦有大小不同，猶金之分兩有輕重。所以爲精金者，在足色而不在分兩；所以爲聖者，在純乎天理而不在才力也。學者學聖人，不過是去人欲而存天理，猶鍊金而求其足色耳；後世不知作聖之本，却專去知識才能上求聖人。敝精竭力，從册子上鑽研，名物上考索，形迹上比擬；知識愈廣，而人欲愈滋，才力愈多，而天理愈蔽。正如見人有萬鎰精金，不務煅鍊成色，而乃妄希分兩，錫鉛銅鐵，雜然投之；分兩愈增，而成色愈下。及其稍末，無復有金矣。

侃去花間草，曰："天地間何善難培，惡難去！"先生曰："此等看善惡，皆從軀殼起念。天地生意，花草一般，何曾有善惡之分？子欲觀花，則以花爲善，以草爲惡；如欲用草時，復以草爲善矣。"曰："然則無善無惡乎？"曰："無善無惡者理之靜；有善有惡者氣之動。不動於氣，卽無善無惡，是謂至善。"曰："佛氏亦無善無惡，何以異？"曰："佛氏着在無上，便一切不管；聖人無善無惡，只是無有作好、無有作惡，此之謂不動於氣。"曰："草既非惡，是草不宜去矣。"曰："如此却是佛老意見，草若有礙，理亦宜去。"曰："如此又是作好作惡。"曰："不作好惡，非是全無好惡；只是好惡一循於理，不去着一分意思，卽是不曾好惡一般。"曰："然則善惡全不在物？"曰："只在汝心；循理便是善，動氣便是惡。"曰："畢竟物無善惡？"曰："在心如此，在物亦然；世儒惟不知此，舍心逐物，將格物之學錯看了。"

爲學須得個頭腦，工夫方有着落，縱未能無間；如舟之有舵，一提便醒。不然，雖從事於學，只做個義襲而取，非大本達道也。

侃問："先儒以心之靜爲體，心之動爲用。如何？"曰："不可以動靜爲體用。動靜時也，卽體而言用在體，卽用而言體在用，是謂體用一源；若說靜可以見其體，動可以見其用，却不妨。"

梁日孚問主一。曰："一者天理，主一是一心在天理上；若只知主一，不知一卽是理，有事時便逐物，無事時便是着空。惟其有事無事，一心皆在天理上用功，所以居敬亦卽是窮理。就窮理專一處說，便謂之居敬；就居敬粗密處說，便謂之窮理。不是居敬了別有個心窮理，窮理時別有個心居敬；名雖不同，工夫只是一事。"

正之問："戒懼是己所不知時工夫；愼獨是己所獨知時工夫。"曰："只是一個工夫：無事時固是獨知，有事時亦是獨知。於此用功，便是端本澄源，便是立誠。若只在人所共知處用功，便是作僞。今若又分戒懼爲己所不知工夫便支離，旣戒懼卽是知己。"曰："獨知之地，更無無念時習？"曰："戒懼之念，無時可息；若戒懼之心，稍有不存，不是昏聵，便已流入惡念。"

蔡希淵問："《大學》新本，先格致而后誠意，工夫似與首章次第相合；若先生從舊本，誠意反在格致之前矣。"曰："大學工夫，卽是明明德，明明德只是個誠意；誠意工夫，只是格致。若以誠意爲主，去用格致工夫，工夫始有下落；卽爲善去惡，無非是誠意的事。如新本先去窮格事物之理，卽茫茫蕩蕩，都無着落處；須添個敬字，方才牽扯得身心上來，終沒根源。且旣須敬字，緣何孔門倒將最要緊的落了，直待千餘年後人添補？正謂以誠意爲主，卽不須添敬字。此學問大頭腦。於此不察，眞是千里之謬。大抵中庸工夫，只是誠身；誠身之極，便是至誠。《大學》工夫，只是誠意；誠意之極，便是至善。總是一般。"

九川問："靜坐用功，頗覺此心收斂，遇事又斷了；旋起個念頭去事上省察，事過又尋舊功，覺內外打不成一片。"曰："心何嘗有內外？卽如惟濬今在此講論，又豈有一心在內照管？這講說時專一，卽是那靜坐時。心工夫一貫，何須更起念頭？須在事磨鍊工夫得力。若只好靜，遇事便亂；那靜時工夫亦差，似收斂而實放溺也。”

問：“近來工夫，稍知頭腦，然難尋個穩當處。”曰：“只是致知。”曰：“如何致？”曰：“一點良知，是爾自家的準則；爾意念着處，他是便知是，非便知非，更瞞他一些不得。爾只不要欺他，實實落落，依着他做去；善便存，惡便去。何等穩當？此便是致知的實功。”

崇一曰：“先生致知之旨，發盡精蘊，看來這裏再去不得。”曰：“何言之易也！再用功半年看如何，又用功一年看如何。工夫愈久，愈覺不同；知來本無知，覺來本無覺。然不知則遂埋沒。”

黄以方問先生：“格致之說，隨時格物以致其知；則知是一節之知，非全體之知也。何以到得‘溥博如天淵泉如淵’地位？”曰：“心之本體，無所不該，原是一個天；只爲私欲障礙，則天之本體失了。心之理無窮盡，原是一個淵，只爲私欲窒塞，則淵之本體失了。如念念‘致良知’，將此障礙窒塞一齊去盡；則本體已復，便是天淵了。”因指天以示之，曰：“如面前所見，是昭昭之天；四外所見，亦只是昭昭之天。只爲許多墻壁遮蔽，不見天之全體；若撤去墻壁，總是一個天矣。於此便見一節之知，卽全體之知；全體之知，卽一節之知，總是一個本體。”

聖賢非無功業氣節，但其循着天理，則便是道，不可以事功氣節名矣。

我輩致知，只是各隨分量所及。今日“良知”見在如此，則隨今日所知擴充到底；明日“良知”又有開悟，便隨明日所知擴充到底。如此方是精一工夫。

問知行合一。曰："此須識我立言宗旨：今人學問，只因知行分作兩件；故有一念發動，雖是不善，然却未曾行，便不去禁止。我今說個知行合一，正要人曉得一念發動處，便即是行了。發動處有不善，就將這不善的念克倒了；須要徹根徹底，不使那一念不善，潛伏在胸中，此是我立言宗旨。"

聖人無所不知，只是知個天理；無所不能，只是能個天理。聖人本體明白，故事事知個天理所在，便去盡個天理，不是本體明後，却於天下事物，都便知得，便做得來也。天下事物，如名物、度數、草木、鳥獸之類，不勝其煩；雖是本體明了，亦何緣能盡知得？但不必知的，聖人自不消求知；其所當知者，聖人自能問人。如"子入太廟每事問"，先儒謂雖知亦問，敬謹之至。此說不可通。聖人於禮樂名物，不必盡知；然他知得一個天理，便自有許多節文度數出來。不知能問，亦即是天理節文所在。

問："儒者夜氣，胸中思慮，空空靜靜；若釋氏之靜却一般，此時何所分別？"曰："動靜只是一個，那夜氣空空靜靜，天理在中，即是應事接物的心。應事接物的心，亦是循天理，便是夜氣空空靜靜的心。故動靜分別不得，知得動靜合一。釋氏毫釐差處，亦自莫掩矣！"

文公格物之說，只是少頭腦：如所謂"察之於念慮之微"，此一句，不該與"求之文字之中，驗之事爲之著，索之講論之際"，混作一例看，是無輕重也。

佛氏不着相，其實着相；吾儒着相，其實不着相。佛怕父子累，却逃了父子；怕君臣累，却逃了君臣；怕夫婦累，却逃了夫婦，都是着相，便須逃避。吾儒有個父子，還他以仁；有個君臣，還他以義；有個夫婦，還他以別。何曾着父子、君臣、夫婦的相？

問："學所以調攝此心，但一種科目意思，牽引而來，何以免此？"曰："只要'良知'眞切，雖做舉業，不爲心累。且如讀書時，知得強記之心不是，卽克去之；有欲速之心不是，卽克去之；有誇多鬬靡之心不是，卽克去之。如此，亦只是終日與聖賢印對，是個純乎天理之心；任它讀書，亦只是調攝此心而已，何累之有？"

諸君工夫，最不可助長，上智絕少。學者無超入聖人之理，一起一伏，一進一退，自是工夫節次。不可以我前日曾用工夫，今却不濟，便要矯強做出一個沒破綻的模樣，這便是助長，連前些子工夫都壞了。只要常常懷個遁世無悶不見是而無悶之心，依此良知忍耐做去，不管毀譽榮辱，久久自然有得力處。

言立志。曰："眞有聖人之志，'良知'上更無不盡；良知上留得些子別念挂帶，便非必爲聖人之志矣。"

吾昔居滁時，見諸生多務知解，無益於得；姑教之靜坐，一時親見光景，頗收近效，久之漸有喜靜厭動流入枯槁之病。故邇來只說致"良知"。良知明白，隨你去靜處體悟也好，隨你去事上磨鍊也好；良知本體，原是無動無靜的。此便是學問頭腦。

問："不睹不聞，是說本體戒愼恐懼，是說工夫否？"曰："須信得本體原是不睹不聞的，亦原是戒愼恐懼的；戒愼恐懼，不曾在不睹不聞上加得些子。見得眞時，便謂戒愼恐懼是本體，不睹不聞是工夫，亦得。"

"良知"在夜氣發的，方是本體，以其無物欲之雜也；學者要使事物紛擾之時，常如夜氣一般，就是通乎晝夜之道而知。

仙家說到虛，聖人豈能虛上加得一毫實？佛氏說到無，聖人豈能無上加得一毫有？但仙家說虛，從養生上來；佛氏說無，從出離生死上來。却於本體上加却這些子意思在，便不是虛無的本色，便於本體有障礙。聖人只是還他“良知”的本色，便不着些子意在。良知之虛，便是天之太虛；良知之無，便是太虛之無形。日月風雷，山川民物，凡有象貌形色，皆在太虛無形中發用流行，未嘗作得天的障礙。聖人只是順其良知之發用，天地萬物，俱在我良知發用流行中；何嘗又有一物超於良知之外，能作得障礙？

問：“釋氏亦務養心，然不可以治天下，何也？”曰：“吾儒養心，未嘗離却事物；只順其天則，自然就是工夫。釋氏却要盡絕事物，把心看做幻相，與世間無些子交涉，所以不可治天下。”

問異端。曰：“與愚夫愚婦同的是謂同德；與愚夫愚婦異的是謂異端。”

孟子不動心，與告子不動心，所異只在毫釐間；告子只在不動心上着功，孟子便直從此心原不動處分曉。心之本體，原是不動的；只爲所行有不合義，便動了。孟子不論心之動與不動，只是集義；所行無不是義，此心自然無可動處。告子只要此心不動，便是把捉此心，將他生生不息之根反阻撓了。

問：“人有虛靈，方有‘良知’；若草木瓦石之類，亦有‘良知’否？”曰：“人的‘良知’，就是草木瓦石的‘良知’；若草木瓦石無人的‘良知’，不可以爲草木瓦石矣。豈惟草木瓦石爲然，天地無人的良知，亦不可爲天地矣。蓋大地萬物與人，原是一體；其發竅之最精處，是人心一點靈明。故五穀禽獸之類皆可以養人；藥石之類，皆可以療疾。只爲同此一氣，故能相通耳。”

問：“人與物同體，如何《大學》又說個厚薄？”曰：“道理自有厚薄。比如身是一體，把手足捍頭目，豈是薄手足，其道理合如此。禽獸與草木同是愛的，把草木去養禽獸，又忍得；人與禽獸同是愛的，宰禽獸以養親、共祭祀、燕賓客，心又忍得；至親與路人同是愛的，顛沛患難之際，不能兩全，甯救至親不救路人，心又忍得：這是道理合該如此。及至吾身與至親，更不得分彼此厚薄，蓋以‘仁民愛物’，皆從此出；此處可忍，更無所不忍矣。《大學》所謂厚薄，是‘良知’上自然的條理，便謂之義；順這個條理，便謂之禮；知此條理，便謂之智；終始這條理，便謂之信。”

目無體，以萬物之色爲體；耳無體，以萬物之聲爲體；鼻無體，以萬物之臭爲體；口無體，以萬物之味爲體；心無體，以天地萬物感應之是非爲體。

無知無不知，本體原是如此；譬如日未嘗有心照物，而自無物不照，無照無不照；原是日之本體。良知本無知，今却要有知；本無不知，今却疑有不知。只是信不及耳。

問：“孔子所謂‘遠慮’，周公‘夜以繼日’，與將迎不同，何如？”曰：“遠慮不是茫茫蕩蕩去思慮，只是要存這天理。天理在人心，亘古亘今，無有終始。天理卽是良知，千思萬慮，只是要致良知。良知愈思愈精明，若不精思，漫然隨事應去，良知便粗了；若只著在事上，茫茫蕩蕩去思，教做遠慮，便不免有毀譽得喪人欲攙入其中，就是將迎了。周公終夜以思，只是戒愼不睹恐懼不聞的功夫。”

先天而天弗違，天卽“良知”也；後天而奉天時，“良知”卽天也。

良知只是個是非之心，是非只是個好惡；只好惡就盡了是非，只是非就盡了萬事萬變。又曰：“是非兩字是個大規矩，巧處則存乎其人。”

問：“知譬日，欲譬雲；雲雖能蔽日，亦是天之一氣合有的。欲亦莫非人心合有否？”曰：“喜，怒，哀，樂，愛，惡，欲，謂之七情；七者俱是人心合有的，但要認得良知明白。比如日光，雖雲霧四塞，太虛中色象可辨，亦是日光不滅處；不可以雲能蔽日，教天不要生雲。七情順其自然之流行，皆是良知之用，但不可有所著。七情有着，俱謂之欲。然纔有着時，良知亦自會覺；覺卽蔽去，復其體矣。此處能看得破，方是簡易透徹工夫。”

人有過，多於過上用功，就是補甑，其流必歸於文過。

琴瑟簡編，學者不可無；蓋有業以居之，心就不放。

問：“良知原是中和的，如何却有過不及？”曰：“知得過不及處，就是中和。”

慈湖不爲無見，又着在無聲無臭見上了。

門人歎先生自征甯藩以來，天下謗議益衆。先生曰：“我在南都以前，尚有些子鄉愿意思在；今信得這‘良知’眞是眞非，信手行去，更不着些覆藏。纔做得箇狂者胸次，故人都說我行不掩言也。”

所謂人所不知而己獨知者，此正是吾心良知處。

有言：“童子不能格物，只教以灑掃應對。”曰：“灑掃應對就是物，童子良知只到此，只教去灑掃應對，便是致他這一點良知。又如童子之畏先生長者，此亦是他良知處；故雖驕傲，見了先生長者，便去作揖恭敬，是他能格物以致敬師長之良知。我這裏格物，自童子以至聖人，皆是此等工夫；但聖人格物，便更熟得些子，不消費力。”

問：“程云：‘在物爲理’。如何云‘心卽理’？”曰：“在物爲理，在字上當添一心字，此心在物則爲理；如此心在事父則爲孝，在事君則爲忠之類是也。諸君要識得我立言宗旨。我如今說個心卽理，只爲世人分心與理爲二，便有許多病痛；如五霸攘夷狄尊周室，都是一個私心，便不當理。人却說他做得當理，只心有未純，往往慕悅其所爲，要來外面做得好看，却與心全不相干；分心與理爲二，其流至於霸道之僞而不自知。故我說個心卽理，要使知心理是一個，便來心上做工夫，不去襲取於義便是王道之眞。”

夫子說“性相近”，即孟子說“性善”，不可專在氣質上說；若說氣質，如剛與柔對，如何相近得，惟性善則同耳。人生初時，善原是同的；但剛者習於善則爲剛善，習於惡則爲剛惡。柔者習於善則爲柔善，習於惡則爲柔惡。便日相遠了！

丁亥年九月，先生起征思田，德洪與汝中論學。德洪舉先生教言曰：“無善無惡心之體；有善有惡意之動；知善知惡是良知；爲善去惡是格物。”汝中曰：“此恐未是究竟話頭。若說心體是無善無惡，意亦是無善無惡，知亦是無善無惡，物亦是無善無惡矣；若說意有善惡，畢竟心體還有善惡在。”德洪曰：“心體是天命之性，原無善惡，但人有習心，意念上見有善惡在格致誠正修，此是復性體工夫。若原無善惡，工夫亦不消說矣。”是夕坐天泉橋，各舉請正。先生曰：“二君之見，正好相資，不可各執一邊。我這裏接人，原有二種：利根之人，直從本源上悟入。人心本體，原是明瑩無滯，原是箇未發之中；利根之人一悟，本體即是工夫，人己內外，一齊俱透。其次，不免有習心在，本體受蔽；故且教在意念上實落爲善去惡，工夫熟後，渣滓去盡，本體亦明淨了。汝中之見，是我接利根人的；德洪之見，是我爲其次立法的。相取爲用，則中人上下，皆可引入於道。”既而曰：“已後講學，不可失了我的宗旨。無善無惡心之體；有善有惡意之動；知善知惡是良知；爲善去惡是格物。這話頭隨人指點，自沒病痛，原是徹上徹下工夫。利根之人，世亦難遇；人有習心，不教他在良知上實用爲善去惡工夫，只去懸空想個本體，一切事爲，俱不着實，不過養成一個虛寂。病痛不是小小，不可不早說破。”

# 七 浙中王門學案

姚江之教，自近而遠；其最初學者，不過郡邑之士耳。龍場而後，四方弟子始益進焉。郡邑之以學鳴者，亦僅僅緒山、龍溪，此外則椎輪積水耳。然一時之盛，吾越尚講誦習禮樂絃歌之音不絕。其儒者不能一二數；若山陰范瓘，字延潤，號栗齋。初師王司許、輿半圭，其後卒業於陽明；博考羣經，恍然有悟。以爲孔孟的傳，惟周程得之；朱陸而下，皆弗及也。家貧不以關懷。曰："天下有至寶得而玩之，可以忘貧。"作古詩二十章，歷敍道統及太極之說，其奧義未易測也。餘姚管州，字子行，號石屏，官兵部司務。每當入直，諷詠抑揚，司馬怪之。邊警至，司馬章皇。石屏曰："古人度德量力，公自料才力有限，何不引退以空賢路？"司馬謾爲好語謝之，以京察歸。大洲有《宿四祖山詩》："四子堂堂特地來。"謂蔡白石、沈友林、龍溪、石屏也。范引年，號半野，講學於青田，從遊者頗衆。夏淳，字惟初，號復吾，以鄉舉卒官思明府同知。魏莊渠主天根大機之說，復吾曰："指其靜爲天根動爲天機則可，若以靜養天根動察天機，是歧動靜而二之，非所以語性也。"柴鳳，字後愚。主教天眞書院，衢嚴之士多從之。孫應奎，字文卿，號蒙泉，歷官右副都御史，以《傳習錄》爲規範。董天眞之役，聞人銓，字邦正，號北江，與緒山定文錄，刻之行世。即以寒宗而論，黄驥，字德良，尤西川紀其言陽明事。黄文煥，號吳南，開州學正。陽明使其子受業，有《東閣私抄》，記其所聞。黄嘉愛，字懋仁，號鶴溪，正德戊辰進士，官至欽州守。黄元釜，號丁山。黄夔，字子韶，號後川。皆篤實光明，墨守師説。以此推之，當時好修一世湮沒者，可勝道哉！

## 徐橫山先生

涂愛，字曰仁，號橫山，餘姚之馬堰人。正德十二年五月十七日卒，年三十一。先生爲海日公之壻，於陽明內兄弟也。陽明出獄而歸，先生卽北面稱弟子，及門莫有先之者。其後與陽明同官南中，朝夕不離；學者在疑信之間，先生爲之騎郵以通彼我，於是門人益親。陽明曰："曰仁，吾之顏淵也！"先生雖死，陽明每在講席，未嘗不念之。酧答之頃，機緣未契，則曰："是意也，吾嘗與曰仁言之，年來未易及也。"一日講畢，環柱而走，歎曰："安得起曰仁於泉下而聞斯言乎！"乃率諸弟子之其墓所，酹酒而告之。先生始聞陽明之教與先儒相出入，駭愕不定，無入頭處；聞之既熟，反身實踐，始信爲孔門嫡傳，舍是皆旁蹊小徑斷港絶河矣。陽明自龍場以後，其教再變。南中之時，大率以收斂爲主，發散是不得已，故以默坐澄心爲學的。江右以後，則專提"致良知"三字。先生記《傳習初卷》，皆是南中所聞。其於"致良知"之説，固未之知也。然錄中有云："知是心之本體，心自然爲知；見父自然知孝，見兄自然知弟，見孺子入井自然知惻隱，此便是'良知'。使此心之良知充塞流行，便是致其知。則三字之提，不始於江右明矣。但江右以後，以此爲宗旨耳。"是故陽明之學。先生爲得其眞，聶雙江云："今之爲'良知'之學者，於《傳習錄》前編所記眞切處，俱略之。乃駕空立籠罩語，似切近而實渺茫，終日逐外而自以爲得手也。蓋未嘗不太息於先生云。

## 文集

吾師之教，謂人之心有體有用，猶之水火有根源、有枝葉流派，學則如培濬漑疏；故木水在培漑其根，濬疏其源，根盛源深，則枝流自然茂且長。故學莫要於收放心，涵養省察克治是也。——卽濬其根源也——讀書玩理，皆所以漑疏之也。故心德者，人之根源也，而不可少緩；文章名業者，人之枝葉也，而非所汲汲。學者先須辨此，卽是辨義利之分；既能知所決擇，則在立志堅定以趨之而已。

學者大患在於好名，今之稱好名者，類擧富貴誇耀以爲言，抑末矣！凡其意有爲而爲，雖其跡在孝弟、忠信、禮義，猶其好名也，猶其私也。古之學者，其立心之始，卽務去此，而以全吾性命之理爲心。當其無事，以勿忘勿助而養吾公平正大之體；勿先事落此谿徑，故謂之存養；及其感應，而察識其有無，故謂之省察；察知其有此而務決去之，勿苦其難，故謂之克治；專事乎此而不以怠心間之，故謂之不息；去之盡而純，故謂之天德，推之純而達，故謂之王道。

夫人之所以不宜於物者，私害之也。是故吾之私得以加諸彼，則忮心生焉。忮心，好勝之類也；凡天下計較、忌妒、驕淫、狠傲、攘奪、暴亂之惡，皆從之矣。吾之私得以藉諸彼，則求心生焉。求心，好屈之類也；凡天下阿比諂佞柔儒燕溺汚辱呪祖之惡，皆從之矣。二私交於中，則我所以爲感應之地者，非公平正大之體矣。以此之機，而應物之感，其有能宜乎否也？

古人謂未知學須求有個用力處；既用力須求有個得力處。今以康齋之勇，殷勤辛苦不替七十年；然未見其大成，則疑其於得力處有未至。白沙之風，使人有“吾與點也”之意。然末流涉廣達，則疑其於用力處有缺；夫有體斯有用，有終必有始，將以康齋之踐履爲體爲始耶？將以白沙之造詣爲用爲終耶？是體用終始歧爲二也。世固有謂某有體無用，有用無體者，僕竊不然，必求二公之所以蔽者而會歸之。此正關要所係，必透此方有下手處也。

予始學於先生，惟循跡而行，久而大疑且駭；然不敢遽非，必又而思之，思之稍通，復驗之身心，既乃恍若有見，已而大悟，不知手之舞足之蹈。曰：“此道體也，此心也，此學也，人性本善也，而邪惡者客感也；感之在於一念，去之在於一念。無難事，無多術；且自恃稟性柔，未能爲大惡，則以爲如是可以終身矣，而坦坦然而蕩蕩然樂也。孰知久則私與憂復作也。通世之痼疾有二：文字也，功名也。予始以爲姑毋攻焉，不以累於心可矣；絕之無之，不已甚乎？孰知二者之賊，素奪其宮。姑之云者，是假之也。是故必絕之無之而後可以進於道，否則終不免於虛見，且自誣也”。

## 蔡我齋先生 朱白浦先生

正德丁卯，徐橫山、蔡我齊、朱白浦三先生舉於鄉，別文成而北。文成言：“徐曰仁之温恭，蔡希淵之深潛，朱守中之明敏，皆予所不逮。”——蓋三先生皆以丁卯來學，文成之弟子，未之或先者也。——癸西，三先生從文成游四明山，我齋自永樂寺返，白浦自姮溪返，橫山則同入雪竇，春風沂水之樂，眞一時之盛事也。橫山爲弟子之首，遂以兩先生次之。蔡宗兖，字希淵，號我齋，山陰之白洋人。鄉書十年而取進士留爲庶吉士，不可以教授奉母。孤介不爲當道所喜，輒棄去。文成以爲歸計良是，而傷於急迫；再過二三月托病行，則形邊泯然。獨爲君子，而人爲小人，亦非仁人忠恕之心也。已教授莆田，復不爲當道所喜。文成戒之曰：“區區往謫龍場，橫逆之加日至；迄今思之，正動心忍性砥礪切磋之地。其時乃止搪塞排遣，竟成空過，惜也！希淵省克精切，其肯遂自以爲忠乎？”移教南康，入爲太學助教南考功，陞四川督學僉事，林見素謂：“先生中有餘養，祇見外者之輕，故能壁立千仞。”朱節，字守中，號白浦，亦白洋人。官御史，以天下爲己任。文成謂之曰：“德業外無事功；不由天德，而求騁事功，則希高務外，非業也。”先生嘗言：“平生於‘愛衆親仁’二語得力；然親仁必從愛衆得來。”

## 錢緒山先生

錢德洪，字洪甫，號緒山，浙之餘姚人。王文成平濠歸越，先生與同邑范引年、官州鄭寅、柴鳳徐珊、吳仁數十人會於中天閣，同稟學焉。待四方之士，來學於越者甚衆。先生與龍溪疏通其大旨，而後卒業於文成，一時稱爲教授師，七年，奔文成之喪；至於貴溪，問喪服。那竹峯曰：“昔者孔子沒，子貢若喪父而無服，禮也。”先生曰：“吾夫子沒於道路，無主喪者，弟子不可以無服；然某也有父母在，麻衣布絰，弗敢有加焉。”築室於場以終心制。在野三十年，無日不講學；江、浙、宣、歙、楚、廣名區奥地，皆有講舍。二年十月二十六日卒，年七十九。陽明“致良知”之學，發於晚年；其初以靜坐澄心訓學者，學者參有喜靜惡動之弊。知本流行，故提掇未免過重。然曰：“良知是未發之中。”又曰：“謹獨卽是致良知。”則亦未嘗不以收斂爲主也。故鄒東廓之戒懼，羅念菴之主靜，此眞陽明之的傳也。先生與龍溪親炙陽明最久，習聞其過重之言。龍溪謂：“寂者心之本體，寂以照爲用；守其空知而遺照，是乖其用也。”先生謂：“未發竟從何處覓？離已發而求未發，必不可得。”是兩先生之“良知”，俱以見在知覺而言；於聖賢凝聚處，盡與掃除。在師門之旨，不能無毫釐之差。

## 會語

戒懼卽是“良知”覺得多此戒懼，只是工夫生。久則本體功夫，自能相忘，不思而得，不勉而中，亦只一熟耳。

聖人於紛紜交錯之中，而指其不動之眞體，良知是也。是知也，雖萬感紛紜，而是非不昧；雖衆欲交錯，而清明在躬。至變而無方，至神而無迹者，良知之體也。大虛之中，無物不有，而無一物之住，其有住則卽爲太虛之礙矣。人心感應，無時不有，而無一時之住；其有住，則卽爲太虛之障矣。故忿懥、好樂、恐懼、憂患，一著於有心，卽不得其正矣，故正心之功，不在他求，只在誠意之中，求當本體明徹，止於至善而已矣。

問：“感人不動如同？”曰：“纔說感人，便不是了。聖賢只是正己而物自正；譬如太陽無蔽，容光自能照物，非是屑屑尋物來照。”

問：“戒懼之功，不能然有事無事之分。”曰：“知得‘良知’是一個頭腦，雖在千百人中，工夫只在一念處補；雖獨居冥坐，工夫亦只在一念微處。”

致知之功，在究透全體，不專在一念一事之間；但除却一念一事，又更無全體可透耳。

“良知”廣大高明，原無妄念可去；纔有妄念可去，已自失却廣大高明之體矣。今只提醒本體，羣妄自消。

人要爲惡，只可言自欺，良知本來無惡。

學者功夫，不得伶利直截，只爲一“虞”字作祟耳！良知是非從違，何嘗不明；但不能一時決斷，如自虞度曰：“此或無害於理否？或可苟同於俗否？或可欺人於不知否？或可因循一時以圖遷改否？”只此一虞，便是致吝之端。

昔者，吾師之立教也，揭誠意爲大學之要，指致知格物爲誠意之功；門弟子聞言之下，皆得入門用力之地。用功勤者，究極此知之體，使天則流行，纖翳無作；千感萬應，而眞體常寂，此誠意之極也。故誠意之功，自初學用之，即得入手；自聖人用之，精詣無盡。吾師既歿，吾黨病學者善惡之機，生滅不已，乃於本體提揭過重。聞者遂謂誠意不足以盡道，必先有悟而意自不生；格物非所以言功，必先歸寂而物自化。遂相與虛憶以求悟，而不切乎民彝物則之常；執禮以求寂，而無有乎圓神活潑之機。希高凌節，影響謬戾；而吾師平易切實之旨，壅而弗宣。師云：“誠意之極，止至善而已矣。”是止至善也者，未嘗離誠意而得也。言止則不必言寂，而寂在其中；言至善則不必言悟，而悟在其中。然皆必本於誠意焉，何也？蓋心無體，心之上不可以言功也。應感起物，而好惡形焉，於是乎有精察克治之功；誠意之功極，則體自寂而應自順。初學以至成德，徹始徹終，無二功也。是故不事誠意而求寂與悟，是不入門而思見宗廟百官也。知寂與悟而不示人以誠意之功，是欲人見宗廟百官而閉之門也。皆非融釋於道者也。

## 論學書

久菴謂：“吾黨於學，未免落空。”初若未以爲然；細自磨勘，始知自懼。日來論本體處，說得十分清脫；及徵之行事，疏略處甚多，此便是學問落空處。譬之草木，生意在中，發在枝幹上，自是可見。

親蹈生死眞境，身世盡空，獨留一念熒魂，耿耿中夜，豁然若省；乃知上天爲我設此法象，示我以本來眞性，不容絲髮掛帶。平時一種姑容因循之念，常自以爲不足害道。由今觀，之一塵可以矇目，一指可以障天，誠可懼也！噫，古人處動忍而獲增益，吾不知增益者何物，減削則已盡矣！

龍溪學日平實，每於毀譽紛冗中，益見奮惕。弟向與意見不同，雖承先師遺命，相取爲益，終與入處異路，未見能渾接一體。歸來屢經多故，不肖始能純信本心；龍溪亦於事上肯自磨滌。自此正相當，能不出露頭面，以道自仁；而毀譽之言，亦從此入。舊習未化，時出時入，容或有之。然其大頭放倒如羣情所疑，非眞信此心千古不二，其誰與辨之？

格物之學，實良知見在功夫；先儒所謂過去未來，徒放心耳！見在功夫，時行時止，時嘿時語；念念精明，毫釐不放，此即行著習察實地格物之功也。於此體當切實，著衣吃飰，即是盡心至命之功。

學者初入手時，良知不能無間；善惡念頭，雜發難制。或防之於未發之前，或制之於臨發之際，或悔改於既發之後，皆實功也。由是而入微，雖聖人之知幾，亦只此工夫耳。

凡爲愚夫愚婦立以者，皆聖人之言也；爲聖人說道妙發性眞者，非聖人之言也。

## 王龍溪先生

王畿，字汝中，別號龍溪。浙之山陰人。時當國者不說學，先生謂錢緒山曰："此豈吾與子仕之時也"？皆不延試而歸。先生和易宛轉，門人日親。先生林下四十餘年，無日不講學；自兩都及吳、楚、閩、越、江、浙，皆有講舍，莫不以先生爲宗盟。年八十，猶周流不倦。萬歷癸未六月七日卒，年八十六。

《天泉證道記》謂："師門教法，每提四句：無善無惡心之體；有善有惡意之動；知善知惡是良知；爲善去惡是格物。"緒山以爲定本，不可移易；先生謂之權法，體用顯微，只是一機，心意知物，只是一事。若悟得心是無善無惡之心，則意知物，俱是無善無惡。相與質之陽明，陽明曰："吾教法原有此兩種：四無之說，爲上根人立教；四有之說，爲中根以下人立教。上根者，即本體便是功夫，頓悟之學也；中根以下者，須用爲善去惡功夫，以漸復其本體也。自此印正，而先生之論，大抵歸於四無；以正心爲先天之學，誠意爲後天之學。從心上立根，無善無惡之心，即是無善無惡之意，是先天統後天；從意上立根，不免有善惡兩端之决擇，而心亦不能無雜，是後天復先天。"此先生論學大節目，傳之海內而學者不能無疑。以四有論之，惟善是心所固有，故意知物之善，從中而發，惡從外而來；若心體既無善惡，則意知物之惡固妄也，善亦妄也。功夫既妄，安得謂之復還本體？斯言也，於陽明平日之言，無所考見，獨先生言之耳。然先生他日答吳悟齋云："至善無惡者放之體也；有善有惡者意之動也；知善知惡者良知也；爲善去惡者格物也。此其說已不能歸一矣。"以四無論之，《大學》正心之功，從誠意入手；今曰從心上立根，是可以無事乎意矣。而意上立根者爲中下人而設，將《大學》有此兩樣功夫歟？抑止爲中下人立教乎？先生謂："'良知'原是無中生有，即是未發之中。此知之前，更無未發，即是中節之和；此知之後，更無已發。自能收歛，不須更主於收斂；自能發散，不須更期於發散。當下現成，不假功夫修整而後得。‘致良知’原爲未悟者設，信得良知過時，獨往獨來；如珠之走盤，不待拘管，而自不過其則也。以篤信謹守一切矜名飾行之事，皆是犯手做作。”

## 語錄

先師嘗謂人曰：“戒愼恐懼是本體，不覩不聞是功夫。戒愼恐懼若非本體，於本體上殊生障礙；不說不聞若非功夫，於一切處盡成支離”。

聖人所以爲聖，精神命脈，全體內用；不求知於人，效常常自見己過，不自滿假，日進於無疆。鄉愿惟以媚世爲心，全體精神，盡從外面照管，故自以爲是而不可與入堯舜之道。

“致良知”只是處心應物，使人人各得盡其情；能剛能柔，觸機而應，迎刃而解。如明鏡當空，妍媸自辨，方是經綸手段。纔有些子才智伎倆與之相形，自己光明，反爲所蔽。

“良知”宗說，同門雖不敢有違，然未免各以其性之所近，擬議攙和。有謂“良知”非覺照，須本於歸寂而始得；如鏡之照物，明體寂然，而妍媸自辨，滯於照則明反眩矣。有謂“良知”無見成，由於修證而始全；如金之在鑛，非火齊鍛鍊，則金不可得而成也。有謂“良知”是從已發立教，非未發無知之本旨。有謂良知本來無欲，直心以動，無不是道，不待復加銷欲之功。有謂學有主宰、有流行，主宰所以立性，流行所以立命，而以“良知”分體用。有謂學貴循序，求之有本末，得之無內外，而以致知別始終：此皆論學同異之見，不容以不辨者也。寂者心之本體，寂以照爲用；守其空知而遺照，是乖其用也。見入井孺子而惻隱，見嘑蹴之食而羞惡；仁義之心，本來完具，感觸神應，不學而能也。若謂良知由修而後全，撓其體也；良知原是未發之中，無知而無不知。若良知之前，復求未發，卽爲沉空之見矣。古人立教，原爲有欲設；銷欲正所以復還無欲之體，非有所加也。主宰卽流行之體，流行卽主宰之用。體用一原，不可得而分，分則離矣。所求卽得之之因，所得卽求之之證；始終一貫，不可得而別，別則支矣。吾人服膺"良知"之訓，幸相默證，務求不失其宗，庴爲善學也已。

"涓流積至滄溟水；拳石崇成太華岑"。先師謂象山之學，得力處全在積累。須知涓流卽是滄海，泰石卽是泰山；此是最上一機，不由積累而成者也。

立志不眞，故用力未免間斷。須從本原上徹底理會，種種嗜好，種種貪著，種種奇特技能，種種凡心習態，全體斬斷，令乾乾淨淨從混沌中立根基，始爲本來生生眞命脈。此志旣眞，功夫方有商量處。

先師講學山中，一人資性警敏；先生漫然視之，屢問而不答。一人不顧非毀，見惡於鄉黨；先師與之語，竟日忘倦，某疑而問焉。先師曰："某也資雖警敏，世情機心，不肯放舍，使不聞學猶有敗露悔改之時；若又使之有聞，見解愈多，趨避愈巧，覆藏愈密，一切圓融智慮，爲惡不可復悛矣。某也原是有力量之人，一時狂心，銷過不下；今旣知悔，移此力量爲善，何事不辦，此待兩人所以異也。"

夫一體之謂仁，萬物皆備於我，非意之也。吾之目遇色自能辨青黃，是萬物之色備於目也；吾之耳遇聲自能辨淸濁，是萬物之聲備於耳也。吾心之良知，遇父自能知孝，遇兄自能知弟，遇君上自能知敬，遇孺子入井自能知怵惕，遇堂下之牛自能知觳觫。推之爲五常，擴之爲百行；萬物之變，不可勝窮，無不有以應之。是若物之變備於吾之良知也。夫目之能備五色，耳之能備五聲，良知之能備萬物之變，以其虛也；致虛則自無物欲之間，吾之良知，自與萬物相爲流通而無所凝滯。後之儒者，不明一體之義不能自信其心；反疑良知涉虛，不足以備萬物。徒取古人孝弟愛敬五常百行之迹，指爲典要，揣摩依彷；執之以爲應物之則，而不復知有變動周流之義。是疑目之不能辨五色，而先塗之以丹臒；耳之不復辨五聲，而先聒之以宮羽。豈惟失却視聽之用，而且汨其聰明之體，其不至聾且聵者幾希！

千古學術，只在一念之微上求。生死不違，不違此也；日月至，至此也。

一念之微，只在愼獨。

人心只有是非，是非不出好惡兩端；忿與慾只好惡上略過些子，其幾甚微。懲忿窒慾，復其是非之本心，是合本體的功夫。

論功夫，聖人亦須困勉，方是小心緝熙；論本體，衆人亦是生知安行，方是眞機直達。

先師自云："吾龍場以前，稱之者十九；鴻臚以前，稱之十之五，議之者十之五；鴻臚以後，議之者十之九矣。學愈眞切，則人愈見其有過；前之稱者，乃其包藏掩飾，人故不得而見也。"

一友用功，恐助長落第二義。答云："眞實用功，落第二義亦不妨"。

聖賢之學，惟自信得及是是非非，不從外來。故自信而是斷然必行，雖遯世不見，是而無悶；自信而非斷然必不行，雖行一不義、殺一不辜而得天下不爲。如此方是毋自欺，方謂之王道，何等簡易直截。後世學者，不能自信，未免倚靠於外。動於榮辱，則以毀譽爲是非；惕於利害，則以得失爲是非。攙和假借，轉摺安排，益見繁難；到底只成就得霸者伎倆，而聖賢易簡之學，不復可見。

說個仁字，沿習既久，一時未易覺悟，說個良知，一念自反，當下便有歸著。

忿不止於憤怒，凡嫉妒褊淺，不能容用，念中悻悻，一些子放不過，皆忿也。慾不止於淫邪；凡染溺蔽累，念中轉轉貪戀，不肯舍却，皆慾也。懲窒之功有難易，有在事上用功者，有在念上用功者，有在心上用功者；事上是遏於已然，念上是制於將然，心上是防於未然。懲心忿，窒心慾，方是本原易簡功夫；在意與事上遏制，雖極力掃除，終無廓清之期。

問："伊川存中應外、制外養中之學，以爲內外交養何如？"曰："古人之學，一頭一路，只從一處養。譬之種樹，只養其根，根得其養，枝葉自然暢茂；種種培壅灌溉、條枝剔葉、删去繁冗，皆只是養根之法。若既養其根，又從枝葉養將來，便是二本支離之學。晦菴以尊德性爲存心，以道問學爲致知，取證於涵養須用敬進學在致知之說；以此爲內外交養，知是心之虛靈。以主宰謂之心，以虛靈謂之知，原非二物；舍心更有知，舍存心更有致知之功，皆伊川之說誤之也。涵養工夫，貴在精專接續，如雞抱卵，先正嘗有是言；然必卵中原有一點眞陽種子，方抱得成。若是無陽之卵，抱之雖勤。終成毈卵；學者須識得眞種子，方不枉费功夫。明道云：'學者須先識仁。'吾人心中一點靈明便是眞種子。原是生生不息之機。種子全在卵上，全體精神，只是保護得，非能以其精神助益之也。"

"良知"二字是徹上徹下語：良知知是知非，良知無是無非，知是知非即所謂規矩，忘是非而得其巧，卽所謂悟也。

鄉黨自好與賢者所爲，分明是兩條路徑。賢者自信本心是是非非，一毫不從人轉換；鄉黨自好，卽鄉愿也。不能自信，未免以毀譽爲是非，始有違心之行，徇俗之情。虞廷觀人，先論九德，後及於事。乃言曰："載采采，所以符德也"。善觀人者，不在事功名義格套上；惟於心術微處，密窺而得之。

"良知"不學不慮。終日學只是復他不學之體，終日慮只是復他不慮之體；無功夫中眞功夫，非有所加也。功天只求日減，不求日增，減得盡便是聖人。後世學術，正是添的勾當；所以終日勤勞，更益其病。果能一念惺惺，冷然自會；窮其用處，了不可得，此便是究竟話。

問知行合一。曰："天下只有個知，不行不足謂之知。知行有本體，有功夫：如眼見得是知，然已是見了，卽是行；耳聞得是知，然已是聞了，卽是行。要之只此一個知已自盡了。孟子說：'孩提之童，無不知愛其親；及其長，無不知敬其兄'。止曰知而已，知便能了；更不消說，能愛能敬，本體原是合一。先師因後儒分爲兩事，不得已說個合一。知非見解之謂，行非履蹈之謂，只從一念上取證。知之眞切篤實卽是行，行之明覺精察卽是知；知行兩字，皆指功夫而言，亦原是合一的，非故爲立說以強人之信也。"

鄧定宇曰："良知渾然虛明，無知而無不知。知是知非者，良知自然之用，亦是權法；執以是非爲知，失其本矣。"又曰："學貴自信自立，不是倚傍世界做得的；天也不做他，地也不做他，聖人也不做他，求自得而已。"先生曰："面承教誨，知靜中所得甚深，所見甚大，然未免從見上轉換。此件事不是說了便休，須時時有用力處。時時有過可改；消除習氣，抵於光明，方是緝熙之學。"

"良知"本順，致之則逆。目之視，耳之聽，生機自然，是之謂順；視而思明，聽而思聰，天則森然，是之謂逆。

心迹未嘗判，迹有可疑，畢竟其心尚有不能盡信處；自信此生決無盜賊之心，雖有褊心之人，亦不以此疑我。若自信功名富貴之心，與決無盜賊之心一般；則人之相信，自將不言而喻矣。

諸儒所得，不無淺深初學不可輕議；且從他得力處，效法修習，以求其所未至。如《大學》“格物無內外”《中庸》“慎獨無動靜”諸說，關係大節目，不得不與指破，不得已也。若大言無忌，恣曰指摘；若執權衡以較輕重，不惟長傲，亦且損德。

見在一念，無將迎，無住著；天機常活，便是了當。千百年事業，更無剩欠。

千古聖學，只從一念靈明識取：當下保此一念靈明便是學；以此觸發感通便是教；隨事不昧此一念靈明，謂之格物；不欺此一念靈明，謂之誠意；一念廓然，無有一毫固必之私，謂之正心。此是易簡直截根源。

問白沙與師門同異。曰：“白沙是百原山中傳流，亦是孔門別派；得其環中以應無窮，乃景象也。”緣世人精神撒潑，向外馳求，欲返其性情而無從入；只得假靜中一段行持，窺見本來面目，以爲安身立命基根，所謂權法也。若致知宗旨，不論語默動靜，從人情事變徹底鍊習以歸於元。譬之眞金爲銅鉛所雜。不遇烈火烹熬，則不可得而精。師門嘗有入悟三種教法：從知解而得者謂之解悟，未離言詮；從靜中而得者謂之證悟，猶有待於境；從人事練習而得者，忙言忙境，觸處逢源。愈搖蕩，愈凝寂，始爲徹悟。

乍見孺子入井怵惕，未嘗有三念之雜；乃不動於欲之眞心，所謂“良知”也。與堯舜未嘗有異者也。於此不能自信，幾於自誣矣！苟不用“致知”之功，不能時時保住；此心時時口口，徒認見成虛見，附和欲根。而謂卽與堯舜相對，幾於自欺矣！

## 論學書

吾人一生學問，只在改過；須常立於無過之地，不覺有過，方是改過眞功夫。所謂復者，復於無過者也。

當萬欲騰沸之中，若肯返諸一念“良知”；其眞是眞非，炯然未嘗不明。只此便是天命不容滅息所在，便是人心不容蔽昧所在，此是千古入賢聖入眞正路頭。

見在“良心”，必待修證而後可與堯舜相對，尚望兄一默體之。蓋不信得當下具足，到底不免有未瑩處；欲懲學者不用功夫之病，并其本體而疑之，亦嬌枉之過也。

文公謂天下之物，方圓輕重長短，皆有定理；必外之物至，而後內之知至。先師則謂事物之理，皆不外於一念之良知；規知在我，而天下方圓不可勝用，無權度則無輕重長短之理矣。

所謂必有事者，獨處一室，而此念常炯然；日應萬變，而此念常寂然。閒時能不閒，忙時能不忙。方是不爲境所轉。

吾人立於天地之間，須令我去處人，不可望人處我。

“良知”在人，本無污壞；雖昏蔽之極，苟能一念自反，卽得本心。譬之日月之明，偶爲雲霧所翳，謂之晦耳；雲霧一開，明體卽見，原未嘗有所傷也。此原是人人見在具足，不犯做手本領功夫；人之可以爲堯舜，小人之可使爲君子，舍此更無從入之路可變之幾。

## 季彭山先生

季本，字明德，號彭山，越之會稽人。時鄒東廓官主客，相聚講學；東廓被黜，連及先生，謫判辰州。尋同知吉安，型長沙知府；鋤擊豪強過當，乃罷歸。嘉靖四十二年卒，年七十九。先生之學，貴主宰而惡自然。以爲理者陽之主宰，乾道也；氣者陰之流行，坤道也。流行則往而不返，非有主於內，則動靜皆失其則矣。其議論，大抵以此爲指歸。夫大化只此一氣，氣之升爲陽，氣之降爲陰，以至於先生閔學者之空疎，衹以講說爲事，故苦力窮經。罷官以後，載書寓居禪寺；迄晝夜寒暑無間者，二十餘年。而又窮九邊，考黃河故道，索海運之舊跡，別三代春秋列國之疆土川原。涉淮泗，歷齊魯，登泰山，踰江入閩而後歸。凡欲以爲致君有用之學。所著有《易學四同》、《詩說解頤》、《春秋私考》、《四書私存》、《說理會編》、《讀禮疑圖》、《孔孟圖譜》、《廟制考義》、《樂律纂要》、《律呂別書》、《著法別傳》，總百二十卷。

## 說理會編

世儒多以實訓誠，亦有倚著之病；失仁義禮智合德而爲誠，誠固未有不實，但就以實爲誠則不可。仁義禮智，虛明在中，如穀種之生機未嘗息，何嘗有所倚著，是德雖實不見其有實之迹者也。故言誠惟惺惺字爲切，凡人所爲不善，本體之靈，自然能覺；覺而少有容留，使屬自欺，欺則不惺惺矣。故戒愼恐懼於獨知之地，不使一毫不善雜於其中，即是惺惺而爲敬也。

聖人之學，只是謹獨；獨處人所不見聞，最爲隱微。而己之見顯，莫過於此。故獨爲獨知，蓋我所得於天之明命，我自知之，而非他人所能與者也；若閒思妄想，徇欲任情，此却是外物蔽吾心之明，不知所謹，不可以言見顯矣。少有覺焉，而復容留將就，即爲自欺。乃於人所見聞處，揜不善者而著其善；雖點檢於言行之間，一一合度，不遐有愆，亦屬作僞，皆爲自蔽其知也。故欺人不見之知，乃十目所視十手所指之處也，不可以爲獨知。然則知者，其源頭不雜之知乎？源頭不雜之知，心之官虛靈而常覺者也。雜則著物，雖知亦倚於一偏，是爲耳目之官不思而蔽於物矣。

謹於獨知，卽致知也，謹獨之功不已，卽力行也。故獨知之外無知矣，常知之外無行矣。功夫何等簡易耶？

## 黃久菴先生

黃綰，字叔賢，號久菴，台之黃岩人。閒住，遷家翠屏山中，寒暑未嘗釋卷。享年七十有五。

先生初師謝文肅；及官都事，聞陽明講學，請見。陽明曰："作何功夫？"對曰："初有志，功夫全未。"陽明曰："人患無志，不患無功夫可用。"復見甘泉，相與矢志於學。陽明歸越，先生過之；聞"致良知"之教，曰："簡易直截，聖學無疑，先生眞吾師也！尚可自處於友乎？"乃稱門弟子。陽明旣沒，桂萼齮齕之。先生上疏言："昔議大禮，臣與萼合，臣遂直友以忠君；今萼毀臣師，臣不敢阿友以背師。"先生立"艮止"爲學的。謂中涉世故見不誠，非禮之異；欲用其誠，行其理而反羞之。旣不羞而任諸己，則憤世嫉邪，有輕世肆志之意；於是當毀譽機穽之交作，鬱鬱困心，無所自容。乃始窮理盡性以樂天知命庶幾可安矣。久之自相湊泊，則見理性天命，皆在於我，無所容其窮盡，樂知也。此之謂艮止。其於五經皆有原古。

## 董蘿石先生 附子穀

董澐，字復宗，號蘿石，晚號從吾道人，海鹽人。年六十八，遊會稽，聞陽明講學山中，往聽之；陽明與之語連日夜。先生喟然歎曰：“吾見世之儒者，支離瑣屑，修飾邊幅，爲偶人之狀；其下者貧饕爭奪於富貴利欲之場；以爲此豈眞有所爲聖賢之學乎？今聞夫子‘良知’之說，若大夢之得醒；吾非至於夫子之門，則虛此生也！”因何秦以求北面，陽明不可，謂：“豈有弟子之年過於師者乎？”先生再三而委質焉。其平日詩社之友招之曰：“翁老矣，何自苦？”先生笑曰：“吾今而後，始得離於苦海耳！吾從吾之好，自號從吾。”至七十七而卒。

董穀，字石甫。與大吏不合而歸。少遊陽明之門，陽明謂之曰：“汝習於舊說，故於吾言不無牴悟，不妨多問爲汝解惑，”先生因筆其所聞者，爲《碧里疑存》。然而多失陽明之意，其言性無善惡，陽明無善無惡心之體；以之言心，不以之言性也。又言性之體虛而已，萬有出焉；故氣質之不美，性實爲之。全體皆是性，無性則併無氣質矣。夫性既無善無惡，賦於人則有善有惡，將善惡皆無根柢歟？抑人生而靜以上是一性，靜以後又是一性乎？又言復性之功，只要體會其影響俱無之意思而已。信如斯言，則莫不墮於恍惚想像，所謂求見本體之失也。學者讀先生之書，以爲盡出於陽明；亦何怪疑陽明爲禪學乎！

## 日省錄

從先師往天柱峯；一家樓閣高明，花竹清麗，先生悅之。往日曾以其地求售，悔不成約，既而幡然曰：“我愛則彼亦愛之，有實心而無恕心矣”！再四自克，行過朱華嶺四五里，始得淨盡。先生言：“去欲之難如此”！

## 求心錄

知過卽是“良知”；改過卽是“致知”。

橫逆之來，自謗訕怒罵以至於不道之甚；無非是我實受用得力處，初不見其可憎。所謂山河大地，盡是黃金，滿世間皆藥物也。

## 陸原靜先生

陸澄，字原靜，又字淸伯，湖之歸安人。先生以多病從事於養生，文成語之以：“養德義身只是一事；果能戒愼恐懼，則神住氣住精住，而長生久視之說亦在其中矣”。《傳習錄》自曰仁發端其次卽爲先生所記；朋友見之，因此多有省悟。蓋數條皆切問，非先生莫肯如此吐露，就吐露亦莫能如此曲折詳盡也。故陽明謂：“曰仁沒，吾道益孤”！致望原靜者不淺。執父喪，衰毀失明。

## 顧箬溪先生

顧應祥，字惟賢，號箬溪，湖之長興人。癸丑致仕。又十二年卒，平八十三。先生好讀書，九流百家，皆識其首尾；而尤精於算學，今所傳《測圜海鏡》《弧矢算術》《授時曆撮要》，皆其所著也。少受業於陽明。陽明歿，先生見《傳習續錄》門人問答，多有未當於心者，作《傳習錄疑》；龍溪《致知議略》，亦摘其可疑者辨之。大抵謂：“良知”者性之所發也。日用之間，念慮初發，或善或惡，或公或私，豈不自知之；知其不當爲而猶爲之者，私欲之心重，而恕已之心昏也。苟能於一起之時，察其爲惡也，則猛省而力去之；去一惡念，則生一善念矣。念念去惡爲善則意之所發，心之所存，皆天理，是之謂知行合一，知之非難，而行之爲難。今曰聖人之學，“致良知”而已矣。人人皆聖人也，吾心中自有一聖人；自能孝，自能弟。而於念慮之微，取舍之際，則未之講；在其意向而爲之曰：“是吾之‘良知’也”。知行合一者，固如是乎？先生之言，以陽明知善知惡是“良知”，爲善去惡爲格物爲準的。然陽明點出知善知惡原不從發處言，第明知善知惡爲自然之本體。故又曰：“‘良知’爲未發之中；若向發時認取，則善惡雜揉，終是不能清楚。卽件件瞞不過照心，亦是克伐怨欲不行也。知之而後行之，方爲合一。”其視知行終判兩様，皆非師門之旨也。

## 黄致齋先生

黄宗明，字誠甫，號致齋，甯波鄞縣人。丙申十一月卒官。先生受學於陽明，陽明謂：“誠甫自當一日千里，任重道遠；吾非誠甫誰望耶？”則其屬意亦至矣。

### 論學書

學問思辨，卽是尊德性下手功夫，非與篤行爲兩段事；如今人眞有志於學，便須實履其事。中間行而未安思而未通者，不得不用學問思辨之功；學問懇切處，是之謂篤行耳。故必知行合一，然後爲眞學；學而眞者，知行必合一。並進之説，决無益於行，亦非所以爲知也。故吾輩但於立志眞僞處省察，學問懈弛時鞭策；卽無不合，不必區區於講說爲也。

一有求學之意，卽善善惡惡，自能知之，不待外求；爲善去惡，亦在不自欺耳。此所謂“我欲仁斯仁至”者，何等簡易，何等直截；今顧欲外此而求之煩難，獨何歟？

來諭謂此心之中，無欲卽靜；遇事時不覺交戰，便是得力。所言甚善。尚有不得不論者，蓋無欲卽靜，與周子圖說內自註無欲故靜之說亦略相似；其謂遇事時不覺交戰，便是得力，亦謂心中有主，不爲事物所勝云耳。然嘗聞之程子曰：“爲學不可不知用力處；既學不可不知得力處。”周子曰：“養心莫善於寡欲，寡之又寡以至於無。”正不在得力，而在於知所以用力；不在無欲，而在寡欲耳。學必寡欲而後無欲，知用力而後知得力；此其功夫漸次，有不可躐而進者。若執事所言，恐不免失之太早。如貧人說富，如學子論六賢功效體當，自家終無受用時也。僕之所謂主靜者，正在寡欲，正在求所以用力處；亦不過求之於心，體之於心，驗之於心。蓋心爲事勝，與物交戰，皆欲爲之累；僕之所謂主靜者，正以尋欲所從生之根而拔去之，如逐賊者必求賊所潛入之處而驅逐之也。是故善學者莫善於求靜，能求靜然後氣得休息，而良知發見；凡其思慮之煩雜，私欲之隱藏，自能覺察，自能拔去。是故無欲者，本然之體也；寡欲者，學問之要也；求靜者，寡欲之方也；戒懼者，求靜之功也。知用力而後得力處可得而言，無欲眞體，常存常見矣。

## 張浮峯先生

張元冲，字叔謙，號浮峯，越之山陰人。卒年六十二。先生登文成之門，以戒懼爲入門，而一意求諸踐履。文成嘗曰：“吾門不乏慧辨之士；至於眞切純篤，無如叔謙。”先生嘗謂學者曰：“孔子之道，一以貫之；孟子之道，萬物我備。‘良知’之說，如是而已。”又曰“學先立志，不學爲聖人，非志也；聖人之學在戒懼謹獨，不如是學，非學也。”揭坐右曰：“惟有主則天地萬物自我而立；必無私斯上下四旁咸得其平。”前後官江西，闢正學書院，與東廓念菴洛村楓潭聯講會，以訂文成之學；又建懷玉書院於廣信，迎龍溪、緒山主講席。遂留緒山爲《文成年譜》，惟恐同門之士，學之有出入也。其有功師門如此。

## 程松溪先生

程文德，字舜敷，號松溪，婺之永康人。三十八年十一月卒，年六十三。先生初學於楓山，其後卒業於陽明。以眞心爲學之要，雖所得淺深不可知，然用功有實地也。

### 論學書

此心不眞，辨説雖明，畢竟何益。自離嗚而起，以至嚮晦宴息，無非眞心，則無非實功；一話一言，一步一趨，皆受用處。不然，日談孔孟，辨精毫釐，終不免爲務外爲人之歸爾！

竊謂險夷順逆之來，若寒暑晝夜之必然，無足怪者。已不當，人必當之，孰非已也。是故君子之於憂患，不問其致之，而惟問其處之。故曰：“無入而不自得”。苟微有介焉，非自得也。

## 徐魯源先生

徐用檢，字克賢，號魯源，金華蘭溪人。萬歷辛亥十一月卒。年八十四。先生師事錢緒山。然其爲學不以良知而以志學，謂："君子以復性爲學，則必求其所以爲性；而性囿於質，難使純明。故無事不學，學焉又恐就其性之所近，故無學不證諸孔氏"。又謂："求之於心者，所以求心之聖；求之於聖者，所以求聖之心"。蓋其時學者執"心之精神謂之聖"一語，縱橫於氣質以爲學。先生以孔氏爲的，亦不得已之苦心也。耿楚倥與先生談數日，曰："先生今之孟子也"！久之，寓書曰："願君執御，無專執射"。天臺譯其意曰："夫射必有的，御所以載人也。子輿氏願學孔子，其立之的乎？孔子善調御狂狷，行無轍迹，故云'執御'；吾仲氏欲門下損孟之高，爲孔之大，如斯而已"。

## 友聲編

吾人之志，抖擻於昨日，今日可受用否？卽抖擻於上時，今時可受用否？若時時抖擻，可無屬人爲造作否？此要在窮此心之量，靡有間息；其無間息，固天然也。

人之爲小人，豈其性哉？其初亦起於乍弄機智，漸習漸熟，至流於惡而不自知。

立志既眞，貴在發脚不差；發脚一差，終走罔路，徒自罷苦，終不能至。問："安得得不差？"先生厲聲曰："切莫走閉眼路！"

## 萬鹿園先生

萬表，字民望，號鹿園。讀書學古，不失儒生本分，寇守天敍，勉以甯靜澹泊，先生揭諸座右。嘉靖丙辰正月卒，年五十九。先生功在漕運，其大議有三，人共奇之，其大者卒莫之能行也。倭寇之亂，先生身親陷陣，肩中流矢。其所籌畫，亦多掣肘，故忠憤至死不忘。先生之學，多得之龍溪、念菴、緒山、荊川，先生嘗言聖賢切要功夫，莫先於格物；蓋吾心本來具足，格物者，格吾心之物也。爲情欲意見所蔽，本體始晦；必掃蕩一切，獨觀吾心。格之又格，愈研愈精；本體之物，始得呈露，是爲格物，格物則知自致也。龍溪謂："古人格物之說，是千聖經綸之實學。良知之感應謂之物，是從良知疑聚出來，格物是致知實下手處。不離倫物感應而證眞修，離格物則知無從而致矣。吾儒與二氏毫釐不同，正在於此。"龍溪指物爲實，先生指物爲虛；凡天下之物，攝於本體之物，本體之物又何嘗離倫物哉？

## 王敬所先生

王宗沐，字新甫，號敬所，台之臨海人。先生師事歐陽南野，少從二氏而入；已知所謂"良知"者，在天爲不已之命，在人爲不息之體，卽孔氏之仁也。學以求其不息而已。

## 張陽和先生

張元忭，字子蓋，別號陽和，越之山陰人。幼讀朱子《格致補傳》曰："無乃倒言之乎？當云'心之全體大用無不明，而後物之表裏精麤無不到'也"。卒官，年五十一。先生之學，從龍溪得其緒論，故篤信陽明四有數法。龍溪談本體而諱言功夫，識得本體便是功夫；先生不信，而謂"本體本無可說，凡可說者皆功夫也"。嘗闢龍溪欲渾儒釋而一之，以“良知”二字爲範圍三教之宗旨。何其悖也！故曰：“吾以不可學龍溪之可”。先生可謂善學者也！第主意只在善有善幾，惡有惡幾；於此而愼察之，以爲知善必眞好，知惡必眞惡，格不正以歸於正，爲格物，則其認良知都向發上。陽明獨不曰：“良知是未發之中”乎？察識善幾、惡幾，是照也，非良知之本體也。朱子答呂子約曰：“向來講論思索，直以心爲已發。而所論致知格物，以察識端倪爲初下手處。以故缺却平日涵養一段功大”。此即先生之言良知也。朱子易簀，改誠意章句曰：“實其心之所發”。此即先生之言格物也，先生談文成之學，而究竟不出於朱子，恐於本體終有所未明也。

## 八　江右王門學案

姚江之學，惟江右爲得其傳；東廓、念菴、兩峯、雙江其選也。再傳而爲塘南、思默，皆能推原陽明未盡之旨。是時越中流弊錯出，挾師說以杜學者之口，而江右獨能破之；陽明之道，賴以不墜。蓋陽明一生精神，俱在江右，亦其感應之理宜然也。

### 鄒東廓先生

鄒守益，字謙之，號東廓，江西安福人。九廟災，有旨大臣自陳；大臣皆惶恐弘罪，先生上疏獨言君臣交儆之義。遂落職閒住。四十一年卒，年七十二。初見文成於虔臺，求表父墓，殊無意於學也。文成顧日夕談學，先生忽有省，曰：“往吾疑程朱補《大學》，先格物窮理；而《中庸》首愼獨，兩不相蒙。令釋然格致之卽愼獨也！”遂稱弟子。先生之學，得力於敬；敬也者，“良知”之精明而不雜以塵俗者也。吾性體行於日用倫物之中，不分動靜，不舍晝夜，無有停機；流行之合宜處謂之善，其障蔽而壅塞處謂之不善。蓋一忘戒懼，則障蔽而壅塞矣；但令無往非戒懼之流行，卽是性體之流行矣。離却戒愼恐懼，無從覓性，離卻性亦無從覓日用倫物也。故其言“道器無二，性在氣質”，皆是此意。其時雙江從寂處、體處用功夫，以感應運用處爲效驗，先生言其倚於內，是裂心體而二之也。彭山惡自然而標警惕，先生言其滯而不化，非行所無事也。夫子之後，源遠而流分；陽明之沒，不失其傳者，不得不以先生爲宗子也。夫流行之爲性體，釋氏亦能見之；第其捍禦外物，是非善惡，一歸之空，以無礙我之流行。蓋有得於渾然一片者，而日用倫物之間，條理脈絡，不能分明矣。麤而不精，此學者所當論也。先生青原贈處，記陽明赴兩廣錢王二子各言所學。緒山曰：“至善無惡者心；有善有惡者意；知善知惡是良知；爲善去惡是格物。”龍溪曰：“心無善而無惡；意無善而無惡；知無善而無惡；物無善而無惡。”陽明笑曰：“洪甫須識汝中本體；汝中須識洪甫功夫。”子善，孫德涵、德溥、德泳。

善，字某，號穎泉。

德涵，字汝海，號聚所。江陵當國，方嚴學禁，而先生求友愈急。御史承江陵意，疏論鐫秩而歸。未幾卒，年五十六。先生受學於耿天臺，天臺謂：“公子寒士，一望而知，居之移氣若此；獨汝海不可辨其爲何如人。”問學於耿楚倥，楚倥不答。先生憤然曰：“吾獨不能自參而向人求乎？”反閉一室，攻苦至忘寢食，形軀減削。出而與楊道南、焦弱侯討論久之，一旦霅然忽若大牖，洞徹本眞，象山所謂此理已顯也。然先生以悟爲入門，於家學又一轉手矣。

德溥，字汝光，號四山。所解《春秋》，逢掖之士多宗之。更擗關宴居，覃思名理，著爲《易會》。自敍："非四聖之易，而霄壤自然之易；又非霄壤之易，而心之易。"其於《易道》，多所發明；先生浸浸向用，忽而中廢。

德泳，號瀘水。先生既承家學，守"致良知"之宗，而於格物則別有深物。論者謂淮南之格物，出陽明之上；以先生之言較之，則淮南未爲定論也。

## 東廓論學書

"良知"之教，乃從天命之性，指其精神靈覺而言；惻隱、羞惡、辭讓、是非，無往而非良知之運用。故戒懼以致中和，則可以位育；擴充四端，則可以保四海。初無不足之患，所患者未能明耳。好問好察，以用中也；誦詩讀書，以尚友也；前言往行，以畜德也；皆求明之功也。及其明也，只是原初明也，非合天下古今之明而增益之也。世之沒溺於聞見，勤苦於記誦，正坐以良知爲不足而求諸外以增益之。故比擬愈密，揣摩愈巧，而本體障蔽愈甚；博文格物，卽戒懼擴充，一個功夫，非有二也。果以爲有二者，則子思開卷之首，得無舍其門而驟語其堂乎？越中之論，誠有過高者；忘言絕意之辨，向亦駭之。及臥病江上，獲從緒山、龍溪切磋，漸以平實；其明透警發處，受教甚多。夫乾乾不息於誠，所以"致良知"也；懲忿窒慾，遷善改過，皆"致良知"之條目也。若以懲忿之功爲第二義，所則謂如好好色如惡惡臭已百已千者，皆爲剩語矣！源泉混混以放乎四海，性之本體也；有所壅敝，則決而排之，未嘗以人力加損。故曰"行所無事"。若忿慾之壅，不加懲窒，而曰本體原自流行，是不決不排，而望放乎海也。苟認定懲窒爲治性之功，而不察流行之體；原不可以人力加損，則亦非行所無事之旨矣！

古人理會利害，便是義理；今人理會義埋，猶是利害。

良知精明處，自有天然一定之則；可行則行，可止則止。眞是鳶飛魚躍，天機活潑，初無妨礙，初無揀擇。所患者好名好利之私，一障其精明；糠粃眯目，天地爲之易位矣。

遷善改過，卽“致良知”之條目也。果能愼戒恐懼，常精常明，不爲欲物所障蔽，則卽此是善，更何所遷；卽此非過，更何所改；一有障蔽，便與掃除；雷厲風行，復見本體。其謂落在下乘者，只是就事上點檢；則有起有滅，非本體之流行耳。

有疑聖人之功，異於始學者曰：“王逸少所寫上大人，與初填硃模者，一點一直，不能一毫加損”。

近有友人相語曰：“君子處世，只顧得是非，不須更顧利害。”僕答之曰：“天下眞利害，便是天下眞是非：卽如：‘舍生取義，殺身成仁’，安得爲害而播肉乞飽，壟上罔斷，安得爲利，若論世情利害，亦有世情是非矣！”

吾輩病痛，尚是對景時放過；故辨究雖精，終受用不得。須如象山所云：“關津路口，一人不許放過”。方是須臾不離之學。

近來講學，多是意興；於戒懼實功，全不著力。便以爲妨礙自然本體，故精神浮泛全無歸根立命處。間有肯用戒懼之功者，止是點檢於事爲，照管於念慮，不曾從不睹不聞上入微。

過去未來之思，皆是失却見在功夫，不免借此以繫其心。緣平日戒懼功疎，此心無安頓處。佛家謂之猢孫失樹，更無伎倆；若是視於無形，聽於無聲，洞洞屬屬，精神見在兢業不暇，那有閒工夫思量過去理會未來？故憧憧往來，朋從爾思，此是將迎病症。思曰睿，睿作聖，此是見在本體功程，毫釐千里。

## 東廓語錄

問："性固善也，惡亦不可不謂之性。"曰："以目言之：明固目也，昏亦不可不謂之目；當其昏也，非目之本體矣。古人以心體得失爲吉凶，今人以外物得失爲吉凶；作德日休，作僞日拙，方見影響不爽。奉身之物，事事整飭；而自家身心，先就破蕩。不祥莫大焉！"問；"天下事變，必須講求。"曰："聖門講求，只在規矩；規矩誠立，千方萬圓，自運用無窮。平天下之道，不外絜矩；直至瓊臺，方補出許多節目。豈是曾子、比丘氏疎略欠缺？"

有苦閒思雜念者。結之曰："汝自思閒，却惡閒思；汝自念雜，却惡雜念。辟諸汝自醉酒，卻惡酒醉。果能戒懼一念，須臾不離，如何有功夫去浮思？"

天性與氣質更無二件，夫此身都是氣質用事：目之能視，耳之能聽，口之能言，手足之能持行，皆是氣質天性從此處流行。先師有曰："惻隱之心，氣質之性也"。正與孟子形色天性同旨。其謂浩然之氣，塞天地，配道義；氣質與天性一滚出來，如何說得論性不論氣？後儒說兩件反更不明，除卻氣質，何處求天地之性？良知虛靈，晝夜不息，與天同運，與川同流，故必有事焉無分於動靜；若分動靜，而學則交換時須有接續，雖妙手不能措巧。元公謂靜而無靜，動而無動，其善發"良知"之神乎！

## 穎泉先生語錄

學者眞有必求爲聖人之心，則卽此必求一念，是作聖之基也。猛自奮迅，一躍躍出，頓覺此身逈異塵寰，豈非千載一快哉！

孔子謂："苟志於仁，無惡也。"若非有此眞志，則終日縈縈，皆是私意，安可以言過？

李卓吾倡爲異說，破除名行；楚人從者甚衆，風習爲之一變。劉元卿問於先生曰："何近日從卓吾者之多也？"曰："人心誰不欲爲聖賢？顧無奈聖賢礙手耳！今渠謂'酒色財氣一切不礙菩提路'；有此便宜事，誰不從之？"

夫子謂："能見其過而內自訟者爲鮮。"蓋眞能見過，則卽能見吾原無過處；眞能自訟，則常如對讞獄吏，句句必求以自勝矣。但人情物理，不遠於吾身，苟能反身求之，又何齟齬困衡之多？蓋"己所不欲，勿施於人"；則人我無間，其順物之來，而毋以逆應之。則物理有不隨我而當者乎？

所謂將來學問，只須愼獨，不須防檢；而既往愆尤，習心未退，當何以處之？夫吾之獨處，純然至一，無可對待，識得此獨而時時愼之，又何愆尤能入，習心可發耶？但吾輩習心有二，有未能截斷其根而目前暫却者。此病尚在獨處受病，又何愼之可言？有既與之截斷，而舊日熟境，不覺竊發者；於此處覺悟，卽爲之掃蕩，爲之廓清，亦莫非愼之之功。譬之醫家，急治其標，亦所以調攝元氣；譬之治水，雖如疏鑿決排，亦莫非順水之性。見獵有喜心，正見程子用功密處，非習心之不去也。"人一能之己百之，人十能之己千之"；此正是困勉之功，安可以爲著意？但在本體上用功，雖困且苦，亦不可以言防檢；今世之防檢者，亦有熟時，不可以其熟時爲得操存之要。何如何如？

## 聚所先生語錄

今人只說："我未嘗有大惡的事，未嘗有大惡的念頭，如此爲人也過得。”不知日間昏昏懵懵，如醉如夢，便是大惡了。天地生我爲人，豈徒昏懵天地間，與虫蟻並活已耶？

問自立自達曰：“自立是卓然自立於天地間，再無些倚靠，人推倒他不得；如太山之立於天地間，任他風雷，俱不能動，這方是自立。既自立了，便能自達；再不假些幫助，停滯他不得。如黃河之決，一瀉千里；任是甚麼，不能沮他，這方是自達。若如今人靠著聞見的，聞見不及處，便被他推倒了、沮滯了；小兒行路，須是倚牆靠壁，若是大人，須是自行。”

凡功夫有間，只是志未立得起；然志不是凡志，須是必爲聖人之志，若不是必爲聖人之志，亦不是立志。若是必爲聖人之志，則凡得行一件好事；做得一上好功夫，也不把他算數。

一友言：“已教子姪，在聲色上放輕些。”先生曰：“我則異於是，我只勸他立志向學；若勸得他向學之志重了，他於聲色上便自輕，不待我勸。”昔孟子於齊王好樂，而曰：“好樂甚則齊其庶幾乎！”曰“好勇”則曰：“請好大勇。”曰“好貨”就曰：“好貨也好，只要如公劉之好貨。”曰：“好色。”就曰：“好色也好，只要如太王之好色；今人若聽見說好貨好色，便就說得好貨好色甚不好了，更轉他不得。今人只說孟子是不得已遷就的話，其實不知孟子。”

康問：“孟子云：‘必有事焉’。須時時去爲善方是；卽平常無善念時無惡念時，恐也算不得有事否？”先生曰：“既無惡念，便是善念，更又何善念，卻又多了這分意思。”康曰：“亦有惡念發而不自知者。”先生曰：“這點‘良知’，徹頭徹尾，無始無終，更無有惡念發而不自知者。今人錯解‘良知’作善念，不知知此念善是‘良知’，知此念惡亦是‘良知’，知此無善念無惡念也是‘良知’，常知便是必有事焉；其不知者，非是你良知不知，卻是你志氣昏惰了。古人有言曰：‘清明在躬，志氣如神’。豈有不自知的？只緣清明不在躬耳！你只去責志，如一毫私欲之萌；只責此志不立，則私欲便退聽。所以陽明先生責志之説最妙。”

## 歐陽南野先生

歐陽德，字崇一，號南野，江西泰和人。三十三年三月二十一日卒於官，年五十九。先生以講學爲事，當是時士咸知誦“致良知”之説，而稱南野門人者半天良。癸丑甲寅間，京師靈齊宫之會，先生與徐少湖、聶雙江、程松溪爲主盟；學徒雲集至千人，其盛爲數百年所未有。羅整菴不契“良知”之旨，謂：“佛氏有見於心，無見於性，故以知覺爲性；令言吾心之良知卽是天理，亦是以知覺爲性矣”。先生申之曰：“知覺與‘良知’，名同而實異。凡知視、知聽、知言、知動，皆知覺也，而未必其皆善；‘良知’者知惻隱、知羞惡、知恭敬、知是非，所謂本然之善也。本然之善，以知爲體，不能離知而別有體。蓋天性之眞明覺，自然隨感而通，自有條理；是以謂之良知，亦謂之天理。天理者‘良知’之條理，良知者天理之靈明，知覺不足以言之也。”整菴難曰：“人之知識，不容有二。孟子但以不慮而知者名之曰良，非謂別有一知也；今以知惻隱、羞惡、恭敬、是非爲良知，知視聽言動爲知覺，殆如《愣加》所謂眞識及分別事識者。”先生申之曰：“非謂知識有二也。惻隱、羞惡、恭敬、是非之知，不離乎視聽言動；而視聽言動，未必皆得其惻隱、羞惡之本然者。故就視聽言動而言，統謂之知覺；就其惻隱羞惡而言，乃見其所謂良者。知覺未可謂之性，未可謂之理；知之良者，乃所謂天之理也。猶之道心、人心，非有二心；天命氣質，非有二性也。”整菴難曰：“誤認‘良知’爲天理，則於天地萬物之理，一切置之度外，更不復講；無以達夫一貫之妙。”先生申之曰：“良知必發於視聽思慮，視聽思慮必交於天地人物；天地人物無窮，視聽思慮亦無窮，故良知亦無窮。離却天地人物，亦無所謂‘良知’矣。然先生之所謂良知，以知是知非之獨知爲據，其體無時不發；非未感以前，別有未發之時。所謂未發者，蓋卽喜怒哀樂之發，而指其有未發者。是已發未發與費隱微顯通爲一義。”當時同門之言“良知”者，雖有淺深詳略之不同：而緒山、龍溪、東廓洛村、明水，皆守已發未發，非有二候，致和卽所以致中；獨聶雙江以歸寂爲宗，功夫在於致中，而和卽應之。故同門環起難解，雙江往復良苦，微念菴則雙江自傷其孤另矣。蓋“致良知”宗旨，陽明發於晚年，未及與學者深究。然觀《傳習錄》云：“吾昔居滁，見諸生多務知覺，無益於得；姑教之靜坐，一時窺見光景，頗收近效。久之，漸有喜靜厭動流入枯槁之病。故邇來只說‘致良知’，良知明白，隨你去靜處體悟也好，隨你去事上磨鍊也好。良知本體，原是無動無靜的；此便是學問頭腦，其大意亦可見矣。後來學者只知在事上磨鍊，勢不得不以知識爲良知；陰流密陷於義襲助長之病，其害更甚於喜靜厭動。”蓋不從良知用功，只在動靜上用功，而又只在動上用功；於陽明所言，分明倒却一邊矣！雙江於先生議論雖未歸一，雙江之歸寂，何嘗枯槁；先生之格物，不墮支離。發明陽明宗旨，始無遺憾，兩不相妨也。

## 南野論學書

夫“良知”不學而能，不慮而知；故雖“小人閒居爲不善無所不至”者，其“見君子而厭然”，亦不可不謂之“良知”。雖常人恕己則昏者，其責人則明，亦不可不謂之良知。苟能不欺其知，去其不善者以歸於善，勿以所惡於人者施之於人，則亦是致知誠意之功。卽此一念，可以不異於聖人。

“良知”乃本心之眞誠惻怛，人爲私意所雜，不能念念皆此眞誠惻怛，故須用致知之功。致知云者，去其私意之雜，使念念皆眞誠惻怛而無有虧欠耳。孟子言孩提知愛、知敬，亦是指本心眞誠惻怛自然發見者；使人達此於天下，念念眞誠惻怛，卽是念念致其良知矣。故某嘗言一切應物處事，只要是“良知”；蓋一念不是“良知”，卽不是致知矣。

學者誠不失其良心，則雖種種異說，紛紛緒言；譬之吳楚閩粵，方言各出，而所同者義。苟失其良心，則雖字字句句，無二無別於古聖；猶之孩童玩戲，妝飾老態，語笑步趨，色色近似，去之益遠。

覺則無病可去，患在於不覺耳。常覺則常無病，常存無病之心，是眞能常以去病之心爲心者矣。

大抵學不必過求精微，但纚重私意；斷除不淨，眞心未得透露。種種妙談，皆遠心之言；事事周密，皆拂性之行。向後無眞實脚根可劄定得，安望其有成也?

自謂寬裕温柔，焉知非優游怠忽；自謂發強剛毅，焉知非躁妄激作。忿戾近齋莊，瑣細近密察；矯似正，流似和，毫釐不辨，離眞逾遠。然非實致其精一之功，消其功利之萌，亦豈容以知見情識而能明辨之？先師謂“致知存乎心悟”。若認如識爲良知，正是纚看了！未見所謂“不學不慮不係於人”者。然非情無以見性，非知識意念則亦無以見“良知”。周子謂：“誠無爲神，發明知神之爲知，方知得致知；知誠之無爲，方知得誠意。”來書敞教甚明，知此卽知未發之中矣。

“良知”無方無體，變動不居；故有昨以爲是而今覺其非，有己以爲是而因人覺其爲非。亦有自見未當，必考證講求而後停妥。皆良知自然如此，故致知亦當如此。然一念良知，徹頭徹尾，本無今昨人己內外之分也。

凡兩念相牽，卽是自欺根本；如此不了，卒歸於隨逐而已。

## 聶雙江先生

聶豹，字文蔚，號雙江。永豐人也。任陝西按察司副使，爲輔臣夏貴溪所惡，罷歸，導復逮之。先生方與學人講《中庸》校突至，械繫之；先生繫畢，復與學人終前說而去。旣入獄，而貴溪亦至；先生無怨色，貴溪大慚，踰年得出。四十二年十一月四日卒，年七十七。陽明在越，先生以御史按閩過武林，欲渡江見之；人言方阻，先生不聽。及見而大悅曰：“君子所爲，衆人固不識也！”猶疑接人太濫，上書言之。陽明答曰：“吾之講學，非以蘄人之信己也，行吾不得已之心耳；若畏人之不信，必擇人而與之，是自喪其心也。”先生爲之惕然。陽明征思田，先生問“勿忘勿助”之功。陽明答書：“此間只說必有事焉，不說勿忘勿助；專言勿忘勿助，是空鍋而爨也。”陽明旣歿，先生時官蘇州曰：“昔之未稱門生者，冀再見耳，今不可得矣！”於是設位北面再拜，始稱門生。以錢緒山爲證，刻兩書於石以證之。先生之學，獄中閒久靜極；忽見此心眞體，光明瑩徹，萬物皆備。乃喜曰：“此未發之中也！守是不失，天下之理，皆從此出矣。”及出，與來學立靜坐法，使之歸寂以通感，執體以應用；是時同門爲“良知”之學者，以爲未發卽在已發之中。蓋發而未嘗發，故未發之功，卻在發上用；先天之功，卻在後天上用。其疑先生之説者有三：其一謂“道不可須臾離也”；今曰動處無功，是離之也。其一謂“道無分於動靜也”；今曰功夫只是主靜，是二之也。其一謂“心事合一，心體事而無不在”；今曰感應流行，著不得力，是脱略事爲，類於禪悟也。王龍溪、黄洛村、陳明水、鄒東廓、劉兩峯各致難端，先生一一申之；惟羅念菴深相契合，謂“雙江所言，眞是霹靂手段；許多英雄瞞昧，被他一口道著。如康莊大道，更無可疑”。兩峯晚乃信之曰：“雙江之言是也。”夫心體流行不息，靜而動，動而靜；未發靜也，已發動也。發上用功，固爲徇動；未發用功，亦爲徇靜，皆陷於一偏。而《中庸》以大本歸之未發者，蓋心體卽天體也。周天三百六十五度四分度之一，而其中爲天樞，天無一息不運；至其樞紐處，實萬古常止，要不可不歸之靜。故心之主宰，雖不可以動靜言，而惟靜乃能存之。此濂溪以主靜立人極，龜山門下以體夫喜怒哀樂未發前氣象爲相傳口訣也。陽明自江右以後，始拈“良知”；其在南中，以默坐澄心爲學的，收斂爲主，發散是不得已。有未發之中，始能有中節之和。其後學者有喜靜惡動之弊，故以致良知救之；而曰良知是未發之中，則猶之乎前説也。先生亦何背乎師門，乃當時羣起而難之哉？

## 雙江論學書

原泉者，江淮河漢之所從出也；然非江淮河漢，則亦無以見所謂原泉者。故濬原者濬其江淮河漢所從出之原，非以江淮河漢爲原而濬之也。根本者，枝葉花實之所從出也；培根者，培其枝葉花實所從出之根，非以枝葉花實爲根而培之也。今不致感應變化所從出之知，而卽感應變化之知而致之；是求日月於容光必照之處，而遺其懸象著明之大也。

聖人過多，賢人過少，愚人無過，蓋過必學而後見也；不學者妄行妄作以爲常，不復知過。

達夫早年之學，病在於求脱化融釋之太速也；夫脱化融釋，原非功夫字眼，乃功夫熟後景象也。而速於求之，故遂爲慈湖之説所入；以見在爲具足，以知覺爲良知，以不起意爲功夫。樂超頓而鄙艱苦，崇虛見而略實功。自謂撒手懸崖，徧地黄金；而於六經四書，未嘗有一字當意。玩弄精魂，謂爲自得，如是者十年矣。至於槃錯顛沛，則茫然無據，不能不動朱公之哭也！已而恍然自悟，考之詩書，乃知學有本原；心主乎内，寂以通感也，止以發慮也，無所不在。而所以存之養之者，止其所而不動也，動其影也照也發也，發有動静而寂無動静也，於是一以洗心退藏爲主。處寂未發爲要，刊落究竟，日見天精不屬睹聞，此其近時歸根復命，煞吃辛苦處，亦庶幾乎知微知彰之學。乃其自性自度，非不肖有所裨益也。今之爲“良知”之學者，於《傳習錄》前篇所記眞切處，俱略之；乃駕空立籠罩語，似切近而實渺茫，終日逐外而自以爲得手也。

氣有盛衰，而靈無老少；隨盛衰爲昏明者，不學而局於氣也。

## 困辨錄

才覺無過，便是包藏禍心；故時時見過，時時改過，便是江漢以濯秋陽以暴。夫子只要改過，鄉愿只要無過。

機械變詐之巧，蓋其機心滑熟，久而安之；其始也生於一念之無耻，其安也，習而熟之，充然無纔廉耻之色。放辟邪侈，無所不爲，無所用其耻也。

問：“遷善改過，將隨事隨處而遷之改之乎，抑只於一處而遷之改之也？”曰：“天下只有一善，更無別善；只有一過，更無別過。故一善遷而萬善融，一過改而萬過化。所謂一眞一切眞矣。”

問“閒思雜慮祛除不得，如何？”曰：“習心滑熟故也。習心滑熟，客慮只從滑熟路上往還，非一朝一夕之故也。若欲逐之而使去，禁之而使不生，隳突衝決，反爲本體之累；故欲去客慮者，先須求復本體。本體復得一分，客慮減去一分。然本體非敬不復，敬以持之，以作吾心體之健，心體健而後能廓清掃蕩以收定靜之功。蓋盜賊無主，勢必解散，然非責效於日夕用意於皮膚者可幾及也。”

問：“‘良知’之學何如？”此是王門相傳指訣。先師以世之學者率以無所不知、無所不能爲聖人，以有所不知不能爲儒者所深恥；一切入手，便從多學而識考索記誦上鑽研，勞苦纏絆，擔閣了天下無限好資質的人。乃謂良知自致知而養之，不待學慮，千變萬化，皆由此出。孟子所謂不學不慮，愛親敬長。”蓋指良知之發用流行切近精實處，而不悟者遂以愛敬爲良知，著在支節上求；雖極高手，不免賺入邪魔蹊徑，到底只從霸學裏改換頭目出來。蓋孩提之愛敬，即道心也；一本其純一未發，自然流行，而纖毫思慮營欲不輿。故“致良知”者只養這個純一未發的本體，本體復則萬物備，所謂立天下之大本。先師云：“‘良知’是未發之中，廓然大公的本體，便自能感而隨通，便自能物來順應。”此是《傳習錄》中正法眼藏，而誤以知覺爲“良知”，無故爲霸學張一赤幟。與邊見外修何異？而自畔其師說遠矣！

# 羅念菴先生

羅洪先，字達夫，別號念菴，吉水人。十一歲，讀古文，慨然慕羅一峯之爲人，卽有志於聖學。嘉靖八年，舉進士第一。外舅太僕曾直聞報，喜曰："幸吾婿建此大事！"先生曰："丈夫事業更有許大在。此等三年遞一人，奚足爲大事也？"四十三年卒，年六十一。先生之學，始致力於踐履，中歸攝於寂靜，晚徹悟於仁體。幼聞陽明講學虔臺，心卽向慕；比《傳習錄》出，讀之至忘寢食。同里谷平、李中傳玉齋、陽珠之學，先生師之，得其根柢；而聶雙江以歸寂之說號於同志，惟先生獨心契之。是時陽明門下之談學者，皆曰："知善知惡，卽是良知。"依此行之，卽是致知。先生謂："良知者，至善之謂也。吾心之善，吾知之，吾心之惡，吾知之，不可謂非知也。善惡交雜，豈有爲主於中者乎？中無所主，而謂知本常明不可也，知有未明；依此行之，而謂無乖戾於既發之後，能順應於事物之來，不可也。故非經枯槁寂寞之後，一切退聽，天理炯然，未易及此。雙江所言，眞是霹靂手段，許多英雄瞞昧，被他一口道著；如康莊大道，更無可疑。先生於陽明之學，始而慕之；已見其門下承領本體太易，亦遂疑之。及至功夫純熟，而陽明進學次第洞然無間；天下學者，亦遂因先生之言，而後得陽明之眞。其曉曉以師說鼓動天下者，反不與焉。先生以濂溪無欲故靜之旨，爲聖學的傳，有言辭受取與爲小事者。先生謂此言最害事。請告歸，過儀眞，一病幾殆；同年項甌東念其貧困，有富人坐死，行賄萬金，待先生一言，先生辭之而去。已念富人罪不當死，囑恤刑生之，不令其知也。將卒，問疾者入視，室如懸磬。曰："何至一貧如此？"先生曰："貧固自好。"先生靜坐之外，經年出遊；求師問友，不擇方內方外，一節之長，必虛心咨請如痞者之待醫。士大夫體貌規格，黜棄殆盡，獨往獨來，累饑寒，經跋踄；重渡驚濤之險，逆旅誶詈之加，漠然無所芥蔕。

## 論學書

以爲良知之外尚有所謂義理者在，是猶未免於幫補湊合之病；其於自信，不亦遠乎？見聞不與，獨任眞誠，矢死以終，更無外想；自非豪傑，其孰能任此？

來諭："辭受取予，雖關行檢，看來亦小。"此言最害事，辭受取與，元關心術，本無大小；以此當天來事看，卽堯舜事業，亦是浮雲過目。若率吾眞心而行，卽一介不取與，亦是大道，非小事業而大一介也。此心無物可尚故也。

學須靜中入手，然亦未可偏向此中躱閃過。凡難處與不欲之念，皆須察問從何來，若此間有承當不起，便是畏火之金，必是銅鉛錫鐵攙和，不得回互姑容，任其暫時云爾也，除此無下手誅責處。平日却只是陪奉一種清閒自在，終非有根之樹；冒雪披風，榦柯折矣。

大抵功夫未下手，卽不知自己何病；又事未涉境，卽病亦未甚害事。稍涉人事，乃知爲病；又未知去病之方。蓋方任己便欲回互，有回互則病乃是痛心處，豈肯割去。譬之浮躁起於快意，有快意爲之根，則浮躁之標末自現。欲去標末，當去其根，其根爲吾之所回互，安能克哉？此其所以難也。

千古病痛，在入處防閑到；旣入後濯洗縱放，終非根論。周子無欲，程子定性，皆率指此；置身千仞，則坎蛙穴螺爭競，豈特不足以當吾一視。著脚泥淖，得片瓦拳石，皆性命視之，此根論大抵象也。到此識見既别，却犯手入場，皆吾游弚。老叟與羣兒調戲，終不成憂其攪溷；吾必但防閑入處，非有高睨宇宙，狠斷俗情，未可容易承當也。

欲之有無，獨知之地，隨發隨覺，顧未有主靜之功以察之耳。誠察之，固有不待乎外者；而凡考古知今，親師取友，皆所以爲寡欲之事。不然，今之博文者有矣，其不救於私妄之恣肆者何歟？故嘗以爲欲希聖必自無欲始，求無欲必自靜始。

某所嘗著力者，以無欲爲主；辨欲之有無，以當下此心微微覺處爲主。此覺處甚微，非志切與氣定，卽不自見。

立行是孔門第一義，今之言不睹不聞者，亦是欲立行至精密處，非有二義也。凡事狀之萌，有作有止；而吾心之知，無斷無續。卽事狀而應之，不涉放肆，可謂有依據矣。安知不入安排理道與打貼世情彌逢人意乎？卽使無是數者，事已作何歸宿，此不謂處過日月者哉？又况處事原屬此心，心有時而不存，卽事亦有時而不謹；所謹者在人之可見聞耳。因見聞而後有著力，此之謂爲人，非君子反求諸已之學也。故戒愼於不睹不聞者，乃全吾忠實之本；然而不睹不聞，卽吾心之常知處。自其常知不可以形求者，謂之不睹。自其常知不可以言顯者，謂之不聞，固非窈冥之狀也。吾心之知，無時或息，卽所謂事狀之萌應，亦無時不有。若諸念皆泯，炯然中存，亦卽吾之一事；此處不令他意攙和，卽是必有事焉，又何茫蕩之足慮哉？

欲根不斷，常在世情上立脚，未是脫離得盡；如此根器，縱十分斂實，亦只是有此意思，非歸根也。

欲功夫與至極處，未可並論，何也？操存舍亡，夫子固已言之；非吾輩可以頃刻嘗試，遂自謂已得也。今之解良知者曰：“知無不良者也；欲致良知，即不可少有加於良知之外”。此其爲説，亦何嘗不爲精義？但不知幾微倏忽之際，便落見解，知果無不良矣；有不良者，果孰爲之？人品不齊，功力不等，未可盡以解縛語增它人之縱肆也。乃知致良知之“致”字，是先聖吃緊爲人語；致上見得分明，即格物之義自具。固不必紛紜於章句字面之脗合，對證傳授言説之祖述發揮而動多口也。

果能收斂翕聚，如嬰兒保護，自能孩笑，自能飲食，自能行走。豈容一毫人力安排？試於臨民時驗之，稍停詳妥貼，言動喜怒，自是不差；稍周章忽略，便有可悔。從前爲良知時時見，在一句誤却，欠却培養一段功夫，培養原屬收斂翕聚。甲辰夏，因静坐十日，恍恍見得；又被龍溪諸君一句轉了。總爲自家用功不深，內虚易摇也。孟子言皆有怵惕惻隱之心，由於乍見；言平旦好惡與人相近，由於夜氣所息，未嘗言時時有是心也。末後四端須擴而充之，自然火然泉達，可以保四海；夜氣苟得其養，無物不長，所以須養者，緣此心至易動故也。未嘗言時時便可致用，皆可保四海也。擴充不在四端後，却在常無內交要譽惡聲之心，所謂以直養也；養是常息，此心常如夜之所息，如是則時時可似乍見與平旦時，此聖賢苦心語也。陽明拈出良知，上面添一“致”字，便是擴養之意；良知“良”字，乃是發而中節之和。其所以良者，要非思爲可及；所謂不慮而知，正提出本來頭面也。今却盡以知覺發用處爲良知，至又易“致”字爲“依”字，則是只有發用無生聚矣。木常發榮必速槁，人常動用必速死；天地猶有閉藏，況於人乎？是故必有未發之中，方有發而中節之和；必有廓然大公，方有物來順應之感。平日作文字，只謾説過去；更不知未發與廓然處何在，如何用功，誠鶻突半生也！眞擴養得，更是集義，自浩然不奪於外，此非一朝一夕可得；然一朝一夕，亦便小小有驗。但不足放乎四海，譬之操舟舵不應手；不免橫撐直駕，終是費力，時時培此，却是最密地也。

陽明先生良知之教，本之孟子乍見入井孩提愛敬、平旦、好惡三者；以其皆有未發者存，故謂之良。朱子以爲良者自然之謂，是也。然以其一端之發見，而未能卽復其本體。故言怵惕矣，必以擴充繼之；言好惡矣，必以長養繼之；言愛敬矣，必以達之天下繼之。孟子之意可見矣。先生得其意者也，故亦不以良知爲足，而以致知爲功。試以三言思之：其言充也，將卽怵惕之已發者充之乎？將求之乍見之眞乎？無亦不動於內交要譽惡聲之私已乎？其言養也，將卽好惡之已發者養之乎？將求之平旦之氣乎？無亦不梏於旦晝所爲矣乎？其言達也，將卽愛敬之已發者達之乎？將不失孩提之心乎？無亦不涉於思慮嬌強矣乎？終日之間，不動於私，不梏於爲，不涉於思慮嬌強，以是爲致知之功；則其意烏有不誠，而亦烏用以立誠二字附益之也？今也不然。但取足於知，而不原其所以良；故失養其端，而惟任其所以發。遂以見存之知，爲事物之時，而不察理欲之混淆；以外交之物，爲知覺之體，而不知物我之倒置。豈先生之本旨也？

當極靜時，恍然覺吾此心，中處無物，旁通無窮；有如長空，雲氣流行，無有止極，有如大海，魚龍變化，無有間隔。無內外可指，無動靜可分；上下四方，往古來今，渾成一片，所謂無在而無不在。吾之一身，乃其發竅，固非形質所能限也。是故縱吾之目，而天地不滿於吾視；傾吾之耳，而天地不出於吾聽；冥吾之心，而天地不逃於吾思。古人往矣，其精神所極，卽吾之精神，未嘗往也；否則聞其行事，而能憬然憤然矣乎？四海遠矣，其疾痛相關，卽吾之疾痛，未嘗遠也；否則聞其患難，而能惻然蠹然矣乎？是故感於親而爲親焉，吾無分於親也；有分於吾與親，斯不親矣。感於民而爲仁焉，吾無分於民也；有分於吾與民，斯不仁矣。感於物而爲愛焉，吾無分於物也；有分於吾與物，斯不愛矣。是乃得之於天者固然，如是而後可以配天也。故曰仁者渾然與物同體，同體也者，謂在我者亦卽在物，合吾與物而同爲一體，則前所謂虛寂而能貫通，渾上下、四方、往古、來今、內外、動靜而一之者也。若二氏者，有見於己，無見於物，養一指而失其肩背，比於自賊其身者耳。諸儒闢二氏矣，猥瑣於掃除防檢之動，而迷謬於統體該括之大；安於近小，而弗睹其全，矜其智能，而不適於用。譬之一家，不知承藉祖父之遺，光復門祚，而顧栖栖於一室，身口是計。其堂奧未窺，積聚未復，終無逃於樊遲細民之譏，則亦何以服二氏之心哉？

此學日入密處，紛紜轇轕中，自得泰然；不煩照應，不煩照應一語。雙老所極惡聞，却是極用力全體不相污染，乃有此景。如無爲寇之念，縱百念縱橫，斷不須照應；始無此念明道不須防檢，不待窮索，未嘗致纖毫之力，意正如此。以身在天地間負荷，卽一切俗情，自難染污。

來書責弟不合"良知"外提出"知止"二字，而以爲良知無內外、無動靜、無先後，一以貫之；除此更無事，除此別無格物。言語雖似條暢，只不知緣何便無分毫出入？操則存，舍則亡，非卽良知而何？終日談本體，不說功夫，纔拈功夫，便指爲外道。恐陽明先生復生，亦當攢眉也。

默默自修，眞見時刻有不靸手處，時刻有不如人處，時刻只在自心內尋究虛靜根底；安頓不至出入，卽有好商量矣。

三四年間，曾以主靜一言爲談良知者告；以爲良知固出於稟受之自然，而未嘗泯滅。然欲得流行發見，常如孩提之時，必有致之之功；非經枯槁寂寞之後，一切退聽，而天理炯然，未易及此。陽明之龍場是也。學者舍龍場之懲創，而談晚年之熟化；譬之趨萬里者，不能蹈險出幽，而欲從容於九達之逵，豈止躐等而已哉？然聞之者惟恐失其師傳之語。而不究竟其師之入手何在？往往辨詰易生，徒多慨惜。“良知”兩字，乃陽明先生一生經驗而后得之；使發於心者一與所知不應，卽非其本旨矣。當時遷就初學，令易入，不免指見在發用以爲左券，至於自得，固未可以草草謬承；而因仍其說者，類借口實，使人猖狂自恣，則失之又遠。

旁午之中，吾御之者轇轕紛紜，而爲事物所勝，此卽憧憧之思也。從容閒雅，而在事物之上，此卽寂然之漸也。由憧憧而應之，必或至於錯謬，由寂然而應之，必自盡其條理；此卽能寂與不能寂之驗，由一日而百年可知也。一日之間，無動無靜，皆由從容閒雅，通而至於澄然無事，未嘗有厭事之念；卽此乃身心安著處，安著於此，不患明之不足於照矣。漸入細微，久而成熟。卽爲自得。明道不言乎：“必有事焉而勿正心、勿忘、勿助長，謂未嘗致纖毫之力，此其存之之道。”夫必有事者，言乎心之常止於是；勿忘助者，言乎常止之無所增損；未嘗致纖毫之力者，言乎從容閒雅，又若未嘗有所事事；如此而後可以積久成熟而入細微，蓋爲學之彀率也。

學有可以一言盡者，有不可以一言盡者：如收斂精神，併歸一處，常令凝聚，能爲萬物萬事主宰，此可一言而盡，亦可以一息測識而悟；惟夫出入於酬應，牽引於情思，轉移於利害，纏固於計算，則微暖萬變，孔竅百出，非堅心苦志，時之歲月，萬死一生，莫能幾及也。

知縱肆是良知，知不能却常自欺，是瞞良知；自知瞞良知，又是良知。形之紙筆，公然以爲美談，是不背致良知也。此病豈他人能醫耶？

此學靜中覺觀體用事極難，大約只於自心欺瞞不得處；當提醒作主，久久精明便有別白處。若只將日用間應酬知解處，便謂是心體，此却作主不定，有差自救不來。何也？只尋得差不得處始有見耳！除此眞心作用，更無才力智巧。

執著乃用功生疎所致；到純熟自當輕省，不可便生厭心。此處一有憎厭疑貳，便是邪魔作祟，絕不可放過也。

此心皎然無掩蔽時，便與聖人不甚異；於此不涉絲毫搖兀，亦無改變，亦無執着，亦無忽略，此便是學。只時時有保護處，不傷皎然處。將容體自正，言語自謹，嗜欲自節，善自行，惡自止，好名、好貨、好色自覺澹；以此看書，以此處友，精神自聚，不散煥矣。

處處從小利害克治，便是克己實事，便是處生死成敗之根，亦不論有事無事。此處放過，更無是處。於克治知費力與濁亂，此是生熟安勉分限；不安分限，將下手實際，便欲並成德時論，此涉於比擬太過。不知功夫純熟，只在常明少昏，漸漸求進；到得成片段，郤眞咽喉下能著力。能下此力，與一念一事是非不同，卻是得先幾也。靜中如何便計較功效，只管久久見得此心有逐物有不逐物時；知認不逐物時心爲本，日間動作，皆依不逐物之心照應，一逐物便當取囘，愈久漸漸成熟。如此功夫，不知用多少日子，方有定貼處；如何一兩日坐後，就要他定貼，動心不差，豈有此理？陽明先生叫人依良知，不是依眼前知解的良知；是此心瞞不過處，卽所謂不逐物之心也。靜中識認他，漸漸有可尋求耳。

終日眼前俱是假人，無一分眞實意；自我待之，終日俱是眞人，無一分作僞意。如此，便是有進步。

凡習心混得去，皆緣日間太順適，未有操持；如舵工相似，終日看舵，使不至瞌睡。到得習熟，卽身卽舵，無有兩件。凡人學問眞處，決定有操持收束漸至其中，未有受用見成者。

自覺得力只管做去，微覺有病，又須轉手。此件功夫，如引小兒，隨時遷就，執著不得。

予問龍溪曰："凡去私欲，須於發根處破除始得。私欲之起，必有由來；皆緣自己原有貪好，原有計算。此處漫過，一時潔淨；不但潛伏，且恐陰爲之培植矣。"錢緒山曰："此件功夫零碎，但依'良知'運用，安事破除？"龍溪曰："不然。此搗巢搜賊之法，勿謂盡無益也。"龍溪之言曰："先師提掇良知，乃道心之微；一念靈明，無內外，無寂感。吾人不昧此一念靈明，便是致知；隨事隨物，不昧此一念靈明，更是格物。良知是虛，格物是實；虛實相生，天則乃見。蓋良知原是無知而無不知，原無一物，方能類萬物之情。或以良知未盡妙義，於良知上攙入無知意見，便是異學；或以良知未足以盡天下之變，必加見聞知識補益而助發之，便是俗學。吾人致知功夫不得力，第一意見爲害；意見是良知之賊，卜度成悟，明體宛然，便認以爲良知。若信得良知過時，意卽是良知之流行，見卽是良知之照察；徹內徹外，原無壅滯，原無幫補。所謂丹府一粒，點鐵成金。若認意見以爲實際，本家靈覺生機，封閉愈固，不得出來；學術毫釐之辨，不可不察也。"然質之陽明先生所言，或未盡合。先生嘗曰："良知者，天命之性；心之本體，自然昭明靈覺者也。"是謂良知卽天性矣。《中庸》言性，所指在於不睹不聞；蓋以君子之學，惟於其所不睹不聞者而戒愼恐懼耳。舍不睹不聞之外，無所用其戒愼恐懼也。夫不睹不聞，可謂隱而未形，微而未著矣；然吾之發見於外者，卽此未形者之所爲，而未始有加。吾之彰顯於外者，卽此未著者之所爲，而未始有加。由是言之，謂良知之體至虛可也，謂其本處而形實亦可也。今曰"良知是虛，格物是實"，豈所謂不睹不聞有所待而後實乎？先生又曰："至善者，心之本體，動而後有不善；而本體之知，未嘗不知也。”是以良知爲至善矣。《大學》之言至善，其功在於能止；蓋以吾心之體，固有至善，而有知之後，得止爲難。知而常止，非夫良之止其所，孰能與於此？故定靜安慮者至善也，能定、能靜、能安、能慮者，止至善也；能止而後至善盡爲已有，有諸已而後謂之有得。先之以定靜安者，物之所由以格，止之始也；後之以慮者，知之所以爲至，止之終也。故謂致知以求其止可也，謂物則生於定靜亦可也。今曰“虛實相生，天則乃見”。豈定靜反由慮而相生乎？先生又曰：“良知是未發之中。”又曰：“當知未發之中，常人亦未能皆有。”豈非以良知之發爲未泯之善端，未發之中，當因發而後致。蓋必常靜常定，然後可謂之中；則凡致知者，亦必卽其所未泯而益充其所未至，然後可以爲誠意，固未嘗以一端之善爲聖人之極則也。今曰“若信得良知過時，意卽是良知之流行，見卽是良知之照察” 云云。夫利欲之盤固，遏之猶恐弗止；而欲從其知之所發，以爲心體。以血氣之浮揚，斂之猶恐弗定；而欲任其意之所行，以爲功夫。畏難苟安者，取便於易從；見小欲速者，堅主於自信。夫注念反觀，孰無少覺；因言發慮，理亦昭然。不息之眞，既未盡亡；先入之言，又有可據。日滋日甚，日移日遠；將無有以存心爲拘迫，以改過爲粘綴，以取善爲比擬，以盡倫爲矯飾者乎？而其滅裂瓷肆者，又從而譸張簧鼓之；使天下之人，遂至於蕩然而無歸，則其陷溺之淺深，吾不知於俗學何如也。先生又曰：“知者意之體，物者意之用。”未嘗以物爲知之體也。而緒山乃曰：“知無體，以人情事物之感應爲體；無人情事物之感應，則無知矣。”夫人情事物感應之於知，猶色之於視，聲之於聽也；謂視不離色，固有視於無形者。而曰色卽爲視之體，無聲則無視也可乎？謂聽不離聲，固有聽於無聲者；而曰聲卽爲聽之體，無聲則無聽也可乎？

龍溪因前記有所異同，請而命。予曰：“陽明先生苦心犯難，提出‘良知’，爲傳授口訣；蓋合內外前後一齊包括，稍有幫補，稍有遺漏，卽失當時本旨矣。往年見談學者，皆曰：‘知善知惡卽是良知，依此行之卽是致知’。予嘗從此用力，竟無所入。久而後悔之。夫良知者言乎不學不慮自然之明覺，蓋卽至善之謂也。吾心之善吾知之，吾心之惡吾知之，不可謂非知也；善惡交雜，豈有爲主於中者乎？中無所主，而謂知本常明，恐未可也。知有未明，依此行之；而謂無乖戾於既發之後，能順應於事物之來，恐未可也。故知善知惡之知，隨出隨泯，特一時之發見焉耳；一時之發見，未可盡指爲本體，則自然之明覺，固當反求其根源。蓋人生而靜，未有不善，不善動之妄也；主靜以復之，道斯凝而不流矣。神發爲知，良知者靜而明也；妄動以雜之，幾始失而難復矣。故必有收攝保聚之功，以爲充達長養之地；而後定靜安慮，由此以出。必於家國天下，感無不正，而未嘗爲物所動，乃可謂之格物。蓋處無弗當，而後知無弗明；此致知所以必在於格物，物格而後爲知至也。故致知者，致其靜無而動有者也；知苟致矣，雖一念之微，皆眞實也，苟爲弗致，隨出隨泯，終不免於虛蕩而無歸。是致與不致之間，虛與實之辨也。謂之曰‘良知是虛，格物是實；虛實相生，天則乃見’。將無言之太深乎？卽格物以致其知矣，收攝之功，終始無間；則吾心之流行照察，自與初學意見萬萬不侔。謂之曰意見是良知之賊，誠是也；既而曰，若信得良知過時，意卽是良知之流行，見卽是良知之照察。所謂丹府一粒，點鐵成金，不已言之太易乎？”龍溪曰：“近日覺何如？”曰：“一二年來，與前又別；當時之爲收攝保聚，偏矣，蓋識吾心之本然者猶未盡也。以爲寂在感先，感由寂發。夫謂感由寂發可也，然不免於執寂有處；謂寂在感先可也，然不免於指感有時。彼此既分，動靜爲二；此乃二氏之所深，非以爲邊見者。我堅信而固執之，其流之弊，必至重於爲我，疎於應物，蓋久而後疑之。夫心一而已，自其不出位而言謂之寂；位有常尊，非守內之謂也。自其常通微而言謂之感，發微而通，非逐外之謂也；寂非守內，故未可言處，以其能感故也。絕感之寂，寂非眞寂矣；感非逐外，故未可言時，以其本寂故也。離寂之感，感非正感矣；此乃同出而異名。吾心之本然也。寂者一，感者不一；是故有動有靜，有作有止。人知動作之爲感矣，不知靜與動止與作之異者境也，而在吾心未嘗隨境異也；隨境有異，是離寂之感矣。感而至於酬酢萬變，不可勝窮而皆不外乎通微，是乃所謂幾也。故酬酢萬變，而於寂者未嘗有礙；非不礙也，吾有所主故也，苟無所主，則亦馳逐而不返矣。聲臭俱泯，而於感者未嘗有息；非不息也，吾無所倚故也，苟有所倚，則亦膠固而不通矣。此所謂收攝保聚之功，君子知幾之學也。學者自信於此，灼然不移，卽謂之守寂可也，謂之妙感亦可也；卽謂之主靜可也，謂之愼動亦可也。此豈言說之可定哉？是何也？心也者，至神者也。以無物視之，固泯然矣；以有物視之，固炯然矣。欲盡斂之，則亦塊然不知，凝然不動，無一物之可入也；欲兩用之，則亦忽然在此，倏然在彼，能兼體而不遺也。使於眞寂端倪，果能察識，隨動隨靜，無有出入；不與世界物事相對待，不倚自已知見作主宰，不著道理名目生證解，不藉言語發揮添精神，則收攝保聚之功，自有準則。明道云：'識得仁體，以誠敬存之；不須防檢窮索，必有事而勿正心、勿忘、勿助長，未嘗致纖毫之力。'此其存之之道，固其準則也。"龍溪笑曰："《夏游記》豈盡非是，只三轉語處手勢太重，便覺抑揚太過；兄已見破到此，弟復何言！"

善學者，竭力爲上，解悟次之，聽言爲下。蓋有密證殊資，默持妙契，而不知反躬自求實際，以至不副宿期者矣；固未有歷涉諸難，深入眞詮，而發之弗瑩，必俟明師面臨私授而後信久遠也。

白沙先生之學，以自然爲宗；至其得要，則隨動隨靜，終日照應而不離彼。

向人說得伸寫得出解得去，謂之有才則可，於學問絲毫無與也。學問之道，須於衆人場中易鶻突者，條理分明，一絲不亂。此非平日有涵養鎭靜之功，小大不疑，安能及此?

言其收斂，謂之存養；言其辨別，謂之省察；言其決擇，謂之克治。省察者言其明，克治者言其決；決則愈明，而後存養之功純。內不失己，外不失人；動亦定，靜亦定，小大無敢慢，始終條理，可以希聖矣。

知無不足之理，則凡不盡分者，皆吾安於建歟而不竭才者也；吾人日用之間，戒懼稍縱，卽言動作止之微，皆違天常而賊人道，可不省歟?

吾人當自立身放在天地間公共地步，一毫私己著不得，方是立志；只爲平日有慣習處，軟熟滑瀏，易於因仍。今當一切斬然，只是不容放過；時時刻刻，須此物出頭作主，更無纖微舊習在身。方是功夫，方是立命。

天地之間，萬生萬死，天地不爲欣戚，以其在天地未嘗有增、未嘗有損也。生死不增於我，我何欣戚?故聖人冥之。

妄意於此，二十餘年矣！亦嘗自矢，以爲吾之於世，無所厚取；“自欺”二字，或者不至如人之甚。而兩年以來，稍加黴艾；則見爲吾之所安而不懼者，正世之所謂大欺，而所指以爲可惡而可恥者，皆吾之處心積慮，陰託之命而恃以終身者也。其使吾之安而不懼者，乃先儒論說之餘，而冒以自足；以知解爲智，以意氣爲能。而處心積慮於可恥可惡之物，則知解之所不及，意氣之所不行；覺其缺漏，則蒙以一說，欲其宛轉，則加以衆證。先儒論說愈多，而言之所安日密。譬之方技俱通，而痿痺不恤；搔爬能口，而痛癢未知。甘心於服鴆，而自以爲神劉；如此者，不知日凡幾矣！至聞長生久視之妙，津津然同聲應之，不謂其相遠也。嗚呼，以是爲學，雖日有聞，時有習，明師臨之，良友輔之，猶恐成其私也；況於日之所聞，時之所習，出入於世俗之內，而又無明師良友之益，其能免於前病乎？夫所安者在此，則惟恐人或我窺；所蒙者在彼，則惟恐人不我與。託命既堅，固難於拔除；用力已深，益巧於藏伏。於是毀譽得失之際，始不能不用其情。此其觸機而動，緣釁而起；乃餘症標見，所謂已病不治者也。且以隨用隨足之體，而寄寓於他人口吻之間；以不加不損之眞，而貪竊於古人唾棄之穢；至樂不尋，而伺人之顏色以爲欣戚，大寶不惜，而冀時之取予以爲歉盈；如失路人之志歸，如喪家子之丐食。流離奔逐，至死不休。孟子之所謂："哀哉！"

只在話頭上拈弄，至於自性自命，傷損不知。當下動氣處，自以爲發強剛毅，纏粘處自以爲文理密察。加意陪奉，却謂恭敬；明白依阿，却謂寬仁。如此之類，千言萬語，莫能狀其情變；總之以一言，只是鶻突倒了！雖自稱爲學，而於自身邈不相干；却又說精說一，說感說應。亦何益哉？於佛與吾儒之辨，須是自身已有下落，方可開口，然此亦是閒話。辨若明白，亦於吾身何干？老兄將此等作大事件，以爲講論不明，將至誤世；弟則以爲伊川講明後，又出幾個聖人。濂溪未曾講明，又何曾誤了春陵夫子？"無生"之說，門面終是不同，何須深論？今縱談禪，决未見有人削髮棄妻、薄視生死、拋却名位。此數事乃吾儒詆毀佛氏大節目處，既不相犯，自可無憂。老兄"吾爲此懼"一言，似可稍解矣。吾輩一個性命，千瘡百孔，醫治不暇，何得有許多爲人說長道短耶？弟願老兄將"精一"還堯舜，"感應"還孔子，"良知"還陽明，"無生”還佛；直將當下胸中粘帶，設計斷除，眼前紛紜，設計平妥，原來性命，設計恢復。益於我者取之，而非徇其言也；害於我者違之，而非徒以言也。如是尚何說之不同，而懼之不早已乎？

## 劉兩峯先生

劉文敏，字宜充，號兩峯，吉之安福人。自幼樸實，不知世有機械事。年二十三，與師泉共學，思所以自立於天地間者；每至夜分，不能就寢。謂師泉曰：“學苟小成，猶不學也。”已讀《傳習錄》而好之，反躬實踐，唯覺動靜未融。曰：“此非師承不可。”乃入越而稟學焉。自此一以致良知爲鵠，操存克治，瞬息不少懈，毋談高遠而行遺卑近；及門之士，不戒而孚。道存目擊，外艱既除。雙江主於歸寂，同門辨說，動盈卷軸。而先生言：“發與未發，本無二致，戒懼愼獨，本無二事。若云未發不足以兼已發，致中之外，別有一段致和之功；是不知順其自然之體而加損焉，以學而能以慮而知者也。”又言：“事上用功，雖愈於事上講求道理，均之無益於得也。涵養本原，愈精愈一，愈一愈精。始是心事合一。”又言：“嘿坐澄心，反觀內照；應幾外好日少，知慧日著，生理亦生生不已，所謂集義也。”又言：“吾心之體，本止本寂；參之以意念，飾之以道理，侑之以聞見，遂以感通爲心之體。而不知吾心雖千酬萬應，紛紜變化之無已，而其體本自常止常寂。彼以靜病云者，似涉靜景，非“爲物不貳，生物不測”之體之靜也。”凡此所言，與雙江相視莫逆；故人謂“雙江得先生而不傷孤另”者，非虛言也。然先生謂：“吾性本自常生，本自常止。往來起伏，非當生也；專寂凝固，非常止也。生而不逐，是謂當止；止而不住，是謂當生。主宰卽流行之主宰，流行卽主宰之流行。”其於師門之旨，未必盡同於雙江；蓋雙江以未發屬性，已發屬情。先生則以喜怒哀樂情也，情之得其正者性也。隆慶六年五月卒，年八十有三。張子曰：“若謂虛能生氣，則虛無窮，氣有限；體用殊絕，入老氏有生於無自然之論。先生所謂‘知體本虛，虛乃先生’，將無同乎？”蓋老氏之虛，墮於斷滅；其生氣也，如空谷之聲，橐籥之風，虛與氣爲二也。先生之虛，乃常止之眞明，卽所謂“良知”也；其常止之體，卽是主宰，其常止之照，卽是流行，爲物不二者也。故言處同而爲虛實異，依然張子之學也。

## 論學要語

學力歸一，則卓爾之地，方有可幾。

先師謂：“學者看‘致’字太輕，故多不得力；聖賢千言萬語，皆從‘致’字上發揮工夫條理，非能於良知之體增益毫末也。生學困勉，皆“致”字工夫等級，非良知少有異焉者也。”自信本心，而一切經綸宰制由之，此聖學也。幹好事，衆皆悅之，求之此心，茫然不知所在，此鄉愿之徒，孔子之所惡也。

不識萬化之根源，則自淪於機巧習染之中；一切天下事，作千樣萬樣看。故精神眩惑，終身勞苦。

學者無必爲聖人之志，故染逐隨時，變態自爲障礙；猛省洗滌，直從志上著“人一已百人十已千”工夫，則染處漸消，逐時漸寡。渣滓渾化，則主宰卽流行之主宰，流行卽主宰之流行，安有許多分別疑慮？

遷善改過之功無時可已若謂吾性一見，病症自去，如太陽一出，魍魎自消，此則爲之景逐影響，欲速助長之爲害也，須力究而精辨之始可。

透利害生死關，方是學之得力處；若風吹草動，便生疑惑，學在何處用？

友朋中有志者不少，而不能大成者，只緣世情窠臼難超脫耳。須是吾心自作主宰，一切利害榮辱，不能淆吾見而奪吾守，方是希聖之志，始有大成之望也。

千事萬事只是一事。故古人精神，不妄用，惟在志上磨礪。

隨分自竭其力，當下具足，當下受用；過去未來，何益於思？徒得罪於天爾！

意根風波，一塵蔽天，豪傑之士，往往爲其所誤。故學在於致虛以證其源。

當急遽時能不急遽，當怠緩時能不怠緩，當震驚失措時能不震驚失措，方是回天易命之學。

功利之習，淪肌浹髓；苟非鞭辟近裹之學，常見無動之過，則一時感發之明，不足以勝隱微深痼之蔽。故雖高明，率喜頓悟而厭積漸，任超脫而畏檢束，談元妙而鄙淺近。肆然無忌，而猶以爲無可無不可；任情恣意，遂以去病爲第二義。不知自家身心，尚蕩然無所歸也。

## 劉師泉先生

劉邦采，字君亮，號師泉，吉之安福人。初爲邑諸生，即以希聖爲志曰："學在求諸心，科舉非吾事也。"偕兩峯入越謁陽明，稱弟子。陽明契之曰："君亮會的容易。"年八十六卒。陽明亡後，學者承襲口脗，浸失其眞；以揣摩爲妙悟，縱恣爲樂地，情愛爲仁體，因循爲自然，混同爲歸一。先生愀然憂之，謂：“夫人之生，有性有命；性妙於無爲，命雜於有質，故必兼修而後可以爲學。蓋吾心主宰謂之性，性無爲者也，故須首出庶物以立其體；吾心流行謂之命，命有質者也，故須隨時運化以致其用。常知不落念，是吾立體之功；常過不成念，是吾致用之功。二者不可相離，常知常止而愈常微也。是説也，吾爲見在‘良知’所誤，極探而得之”。龍溪問見在良知與聖人同異。先生曰：“不同。赤子之心，孩提之知，愚夫婦之知能，如頑鑛未經煆煉，不可名金。其視無聲無臭自然之明覺，何啻千里？是何也？爲其純陰無眞陽也。復眞陽者，更須開天闢地，鼎立乾坤，乃能得之；以見在‘良知’爲主，决無入道之期矣！”龍溪曰：“以一隙之光，謂非照臨四表之光，不可；今日之日，非本不光，雲氣掩之耳。以愚夫愚婦爲純陰者，何以異此？”念菴曰：“聖賢只要人從見在尋源頭，不是別將一心換却此心；師泉欲創業不享見在，豈是懸空做得？亦只是時時收攝此見在者，使之凝一耳。”先生著爲《易藴》，無非此意，所謂性命兼修。立體之功，卽宋儒之涵養；致用之功，卽宋儒之省察。涵養卽是致中，省察卽是致和；立本致用，特異其名耳。然工夫終是兩用，兩用則支離，未免有顧彼失此之病，非純一之學也。總緣認理氣爲二，造化只有一氣流行，流行之不失其則者，卽爲主宰，非有一物以主宰夫流行。然流行無可用功，體當其不失則者而已矣。乃先生之言，心意知物較四有四無之説，最爲諦當。謂有感無動，無感無靜，心也；常感而通，常應而順，意也；常往而來，常化而生，物也；常定而明，常運而照，知也。見聞之知，其糟粕也；象著之物，其疑漚也；念慮之意，其流澌也；動靜之心，其游塵也。心不失無體之心，則心正矣；意不失無欲之意，則意誠矣；物不失無住之物，則物格矣；知不失無動之知，則知致矣。夫心無體，意無欲，知無動，物無住，則皆是有善無惡矣。劉念臺夫子欲於龍溪之西無易一字，必是有善無惡之心意，亦是有善無惡之意，知亦是有善無惡之知，物亦是有善無惡之物，何其相符合也？念菴言：“師泉素持元虛，卽今肯向裹著已收拾性命，正是好消息”。雙江言：“師泉力大而說辨，排闔之嚴，四坐咸屈，人皆避席而讓舍，莫敢攖其鋒”。痴極門人朱調問先生：“此視平時何如？”答曰：“夫形豈累性哉？今吾不動者自若也。第形如槁木耳！”遂卒。先生之得力如此。

## 劉三五先生 附劉印山 王柳川

劉陽，字一舒，號三五。安福縣人。少受業於彭石屋、劉梅源。見《陽明語錄》而好之，遂如虔問學。泊舟野水，風雪清苦，不以爲惡。陽明見之，顧謂諸生曰：“此生淸福人也！”於是語先生：“苟不能甘至貧至賤，不可以爲聖人。”築雲霞洞於三峯，與士子談學；兩峯過之，蕭然如在世外。先生曰：“境寂我寂，已落一層。”兩峯曰：“此徹骨語也。”自東廓沒，江右學者皆以先生爲歸；東至岱宗，南至祝融，夜半登山頂而觀日焉。幾冰剩雪，拄杖鏗爾；陽明所謂淸福者，懸記之矣。先生於師門之旨，身體精研，曰：“中，知之不倚於覩聞也；敬，知之無怠者也；誠，知之無妄者也；靜，知之無欲者也；寂，知之無思爲者也；仁，知之生生與物同體者也：各指所之，而皆指夫知之良也，致知焉盡矣。”由先生言之，則陽明之學，仍是不異於宋儒也；故先生之傳兩峯也，謂宋學門戶，謹守繩墨，兩峯有之。其一時講席之盛，皆非先生所深契。嘗謂師泉曰：“海內講學而實踐者有人，足爲人師者有人，而求得先師之學，未一人見。”蓋意在斯乎！意在斯乎！

劉秉監，字遵教，號印山。三五同邑人也。河南之俗，惑鬼多淫祠。先生爲文諭之曰：“災祥在德，淫鬼焉能禍福？”於是毀境內淫祠以千數。已而就逮，寓書其僚長曰：“淫祠傷害民俗，風教者之責；監以禍行，奸人惑衆，必爲報應之說，非明府力持，鮮不動搖。”其守正不撓如此。先生初學於甘泉，而尤篤志於陽明。講學之會，匹馬奚童，往來山谷之間，約儉如寒士。母夫人勞之曰：“兒孝且弟，何必講學？”先生對曰：“人見其外，未見其內；將永吾貞，不敢不學。”沒時年未五十。

王釗，字子懋，號柳川，安成人。始受學梅源、東廓，既學於文成。嘗爲諸生，棄之；栖栖於山顛水涯寂寞之鄉，以求所謂身心性命。蓋三十年未嘗不一日勤懇於心，善不善之在友朋，無異於己；逆耳之言，時施於廣座。人但見其惻怛，不以爲怨。皆曰：“今之講學，不空談者，柳川也！”時有康南村者，性耿介，善善惡惡，與人不諱；嘗酌古禮爲圖，摭善行爲規，歲時拄杖，造諸大家之門，家家倒屣以迎。先生視南付如一人。南村貧，先生赤貧，敝衣糲食終其身，非矯也。

## 三五先生洞語

君子不察，率因其質以滋長，而自易其惡之功蓋寡，善學者不易其惡不已也。

君子以歲月爲貴，譬如爲山，德日崇也；苟爲罔修，奚貴焉？况積過者耶？

惟待其身者小故可苟，惟自任者不重故逸。

不善之聞，懲創之益少，而潛損者多；故言人不善，自損也，又聽者損。

動有掩護，非德之宜，好名者也，故好名者心勞。

### 晚程記

境寂我寂，已落一層。

閱時事而傷神，徐自察之。嫉之也，非矜之也；矜之仁，嫉之偏。

### 劉梅源先生

劉曉，字伯光，號梅源，安福人。集同志爲惜陰會，吉安之多學者，先生爲之五丁也。先生下語無有枝葉，嘗誦少陵“語不驚人死不休”之句，歎曰：“可惜枉費心力！不當云‘學不聖人死不休’耶？”

## 劉晴川先生

劉魁，字煥吾，號晴川，泰和人。先生受學於陽明，卒業東廓；以直節著名，而陶融於學問。李脈泉言在鈞州與先生同僚一年，未嘗見其疾言遽色。門人尤熙，問爲學之要。曰：“在立誠。”每舉陽明遺事以淑門人。言：“陽明轉人輕快。一友與人訟，來問是非。陽明曰：‘待汝數日後心平氣和，當爲汝說。’後數日，其人曰：‘弟子此時心平氣和，願賜教。’陽明曰：‘既是心平氣和了，又教甚麼？’朋友在書院投壺，陽明過之，呼曰：‘休離了根。’問陽明言動氣象，先生曰：‘只是常人。’黃德良說：‘陽明學問，初亦未成片段；因從遊者衆，夾持起，歇不得，所以成就如此’。”有舉似先生者。曰：“也是如此，朋友之益甚大。”

## 黃洛村先生

黃弘綱，字正之，號洛村，江西雩縣人。從陽明於虔臺。陽明教法，士子初至者，先令高第弟子教之而後與之語。先生列於高第。陽明歸越，先生不離者四五年。陽明卒，居守其家。士子有所請質，先生不遽發言，瞠視注聽，待其意盡詞畢，徐以一二言中其竅會，莫不融然。四十年五月二十八日卒，年七十。先生之學再變，始者持守甚堅，其後以不致纖毫之力，一順自然爲主。其生平厚於自信而薄迎合，長於持重而短機械，蓋望而知其爲有道者也。陽明之“良知”，原卽周子“誠一無僞”之本體；然其與學者言，多在發用上，要人從知是知非處轉個路頭，此方便法門也。而及門之承其說者，遂以意念之善者爲良知。先生曰：“以意念之善爲良知，終非天然自有之良；知爲有意之知，覺爲有意之覺，胎骨未淨，卒成凡體。”於是而知陽明有善有惡之意，知善知惡之知，皆非定本；意既有善有惡，則知不得不逐於善惡，只在念起念滅上工夫，一世合不上本體矣。四句教法，先生所不用也。雙江歸寂，先生曰：“寂與感不可一例觀也：有得其本體者，有失其本體者。自得其本禮之寂者言之，雖存之彌久，涵之極深，而淵微之精，未嘗無也；自得其本體之感者言之，雖紛然而至，沓然而來，而應用之妙，未嘗有也。未嘗有，則感也寂在其中矣；未嘗無，則寂也感在其中矣。不覩不聞其體也，戒愼恐懼其功也，皆合寂感而言之者也。”按：雙江之寂，卽先生之所謂本體也；知主靜非動靜之靜，則歸寂非寂感之寂矣。然其間正自有說：自來儒者以未發爲性，已發爲情；其實性情二字，無處可容分析。性之於情，猶理之於氣，非情亦何從見性？故喜怒哀樂，情也；中和，性也。於未發言喜怒哀樂，是明明言未發有情矣；奈何分析性情，則求性者必求之未發，此歸寂之宗所由立也。一時同門與雙江辨者，皆從已發見未發，亦仍是析情於發，析性於未發，其情性不能歸一同也。

## 洛村語錄

往歲讀先師書有惑而未通處，卽反求自心；密察精進，便見自己惑所從來，或是礙著舊聞，或是自己工夫；猶未免在事迹上揣量，文義上比擬，與後儒作用處相似，是以有惑。細玩先師之言，眞是直從本心上發出；非徒聞見知識輪轉，所謂“百世以俟聖人而不惑”者。乃知篤信聖人者，必反求諸已；反求諸已，然後能篤信聖人。故道必深造自得，乃能決古訓之是非，以解蔽辨惑；不然，則相與滋惑也已！

先師之學，雖頓悟於居常之日；而歷艱備險，動必忍性，積之歲月，驗諸事履，乃始脫然有悟於良知。雖至易至簡，而心則獨苦矣。何學者聞之之易而信之之難耶？

# 何善山先生

何廷仁，字性之，號善山，初名秦，江西雩縣人。知新會縣，喜曰：“吾雖不及白沙之門，幸在其鄉，敢以俗吏臨其子弟耶？”釋菜於祠而後視事。三十年卒，年六十六，初聞陽明講學，慨然曰：“吾恨不得爲白沙弟子！今又可失之耶？”相見陽明於南康。當是時，學人聚會南贛，而陽明師旅旁午，希臨講席，先生卽與中離、藥湖諸子接引來學。先生心誠氣和，不厭縷覼，由是學者益親。已從陽明至越，先生接引越中，一如南贛。陽明歿後，與同志會於南都，諸生往來者恆數百人。故一時爲之語曰：“浙有錢王，江有何黃。”指緒山、龍溪、洛村與先生也。先生論學，務爲平實，使學者有所持循。嘗曰：“吾人須從起端發念處察識；於此有得，思過半矣。”又曰：“知過卽是‘良知’，改過卽是本體。”又曰：“聖人所謂無意無情者，非眞無也；不起私意，自無留意留情耳。若果無意，孰從而誠？若果無情，孰從而精？”或謂：“求之於心，全無所得；日用云爲，茫無定守。”先生曰：“夫‘良知’在人爲易曉，誠不在於過求也；如知無所得、無所定守卽‘良知’也。就於知無所得者安心以爲無得，知無定守者安心以守之，斯豈非入門下手之實功乎？況心性旣無形聲，何從而得？旣無定體，何從而守？但知無所得，卽有所悟矣；知無定守，卽有定主矣！”其言不爲過高如此。故聞談學消涉元遠，輒搖手戒曰：“先生之言，無是無是！”南都一時之論，謂：“工夫只在心上用，纔涉意便已落第二義。故爲善去惡工夫，非師門最上乘之教也。”先生曰：“師稱無善無惡者，指心之應感無迹，過而不留，天然至善之體也。心之應感謂之意，有善有惡，物而不化，著於有矣。故曰：‘意之動。’若以心爲無，以意爲有，是分心意爲二見；離用以求體，非合內外之道矣”。乃作《格物說》以示來學，使之爲善去惡實地用功，斯之謂“致良知”也。

## 陳明水先生

陳九川，字惟濬，號明水，臨川人也。周流講學，名山如台宕羅浮九華匡廬，無不至也。晚而失聽，書扎論學不休；一時講學諸公，謂明水辯駁甚嚴，令人無躲避處。嘉靖四十一年八月卒，年六十九。先生自請告入虔師陽明，即自焚其著書；後凡再見，竟所未聞。陽明歿，往拜其墓，復經理其家。先生自敍，謂："自服先師致知之訓，中間凡三起意見，三易工夫，而莫得其宗。始從念慮上長善消惡，以視求之於事物者要矣；久之自謂淪往支流，輪迴善惡。復從無善無惡處認取本性，以爲不落念慮，直悟本體矣；既已復覺其空倚見悟，未化渣滓。復就中恆致廓清之功，使善惡俱化，無一毫將迎意必之翳；若見全體炯然，炳於幾先。千思百慮，皆從此出；即意無不誠，發無不中，纔是無善無惡實功。從大本上致知，乃是知幾之學。自謂此是聖門絕四正派，應悟入先師致知宗旨矣。及後入越，就正龍溪，始覺見悟成象，怳然自失；歸而求之，畢見差謬。却將誠意看作效驗，與格物分作兩截；反若欲誠其意者在先正其心，與師訓聖經矛盾倒亂，應酬知解，兩不凑泊。始自愧心汗背，盡掃平日一種精思妙解之見，從獨知幾微處嚴謹緝熙，工夫纔得實落。於應感處，若得個眞幾，即遷善改過，俱入精微，方見得'良知'體物而不可遺，格物是致知之實；日用之間，都是此體，充塞貫通，無有間礙。致字工夫，儘無窮盡，即無善無惡非虛也，遷善改過非麤也。始信'致知'二字，即此立本，即此達用，即此川流，即此敦化，即此成務，即此入神：更無本末精麤內外先後之間。證之古本序中，句句脗合，而今而後，庶幾可以弗畔矣！"按：陽明以"致良知"爲宗旨，門人漸失其傳；總以未發之中，認作已發之和，故工夫只在致知上。甚之而輕浮淺露，待其善惡之形而爲克治之事，已不勝其艱難雜糅矣！故雙江、念菴以歸寂救之，自是延平一路上人。先生則合寂感爲一，寂在感中，即感之本體；感在寂中，即寂之妙用。陽明所謂未發時驚天動地，已發時寂天寞地，其義一也。故其謂雙江曰："吾丈胸次廣大，蕩蕩淵淵；十年之前，却爲蟄龍、屈蠖二蟲在中作祟。久欲竊效砭箴，愧非國手。今賴吾丈精采仙方，密鍊丹餌，將使凡胎盡化，二蟲不知所之矣"。是先生與偏力於致知者，大相逕庭。顧念菴銘其墓猶云："良知卽未發之中無分於動靜者也"。指感應於酬酢之跡，而不於未發之中；恐於致良知，微有未盡。是未契先生之宗旨也。

### 明水論學書

夫逐事省克，而不灼見本體流行之自然；則雖飭身勵行，不足以言天德，固矣。然遂以窒慾懲忿爲下乘，遷善改過爲妄萌；使初學之士，驟窺影響者，皆欲言下了當，自立無過之境。乃徒安其偏質，便其故習，而自以爲率性從心；却使良知之精微緊切，知是知非，所藉以明而誠之者，反蔑視不足輕重。而遂非長過，蕩然忘返，其流弊豈但如舊時支離之習哉！

## 魏水洲先生 魏師伊先生 魏藥湖先生

魏良弼，字師說，號水洲，南昌新建人。先生居鄉，情味眞至；鄉人見先生有所告誡，退輒稱其識以教家人。其偶然者流爲方語，而深切者垂爲法言。曰："魏水洲云云，不可易也。"疾痛則問藥，旱潦則間救；先生因而付之，各畢所願，閭里頓化，爭訟亦息。稻初登果未落，家有老人，不敢嘗，必以奉先生，其爲鄉里所親敬如此。先生兄弟，皆於陽明撫豫時受學，故以"致良知"自明而誠，知微以顯；天地萬物之情與我之情，自相應照，能使天回象，君父易慮，士大夫永思。至愚夫孺子，亦徵於寤寐。何者？不慮之知，達之天下，智愚疎戚，萬有不同，孰無良焉？此所以不戒而孚也。歿之日，詔其子孫曰："予平生仗忠信，皇天鑒不得已之言，后土憐欲速朽之骨；陵谷有變，人心無改，不必銘誌。"萬曆乙亥卒，年八十有四。弟良政、良器；良政，字師伊。燕居無墮容，嘗曰："學問頭腦既明，惟專一得之；氣專則靜，精專則明，神專則靈。"又曰："不尤人，何人不可處？不累事何事不可爲？"水洲言："吾夢中見師伊輒流汗浹背。"其方嚴如此。

良器，字師顏，號藥湖。洪都從學之後，隨陽明至越。時龍溪爲諸生，落魄不羈，每見方巾中衣往來講學者竊罵之；居與陽明鄰，不見也。先生多方誘之。一日先生與同門友投壺雅歌，龍溪過而見之，曰："腐儒亦爲是耶！"先生答曰；"吾等爲學，未嘗擔板，汝自不知耳。"龍溪於是稍相嫟就。已而有味乎其言，遂北面陽明。緒山臨事多滯，則戒之曰："心何不灑脫？"龍溪工夫懶散，則戒之曰："心何不嚴慄？"其不爲姑息如此。嘗與龍溪同行遇雨，先生手蓋，龍溪不得已亦手蓋而有怍容；顧先生自如，乃始惕然。陽明有內喪，先生龍溪司庫，不厭煩縟。陽明曰："二子可謂'執事敬'矣！"歸主白鹿洞，生徒數百人，皆知宗王門之學。卒，年四十二。先生云："理無定在，心之所安卽是理；孝無定法，親之所安卽是孝。"龍溪與先生最稱莫逆。然龍溪之元遠，不如先生之淺近也。

## 王塘南先生

王時槐，字子植號塘南。吉之安福人。乙巳十月八日卒，年八十四。先生弱冠，師事同邑劉兩峯刻意爲學；仕而求質於四方之言學者，未之或怠終不敢自以爲得。五十，罷官，屏絕外務，反躬密體。如是三年，有見於空寂之體；又十年，漸悟生生眞機，無有停息。不從念慮起滅學從收斂而入，方能入微；故以透性爲宗，研幾爲要。陽明沒後，“致良知”一語，學者不深究其旨，多以情識承當；見諸行事，殊不得力。雙江、念菴，舉未發以究其弊；中流一壺，王學賴以不墜，然終不免頭上安頭。先生謂：“知者，先天之發竅也；謂之發竅，則已屬後天矣。雖屬後天，而形氣不足以干之。故知之一字，內不倚於空寂，外不墮於形氣。此孔門之所謂中也。”言“良知”者未有如此諦當。

## 論學書

靜中欲根起滅不斷者，是志之不立也。凡人志有所事，則雜念自息：如人好聲色者，當其豔冶奪心之時，豈復有他念乎？如人畏死亡者，當其刀鋸逼體之時，豈復有他念乎？學無分於動靜者也，特以初學之士，紛擾日久，本心眞機，盡汩沒蒙敝於塵埃中。是以先覺立教，欲人於初下手時，暫省外事；稍息塵緣，於靜坐中默識自心眞而目，久之邪障徹而靈光露。靜固如是，動亦如是。到此時終日應事接物，周旋於人情事變中而不捨，與靜坐一體無二，此定靜之所以先於能慮也。豈謂終身滅倫絕物，塊然枯坐，徒守頑空冷靜，以爲究竟哉？

吾輩學不加進，正爲不識眞宰；是以雖曰爲學，然未免依傍道理，只在世俗眼目上做得個無大破綻之人而止耳。

所舉佛家以默照爲非，而謂“廣額屠兒立地成佛”等語；此皆近世交朋，自不肯痛下苦功，眞修實證，乞人殘羹剩汁以自活者也。彼禪家語，蓋亦有爲而發，彼見有等專內趨寂，死其心而不知活者，不得已發此言以救弊耳。今以紛紛擾擾嗜慾之心，全不用功，却不許其靜坐；即欲以現在嗜慾之心，立地成佛，且稱塵勞爲如來種以文飾之。此等毒藥，陷人於死！

學無多説，若眞有志者，但自覺此中勞攘，不得不靜坐以體察之，便須靜坐；或自覺人倫事物上欠實修，不得不於動中著力，便須事上練習。此處原無定方。

所諭欲根盤結，理原於性，是有根者也，欲生於染，是無根者也。惟理有根，故雖戕賊之久，而竟不可泯，惟欲無根，故雖習染之深，而究不能滅性也。使欲果有根，則是欲亦原於天性，人力豈能克去之哉？吾輩無一刻無習氣，但以覺性爲主，時時照察之，則習氣之面目，亦無一刻不自見得。既能時時刻刻見得習氣，則必不爲習氣所奪。蓋凡可睹聞者，皆習氣也；情欲意見，又習氣之麤者也。

白手起家，勿在他人脚跟下湊泊。

見其大則心泰，必眞悟此心之彌六合而無邊際，貫萬古而無始終，然後謂之見大也。既見大，且無生死之可言，又何順逆窮通之足介意乎？

問知行之辨。曰：“本心之眞明，即知也；本心之眞明貫徹於念慮事爲，無少昏蔽。即行也。知者體，行者用，非可離爲二也。”

學者以任情爲率性，以媚世爲與物同體，以破戒爲不好名，以不事檢束爲孔顔樂地，以虚見爲超悟，以無所用恥爲不動心，以放其心而不求爲未嘗致纖毫之力者多矣。可歎哉！

## 鄧定宇先生

鄧以讚，字汝德，號定宇，南昌新建人。先生澄神內照，洞徹性靈。與龍溪言：“學問須求自得，天也不做他，地也不做他，聖人也不做他。”陽和謂：“所言駭世人之聽。”謂：“陽明知是知非爲‘良知’，特是權論；夫知是知非，不落於是非者也，發而有是有非，吾從而知之。謂之曰無是無非，澄然在中，而不可不謂之知是知非，見是知之體也。猶之好好色惡惡臭，好惡之體，何嘗落於色臭哉？”在陽明實非權論，後來學者多在用處求；辨之於有是有非之中，多不得力。先生墮其義，不可謂非藥石也。先生私淑陽明之門人，龍溪陽和其最也。

## 定宇語錄

學問從身心上尋求；縱千差萬錯，走來走去，及至水窮山盡，終要到這路上來。

學問只在向內，不論朝市山林，皆須正已物正，不然，而徒陪奉世情，愈周密，俞散漫，到頭終不得力。

## 論學書

古之哲人，置心一處；然率以數十年而解，其難也如是。籍以生滅之心，猥希妙悟，誰誑乎？

## 陳蒙山先生

陳嘉謨，字世顯，號蒙山，廬陵人。以學未大明，非息機忘世，無以深造遂乞休。癸卯，年八十三卒。少讀書西塔，值劉兩峯在焉，卽師事之；間以其說語塘南，塘南心動亦往師之。一時同志鄒光祖、敖宗濂、王時松、劉爾松輩十有七人，共學兩峯之門。螺川人士始知有學，先生倡之也。歸田後爲會青原，與塘南相印正；慨然士習之卑陋，時舉江門名節藩籬之語以振作之。凡來及門者，先生曰："學非一家之私也；有塘南在，賢輩盍往師之。"其忘人我如此。

### 蒙山論學書

苦修後悟，方是眞悟；了悟後修，方是眞修。

此學尋求到四面迫塞，無路可行，方漸漸有眞實路頭出，此路須是自己尋出，不是自己尋出的。辟如畫圖上看山川，照他路徑行不得。

## 劉瀘瀟先生

劉元卿，字調父，號瀘瀟，吉之安福人。萬歷甲戌不第，遂謝公車，遊學於蘭谿、徐魯源、黃安、耿天臺。聞天臺"生生不容已"之旨，欣然自信曰："孟子不云乎：'四端充之，足保四海。'吾方幸泉不流也而故遏之，火不然也而故滅之；彼滅與遏者二氏之流，吾所不忍。"先生惡釋氏，卽平生所最信服者天臺、塘南亦不輕相附和。故言："天地之間，無往非神；神凝則生，雖形質藐然，而其所以生者已具。神盡則死，雖形體如故，而其所以生者已亡。然而統體之神，則萬古長存，原不斷滅；各具之殘魂舊魄，竟歸烏有。此卽張橫渠'水漚聚散'之說，核而論之，統體之神，與各具之神，一而已矣；舍各具之外，毋所謂統體也。其生生不息自一本而萬殊者，寗有聚散之可言？夫苟了當其生生不息之原，自然與乾元合體，醉生夢死；卽其生時，神已不存，況死而能不散乎？故佛氏之必有輪迴，與儒者之賢愚同盡，皆不可言於天人之際者也。"

# 萬思默先生

萬延言，字以忠，號思默，南昌之東溪人。罷官歸，杜門三十餘年，匿跡韜光，研幾極深。念菴之學，得先生而傳。先生自序爲學云："弱冠卽知收拾此心，甚苦思強難息；一意靜坐，稍覺此中恰好有個自歇處。如猿猫得宿，漸可柔馴，頗爲自喜。"一日讀《易》石蓮洞。至"良思不出位"，恍有契證；請於念菴師，師甚肯之。

## 萬思默約語

誠意功夫，只好惡不自欺其知耳；要不自欺其知，依舊在知上討分曉。故曰"必愼其獨"。獨是知體靈然不昧處，雖絕無聲臭，然是非一些瞞他不得。自寂然自照，不與物對，故謂之獨，須此處奉爲嚴君。一好一惡，皆敬依著他，方是愼。

小人一節，或云自欺之蔽；不然，此正見他不受欺。人欺蔽他不得，所以可畏，不容不愼；蓋此中全是天命至精，人爲一毫汙染不上。縱如何欺蔽，必要出頭。緣他從大得來純清絕點，萬古獨眞，誰欺得他？所以小人見君子，便厭然欲揜其不善，便肺肝如見；此厭此見，豈小人所欲，正是他實有此件在中，務穿過諸不善欺瞞處，由不得小人，必要形將出来，决不肯與不善共住，故謂之誠。誠則必形，所以至嚴可畏；意從比動，方謂之誠意，故君子必愼其獨。若是由人欺蔽得，何嚴之有？

## 胡廬山先生

胡直，字正甫，號廬山，吉之泰和人。萬歷乙酉五月卒官，年六十九。先生少駘蕩好攻古文詞；年二十六，始從歐陽文莊問學，即語以道藝之辨。先生疾惡甚嚴。文莊曰："人孰不好惡人；何以能好能惡？歸之仁者，蓋不得其本心，則好惡反爲所累；一切忿忿不平，是先已失仁體而墮於惡矣。"先生聞之，憮然汗背。年三十，復從學羅文恭，文恭教以靜坐；及其入蜀，文恭謂之曰："正甫所言者，見也，非實也；自朝至暮，不漫不執，無一刻之暇，而時時覿體，是之謂實。知有餘而行不足，常若有歉於中，而絲毫不盡，是之謂見。"歸蜀以後，先生之淺深，文恭不及見矣。先生著書，專明學的大意，以理在心，不在天地萬物，疏通文成之旨。夫所謂理者，氣之流行而不失其則者也，太虛中無處非氣，則亦無處非理。孟子言"萬物皆備於我"。言我與天地萬物一氣流通，無有礙隔；故人心之理，即天地萬物之理，非二也。若有我之私未去，脱落形骸，則不能備萬物矣；不能備萬物，而徒向萬物求理，與我了無干涉。故曰："理在心不在天地萬物。"非謂天地萬物竟無理也。先生謂吾心者所以造天地萬物者也，匪是則黝沒荒忽，而天地萬物熄矣。故鳶之飛，魚之躍，雖曰無心，然不過爲形氣駈之使然，非鳶魚能一一循乎道也。此與文成一氣相通之旨，不能相似矣。

## 鄒南臯先生

鄒元標，字爾瞻，別號南臯，豫之吉水人。江陵奪情，先生言："伏讀聖諭，'朕學尚未成，志尚未定；先生而去，墮其前功。'夫帝王以仁義爲學，繼述爲志；居正道之功利，則學非其學，忘親不孝，則志非其志皇上而學之志之，其流害有不可勝言者。亦幸而皇上之學未成志未定，猶可得儒者而救其未然也。"懷疏入長安門，值吳趙、艾沈以論奪情受杖；先生視其杖畢，出疏以授寺人。寺人不肯接，曰："汝豈不怕死，得無妄有所論乎？"先生曰："此告假本也。"始收之。有旨材八十，戍貴州都勻衛，罷官家居。建仁文書院，聚徒講學。先生言："先正云：'本分之外，不加毫末。人生聞道，始知本分內事；不聞道則所謂本分者未知果是本分當否也'。天下治亂，係於人心，人心邪正，係於學術；法度風俗，刑清罰省，進賢退不肖，舍明學則其道無由。湛湛晴空，鳶自飛，魚自躍，天自高，地自下，無一物不備，亦無一事可少。琳宮會館，開目如林；唄語新聲，拂耳如雷。豈獨礙此嘐嘐則古昔談先王之壇坫耶？臣弱冠從諸長者遊，一登講堂此心戚戚；既謝交游，獨處深山者三年。嗣入夜郎兀坐深箐者六年，浮沉南北，棲遲田畝，又三十餘年。賴有此學，死生患難，未嘗隕志。若只以臣等講學，惟宜放棄斥逐之，日以此澆其磊塊、消其抑鬱無聊之氣；則'如切如磋'道學之語，端爲濟窮救苦良方，非盡性至命玅理。亦視斯道太輕，視諸林下臣太淺矣！人生墮地，高者自訓詁帖恬外，別無功課，自青紫榮名外，別無意趣。惡聞講學也，實繁有徒。蓋不知不聞道，卽位極人臣，勳勒旂常，了不得本分事；生是虛生，死是虛死。朽骨青山，黃鳥數聲，不知天與昭昭者飄泊何所？此臣所以束髮至老，不敢退墮自甘者也。前二十年，東林諸臣，有文有行，九原已往，惟是在昔朝貴，自歧意見，一唱衆和，幾付清流。懲前覆轍，不在臣等。"先生自序爲學曰："年少氣盛時，妄從光影中窺瞯，自以爲覺矣；不知意氣用事，去道何啻霄壤！"先生之學，以識心體爲入手，以行恕於人倫事物之間與愚夫愚婦同體爲功夫，以不起意空空爲極致，離達道無所謂大本，離和無所謂中：故先生於禪學，亦所不諱。求見本體，卽是佛氏之本來面目也。其所謂恕，亦非孔門之恕，乃佛氏之事事無礙也。佛氏之作用是性，則離達道無大本之謂矣。然先生卽摧剛爲柔，融嚴毅方正之氣，而與世推移。其一規一矩，必合當然之天則；而介然有所不可者，仍是儒家本色，不從佛氏來也。

## 會語

學者有志於道，須要鐵石心腸；人生百年轉盼耳，貴乎自立。

後生不信學，有三病：一曰耽閣舉業，不知學問事，如以萬金商做賣菜傭；二曰講學人多迂闊無才，不知眞才從講學中出，性根靈透，遇大事如湛盧刈薪；三曰講學人多假，不知眞從假中出。彼旣假矣，我棄其眞，是因噎廢食也。

馬上最好用功，不可放過；若待到家休息，便是馳逐。老成持重，與持位保祿相似；收斂定靜，與躲閒避事相似；謙和遜順，與柔媚諧俗相似。中間間不容髮，非研幾者，鮮不自害害人。

人只說要收斂，須自有個頭腦。終日說話，終日幹事，是眞收斂；不然，終日兀坐，絕人逃世，究竟忙迫。

橫逆之來，愚者以爲遭辱，智者以爲拜賜；毀言之集，不肖以爲罪府，賢者以爲福地；小人相處，矜已者以爲荊棘，取人者以爲砥礪。

私慮不了，私欲不斷，畢竟是未曾靜，未有入處。心迷則天理爲人欲，心悟則人欲爲天理。

有因持志入者，如識仁則氣自定；有由養氣入者，如氣定則神自凝。又有由交養入者，如白沙詩云：“時時心氣要調停，心氣功夫一體成；莫道求心不求氣，須教心氣兩和平”。此是先輩用過苦功語。除知無獨，除自知無愼獨。

## 文集

吾輩動輒以天下國家自任，貧子說金，其誰信之？古人云：“了得吾身，方能了得天地萬物；吾身未了，縱了得天地萬物，亦只是五霸路上人物。”自今以往，直當徹髓做去；有一毫病痛，必自照自磨，如拔眼前之釘。時時刻刻，始無媿心。

吾輩無論出處，各各有事；肯沉埋仕途便沉埋，不肯沉埋，卽在十八重幽暗中，亦自驤首青霄。世豈有錮得人？人自無志耳！

# 羅匡湖先生

羅大紘，字公廓，號匡湖。吉之安福人。先生學於徐魯源，林下與南皋講學。南皋謂先生：“敏而善入。衆人所卻步躊躇四顧者，先生提刀直入；衆人經數年始入者，先生先闖其奧。然觀其所得，破除默照；以爲一念旣滯，五官俱墮，於江右先正之脈，又一轉矣！”

## 蘭舟雜述

習俗移人，非求友不能變，一家有一家氣習，非友一鄉之善士，必不能超一家之習；推之一國天下皆然，至於友天下盡矣。然一朝又有一朝之氣習，非尚友千古，不可以脱一世之習。此孟子所以超脱於戰國風習之外也。

仁本與萬物同體，只爲人自生分別，所以小了。古人“天下一家，中國一家”，非意之也，其心量原自如此。今處中國，只争箇江西，江西又争箇吉安，吉安又争箇安福，安福又争箇某房，某房又爭箇某祖父位下，某祖父位下又只爭我一人；終生營營，不出一身一家之內，此豈不是自小乎？故善學者，愈充之則愈大；不善學者，愈分之而愈小。

## 宋望之先生

宋儀望，字望之，吉之永豐人。卒年六十五。先生從學於聶貞襄，聞“良知”之旨，時方議從祀陽明，而論不歸一，因著《或問》以解時人之惑。其論河東、白沙，亦未有如先生之親切者也。

## 鄧潛谷先生

鄧元錫，字汝極，號潛谷，江西南城人。年十三，從黃在川學，喜觀經史；人以爲不利舉業，在川曰：“譬之豢龍，隨其所嗜，豈必膏粱耶？”年十七，卽能行社倉法以惠其鄉人。聞羅近溪講學，從之遊；繼往吉州，謁諸老先生，求明此學，遂欲棄舉子業。就學於鄒東廓、劉三五，得其旨要。居家著述，成《五經繹函史》。以七月十四日卒於墓所，年六十六。時心宗盛行。謂學惟無覺，一覺無餘蘊；九思九容四朝六藝，桎梏也。先生謂：“九容不修，是無身也；九思不慎，是無心也。”每日晨起，令學者靜坐，收攝放心；至食時，次第問當下心體語畢，各因所至爲覺悟之。

## 章本清先生

章潢，字本清，南昌人。幼而穎悟，張本山出“趨庭孔鯉曾從詩禮之傳”句，卽對“《大學》曾參獨得明新之旨”。十三歲，見鄉人負債縲絏者惻然，爲之代償。有問先生近日談經不似前日之煩者，先生曰：“昔讀書如以物磨鏡，磨久而鏡得明；今讀書如以鏡照物，鏡明而物自見。”搆洗堂於東湖，聚徒講學，聘主白鹿洞書院。甲午，廬陵會講，有問：“學以何爲宗？”曰：“學要明善誠身，只與人爲善便是宗。”又問：“善各不齊，安能歸併一路？”曰“繼善成性，此是極歸一處；明善明此也，如主敬窮理致良知言各不同，皆求明性善之功。豈必專執一說然後爲所宗耶？”又問：“會友如何得力？”曰：“將我這個身子，公共放在大爐冶中；煆煉其習氣，銷鎔其勝心，何等得力？”入青原山，王塘南曰：“禪宗欲超生死何如？”曰：”孔子朝聞夕死，周子原始反終；大意終始皆無，便是儒者超生死處。”鄒南臯曰：“今之學者，不能超脫生死，皆緣念上起念，各有牽絆，豈能如孔子之‘毋意必固我？’。”曰：“‘意必固我’，衆人之通患；‘毋意必固我’，賢者之實功。孔子則並此禁止而絕之矣。”

# 九　南中王門學案

南中之名王氏學者，陽明在時，王心齋、黃五岳、朱得之、戚南玄、周道通、馮南江其著也；陽明歿後，緒山龍谿，所在講學。於是涇縣有水西會，甯國有同善會，江陰有君山會，貴池有光岳會，太平有九龍會，廣德有復初會，江北有南譙精舍，新安有程氏世廟會，泰州復有心齋講堂：幾乎比户可封矣！而又東廓、南野、善山先後官留都，興起者甚衆，略載其論學語於後；其無語録可考見者附此。戚賢，字秀夫，號南玄，江北之全椒人。陽明在滁州，南玄以諸生旅見，未知信向；其後爲歸安令，讀《論學》諸書，始契於心，遂通書受學，爲會於安定書院。語學者："千聖之學，不外於心；惟梏於意見，蔽於嗜欲，始有所失。一念自反，即得本心。"在京師會中有談二氏者，即正色阻之。龍谿偶舉"黄葉止兒啼"公案，南玄勃然曰："君是吾黨宗盟，一言假借，便爲害不淺。"龍谿爲之愧謝。南玄談學，不離"良知"，而意氣激昂，足以發之。馮恩，字子仁，號南江，華亭人。陽明征思田，南江以行人使其軍，因束脩爲弟子；擢爲南道御史，劾都御史汪鋐大學士張孚敬。下詔獄會審，鋐執筆，南江立而庭辯，論死。其後減戍赦歸。貢安國，字元略，號受軒，宣州人。師南野、龍谿，主水西同善之會。緒山與之書曰："昔人言'鴛鴦繡出從君看，莫把金鍼度與人'。吾黨金鍼，是前人所傳；實未繡得鴛鴦，即曉曉然空持金鍼，欲以度人。人不見鴛鴦而見金鍼，非徒使之不信，併願繡鴛鴦之心，亦阻之矣。"後官山東莒州守，講學於志學書院。查鐸，字子警，號毅齋，涇縣人。習於龍、谿緒山謂："'良知'簡易直截，其他宗旨，無出於是。不執於見即曰虚，不染於欲即曰寂，不累於物即曰樂；無有無無，始終無階級。俛焉日有孳孳，終其身而已。"沈寵，字思畏，號古林，宣城人。師事受軒。受軒學於南野、龍谿而返，謂古林曰："王門之學在南畿，盍往從之？"於是古林又師南野、龍谿。在閩建崇正書院，在蘄黄建崇正書院，近溪立開元之會於宣州，古林與梅宛溪主其席。疾革，有問其："胸次如何？”曰：“已無物矣！”宛溪名守德，字純甫。其守紹興時，重修陽明講堂，延龍溪主之。式秘圖楊珂之閭，非俗吏也。蕭念，號念渠，涇縣人。師事緒山，蕭良幹，字以甯，號拙齋。師緒山、龍溪。水西講學之盛，蕭氏之力也。戚袞，字補之，號竹坡，宣城人。初及東廓、南野之門，已受業龍溪。龍溪語之曰：“所謂志者，以其不可奪也；至於意氣，則有時而衰。‘良知’者不學不慮，自然之明覺，無欲之體也。吾人不能純於無欲，故有致知之功；學也者，復其不學之體也，慮也者，復其不慮之體也。故學雖博而守則約，慮雖百而致則一，非有假於外也，若聞測識之知，從門而入，非良知之本然矣。吾人謹於步趨，循守方圓，謂之典要；致知之學，變動周流，惟變所適。蓋規矩在我，而方圓自不可勝用，此實毫釐之辯也。”竹坡往來出入，就正於師友者凡七八年；於是始知意氣不可以爲志，聞識不可以爲知，格式不可以爲守。志益定，業益精，其及人益廣也。張棨，字士儀，號本靜，涇縣人。南野爲司成，因往從之，累年不歸；繼從東廓、緒山、龍溪，歸而聚徒講學。以收斂精神爲切要，以對景磨瑩爲實功，以萬物一體爲志願；意氣眉睫之間，能轉移人心。章時鸞，號孟泉，青陽人。學於東廓。程大賓，字汝見，號心泉，歙人。受學緒山。緒山謂之曰：“古人學問，不離七情中用功，而病痛亦多由七情中作。”程默，字子木，休甯人。負笈千里，從學陽明；疾革，指六經謂其子曰：“當從此中尋我，莫視爲陳言也。”鄭燭，字景明，歙人。及東廓之門，人見其衣冠質朴，以爲率眞者，曰：“率眞未易言，先須識眞耳。”姚汝循，字敍卿，號鳳麓，南京人。近溪嘗論明德之學，鳳麓舉鑑說云：“德猶鑑也；匪翳弗昏，匪磨弗明。”近溪笑曰：“明德無體，非喻所及；且公一人耳，爲鑑爲翳，復爲磨者可乎？”聞之遂有省，浸浸寤入。有妄子以陽明爲詬病，鳳麓曰：“何病？”曰：“惡其‘良知’之說也。”曰：“世以聖人爲天授，不可學久矣；自‘良知’之説出，乃知人人固有之；卽庸夫小童，皆可反求以入道。此萬世功也，子曷病？”殷邁，字時訓，號湫溟，留守衛人。與何善山遊，與聞緒言。所著有《懲忿窒慾編》。姜寶，字延善，丹陽人。受業荊川之門。

## 黄五岳先生

黄省曾，字勉之，號五岳，蘇州人也。少好古文辭，通《爾雅》，爲王濟之、楊君謙所知，喬白岩參贊南都，聘纂《遊山記》。李空同就醫京口，先生問疾，空同以全集授之。陽明講道於越，先生執贄爲弟子。時四方從學者衆，每晨班坐，次第請疑；問至卽答，無不圓。中先生一日徹領，汗洽重襟謂：“門人咸隆頌陟聖，而不知公方塵理過，恆視坎途；門人擬滯度迹，而不知公隨新酬應，了無定景。”作《會稽問道錄》十卷。東廓、南野、心齋、龍溪，皆相視而莫逆也。陽明以先生筆雄見朗，欲以《王氏論語》屬之，出山不果，未幾母死，先生亦卒。錢牧齋抵轢空同，謂先生傾心北學，識者哂之；先生雖與空同上下其論，然文體竟自成一家，固未嘗承流接響也，豈可謂之傾心哉？《傳習後錄》有先生所記數十條，當是採之《問道錄》中，往往失陽明之意。然“無如儀秦”一條云：“蘇秦、張儀之智也，是聖人之資；後世事業文章，許多豪傑名家，只是學得儀奏故智儀秦學術，善揣摸人情，無一些不中人肯綮，故其說不能窮；儀秦亦是窺見得‘良知’妙用處，但用之於不善耳。夫‘良知’爲未發之中，本體澄然，而無人僞之雜；其妙用亦是感應之自然，皆天機也。儀秦打入情識窠臼，一往不返，純以人僞爲事；無論用之於不善，卽用之於善，亦是襲取於外，生機槁滅，非‘良知’也。安得謂其末異而本同哉？以情識爲‘良知’，其失陽明之旨甚矣！”

## 周靜菴先生

周衝，存道通，號靜菴，常之宜興人。卒年四十七。陽明講道於虔，先生往受業，繼又從於甘泉。謂：“湛師之‘體認天理’，卽王師之‘致良知’也。”與蔣道林集師說爲《新泉問辨錄》。當時王湛二家門人弟子，未免互相短長，先生獨疏通其旨。故先生死而甘泉歎曰：“道通眞心，聽受以求實益；其異於死守門戶以相訾而不悟者遠矣！”

### 周靜菴論學語

日用功夫，只是立志；然須朋友講習，則此意纔精健闊大，纔有生意。若三五日不得朋友相講，便覺微弱遇事便會困，亦時會忘。今於無朋友相講之時，還只靜坐，或看書，或行動；凡寓目措身，悉取以培養此志，頗覺意思和適。然終不如講學時生意更多也。

## 朱近齋先生

朱得之，字本思，號近齋，直隸靖江人。從學於陽明，所著有《參玄三語》。其學頗近於老氏，蓋學焉而得其性之所近者也。其語尤西川云：“格物之見，雖多自得，未免向爲見聞所梏；雖脫聞見於童習，尚滯聞見於聞學之後，此篤信先師之故也。不若盡滌舊聞，空洞其中；聽其有觸而覺，如此得者尤爲眞實。子夏篤信聖人，曾子反求諸己；途徑堂室，萬世昭然，卽此可以觀其自得矣。”

## 語錄

人生不可不講者，學也；不可暫留者，光陰也。光陰不能暫留，甚爲可惜；學不講自失爲人之機，誠爲可恥。自甘無恥，自不知惜，老至而悔，不可哀乎？孔子曰：“學如不及，猶恐失之。”“朝聞道夕死可矣”！旨哉！

## 尤西川紀聞

近齋言陽明云：“諸友皆數千里外來，人皆謂我有益於朋友，我自覺我取朋友之益爲多。”又云：“我全得朋友講聚，所以此中日覺精明；若一二日無朋友，志氣便覺自滿，便覺一惰之習復生。”又說陽明逢人便與講學，門人疑之。歎曰：“我如今譬如一箇食館相似；有客過此，吃與不吃，都讓他一讓，當有吃者。”

近齋說陽明在南都時，有私怨陽明者，誣奏極其醜詆；始見頗怒，旋自省曰：“此不得放過。”掩卷自反，俟其心平氣和，再展看。又怒，又掩卷自反；久之眞如飄風浮靄，略無芥蔕。是後雖有大毀謗大利害，皆不爲動。嘗告學者曰：“君子之學，務求在己而已；毀譽榮辱之來，非惟不以動其心，且資之以爲切磋砥礪之地。”故君子無入而不自得，正以無入而非學也。

近齋說陽明不自用，善用人。人有一分才，也用了，再不錯，故所向成功。

## 周訥谿先生

周怡，字順之，號訥溪，宣州太平人。隆慶三年十月，卒於家，年六十四。早歲師事東廓龍溪，於《傳習錄》身體而力行之。海內凡名王氏學者，不遠千里，求其印證；不喜爲無實之談，所謂“節義而至於道”者也。

### 尤西川紀聞

訥谿說東廓講學京師，一士人誚之曰：“今之講學者，皆服堯之服、誦堯之言、行桀之行者也。”東廓曰：“如子所言，固亦有之。然未聞服桀之服、誦桀之言而行堯之行者也，如欲得行堯之行者，須於服堯之服、誦堯之言者求之；且不服堯之服，不誦堯之言，又惡在其行堯之行也？”士人愧服。

### 囚對

周子被罪下獄，手有梏，足有鐐，坐臥有榧，日有數人監之。喟然曰：“余今而始知檢也！手有梏則恭，足有鐐則重，臥坐有榧則不敢以妄動，監之衆則不敢以妄言；行有鐐則疾徐有節。余今而始知檢也！”

## 薛方山先生

薛應旂，號方山，武進人。先生爲考功時，寘龍溪於察典，論者以爲逢迎貴溪。其實龍溪言行不掩，先生蓋借龍溪以正學術也。先生嘗及南野之門，而一時諸儒，不許其名王氏學者，以此節也。然東林之學，顧導源於此，豈可沒哉？

## 唐荊川先生

唐順之，字應德，號荊川，武進人也。南倭亂，先生痛憤時艱，指畫方略於當事；當事以知兵薦之，起南部車駕主事，未上，改北部職方員外。先生至京，即陞本司郎中，查勘邊務。繼而視師浙直，以爲禦島寇當在海外。鯨背機宜，豈可懸斷華屋之下？身泛大洋以習海路，敗賊於崇明沙。陞太僕少卿右通政，未上；擢僉都御史，巡撫淮揚。先生方勦三沙賊，江北告急；乃以三沙付總兵盧鏜，而擊賊於江北，敗賊姚家蕩，又敗賊廟灣，幾不能軍。先生復向三沙，賊遁至江北，先生急督兵過江蹙之，賊漸平，會淮揚大祲，賑饑民數十萬；行部至泰州，卒於舟中，庚申四月一日也。年五十四。先生晚年之出，由於分宜，故人多議之。先生固嘗謀之念菴，念菴謂："向嘗隸名仕籍，此身已非己有；當軍旅不得辭難之日，與微士處士論進止，是私此身也。兄之學力安在？"於是遂決。初喜空同詩文，篇篇成誦，下筆即刻畫之。王道思見而歎曰："文章自有'正法眼藏'，奈何襲其皮毛哉！"自此幡然，取道歐曾，得史遷之神理；久之從廣大胸中隨地涌出，無意爲文而文自至。較之道思，尚是有意欲爲好文者也。其著述之大者爲《五編》《儒編》《左編》《右編》《文編》《稗編》是也。先生之學，得之龍溪者爲多，故言於龍溪只少一拜；以天機爲宗，無欲爲工夫，謂此心天機活潑，自寂自感，不容人力，吾惟順此天機而已。障天機者莫如欲。欲根洗淨，機不握而自運矣。成湯周公坐以待旦，高宗恭默三年，孔子不食、不寢、不知肉味；凡求之枯寂之中，如是艱苦者，雖聖人亦自覺此心未能純是天機流行，不得不如此著力也。先生之辨儒釋，言：“儒者於喜怒哀樂之發，未嘗不欲其順而達之；其順而達之也，至於天地萬物，皆吾喜怒哀樂之所融貫。佛者於喜怒哀樂之發，未嘗不欲其逆而銷之；其逆而銷之也，至於天地萬物，澹然無一喜怒哀樂之交。故儒佛分途，只在天機之順逆耳。夫所謂天機者，卽心體之流行不息者是也。佛氏無所往而生其心，何嘗不順？逆與流行，正是相反；旣已流行，則不逆可知。佛氏以喜怒哀樂天地萬物，皆是空中起滅，不礙吾流行，何所用銷？但佛氏之流行，一往不返，有一本而無萬殊，懷山襄陵之水也；儒者之流行，盈科而行，脈絡分明，一本而萬殊，先河後海之水也。其順固未嘗不同也。或言三千威儀，八萬細行，靡不具足，佛氏未嘗不萬殊；然佛氏心體事爲，每分兩截，禪律殊門，不相和會。威儀細行與本體了不相干，亦不可以此比而同之也。”

## 荊川論學語

近來談學，謂認得本體，一超直入，不假階級；竊恐雖中人以上，有所不能，竟成一番議論一番意見而已。天理愈見，則愈見其精微之難致；人欲愈克，則愈見其植根之甚深。彼其易之者，或皆未嘗實下手用力，與用力未嘗懇切者也。

“小心”兩字，誠是學者對病靈藥；細細照察，細細洗滌，使一些私見習氣，不留下種子在心裏，便是小心矣。小心，非矜持把捉之謂也；若以爲矜持把捉，則便與鳶飛魚躍意思相妨矣。江左諸人，任情恣肆，不顧名檢，謂之灑脫；聖賢胸中，一物不礙，亦是灑脫，在辨之而已。兄以爲灑脫與小心相妨耶？惟小心而後能洞見天理流行之實，惟洞見天理流行之實，而後能灑脫，非二致也。

近來學者病痛，本不刻苦搜剔，洗空欲障。以玄妙之語，文夾帶之心；直如空花，竟成自誤。要之與禪家鬭機鋒相似，使豪傑之士，又成一番塗塞；此風在處有之，而號爲學者多處，則此風尤甚。惟默然無說，坐斷言語意見路頭；使學者有窮而反本處，庶幾挽歸眞實力行一路，乃是一帖救急良方。

## 唐凝菴先生

唐鶴徵，字元卿，號凝菴。荊川之子也。萬歷己未，年八十二卒。先生始尚意氣，繼之以園林絲竹，而後泊然歸之道術；其道自九流百氏、天文地理、稗官野史，無不究極，而繼乃歸之莊生《逍遙齊物》，又繼乃歸之湖南之求仁，濂溪之尋樂，而後恍然悟乾元所爲生天地、生人物、生一、生萬、生生不已之理，眞太和奧窔也。物欲不排而自調，世情不除而自盡，聰明才伎之昭灼，勞蹊曲徑之奔馳，不收攝而瑩然無有矣。語其甥孫文介曰："人到生死不亂，方是得手；居常當歸併精神一路，毋令漏洩。"先生言："心性之辨，今古紛然，不明其所自來；故有謂義理之性、氣質之性，有謂義理之心、血氣之心，皆非也。性不過是此氣之極有條理處，舍氣之外，安得有性？心不過五臟之心，舍五臟之外，安得有心？心之妙處在方寸之虛，則性之所宅也。"此數言者，從來言心性者所不及也。乃先生又曰："知天地之間只有一氣，則知乾元之生生皆是此氣。乾元之條理雖無不清，人之受氣於乾元，猶其取水於海也；海水有鹹有淡，或取其一勺，未必鹹淡之兼取，未必鹹淡之適中也。間有取其鹹淡之交而適中，則盡得乾元之條理，而爲聖爲賢無疑也。固謂之性，或取其鹹，或取其淡，則剛柔強弱昏明，萬有不同矣，皆不可不謂之性也。”則此言尚有未瑩：蓋此氣雖有條理，而其往來屈伸，不能無過不及；聖賢得其中氣，常人所受，或得其過，或得其不及，以至萬有不齊。先生既言性是氣之極有條理處，過、不及便非條理矣；故人受此過、不及之氣，但可謂之氣質，不可謂之性。則只言氣是性足矣，不必言氣之極有修理處是性也。無乃自墮其說乎？然則當人有氣質而無性乎？蓋氣之往來屈伸，雖有過不及，而終歸於修理者，則是氣中之主宰。故雨暘寒燠，恆者暫而時者常也；惟此氣中一點主宰，不可埋沒。所以常人皆有不忍人之心，而其權歸之學矣。

## 文貞徐存齋先生階

徐階，字子升，號存齋，松江華亭人。視學江西，諸生文有“顏苦孔之卓”語。先多加以横筆。生曰：“此出《揚子法言》，非杜撰也。”先生卽離席向生揖曰：“僕少年科第，未嘗學問，謹謝教矣！”聞者服其虛懷。自分宜敗後，先生秉國成；內以揣摩人主之隱，外以收拾士大夫之心，益有所發舒，天下亦頗安之。年八十一卒。聶雙江初令華亭，先生受業其門，故得名王氏學；及在政府，爲講會於靈濟宮，使南野、雙江、松溪分主之，學徒雲集至千人。其時癸丑甲寅，爲自來未有之盛。先生之去分宜，誠有功於天下，然純以機巧用事。敬齋曰：“處事不用智計，只循天理，便是儒者氣象。”故無論先生田連阡陌，鄉論雌黃；卽其立朝大節觀之，絕無儒者氣象，陷於霸術而不自知者也。諸儒徒以其主張講學，許之知道，此是回護門面之見也。

## 楊幼殷先生

楊豫孫，字幼殷，華亭人。以右僉都御史巡撫湖廣，卒官。先生以知識即性；習爲善者固此知識，習爲不善者亦此知識。故曰：“惡亦不可不謂之性。”又曰：“剛柔氣也，即性也。剛有善者焉，有不善者焉；柔有善者焉，有不善者焉。善不善習也，其剛柔則性也。竊以爲氣即性也，偏於剛，偏於柔，則是氣之過、不及也；其無過、不及之處方是性，所謂中也。周子曰：‘性者剛柔善惡中而已矣。’氣之流行，不能無過不及，而往而不返，其中體未嘗不在。如天之亢陽過矣，然而必返於陰；天之恆雨不及矣，然而必返於晴。向若一往不返，成何造化乎？人性雖偏於剛柔，其偏剛之處未嘗忘柔，其偏柔之處未嘗忘剛；即是中體，若以過不及之氣便謂之性，則聖賢單言氣足矣。何必又添一‘性’字，留之爲疑惑之府乎？古今言性不明，總坐程子‘惡亦不可不謂之性’一語。由是將孟子‘性善’置之在疑信之間，而荀楊之説紛紛起廢矣！”

# 十　楚中王門學案

“楚學”之盛，惟耿天臺一派，自泰州流入；當陽明在時，其信從者尚少。道林、闇齋、劉觀時出自武陵，故武陵之及門，獨冠全楚。觀徐曰仁《同遊德山詩》，王文鳴、應奎、胡珊鳴玉、劉瓛、德重、楊礿、介誠、何鳳韶、汝諧、唐演汝、淵龍、起霄、止之，尚可攷也；然道林實得陽明之傳。天臺之派雖盛，反多破壞“良知”學脈，惡可較哉？

## 蔣道林先生

蔣信，字卿實，號道林。楚之常德人。先生築精舍於桃花岡，學徒雲集；遠方來者，卽以精舍學田廩之。先生危坐其中，絃歌不輟。惟家祭始一入城，間或出遊，則所至迎請開講。三十八年十二月庚子卒，年七十七。屬纊時作詩曰：“吾儒傳性卽傳神，豈向風埃滯此身？分付萬桃岡上月，要須今夜一齊明”。先生初無所師授，與冀闇齋考索於書本之間。先生謂：“《大學》‘知止’，當是識仁體。”闇齋躍然曰：“如此則定靜安慮，卽是以誠敬存之。”陽明在龍場，見先生之詩而稱之，先生遂與闇齋師事焉。已應貢入京師，師事甘泉；及甘泉在南雍，及其門者甚衆，則令先生分教之。是故先生之學，得於甘泉者爲多也。先生初看《論語》與《定性西銘》，領得“萬物一體是聖學立根處”，以爲“六經具在，何嘗言有個氣又有個理？凡言命、言道、言誠、言太極、言仁，皆是指氣而言；宇宙渾是一塊氣，氣自於穆，自無妄，自中正純粹，亦自生生不息。只就自心體認，心是氣生生之心，便是所言天命之性，豈有個心又有個性？此氣充塞，無絲毫空缺；一寒一暑，風雨露雷，凡人物耳目口鼻四肢百骸，與一片精靈知覺，總是此生生變化，如何分得人我”？又曰：“二五之精，卽是理；無極之眞，原是氣。無極之流行變易，便爲二五之精；二五之精妙合而凝，便乾道成男、坤道成女，化生萬物。知二氣五行與男女萬物本自無而有，則知中正仁義之極，由靜而立。”先生既從一動一靜之間，握此頭腦，謂：“動而未形，有無之間，所謂幾者；聖賢戒愼恐懼正是於此精一用處，卽是體和處，卽是未發之中。夫周子之所謂動者，從無爲中指其不泯滅者而言，此生生不已天地之心也。誠神幾名異而實同，以其無謂之誠；以其無而實有謂之幾，以其不落於有無謂之神。”先生以念起處爲幾，念起則形而爲有矣，有起則有滅。總極力體當，只在分殊邊事，非先生約歸理一之旨也。先生之論理氣心性，可謂獨得其要，而工夫下手反遠之何也？

### 桃岡日錄

磨礱細一番，乃見得一番；前日不認得是過處，今日卻認得是過。

戒愼恐懼，乃是定時一點眞念，所謂主宰者便是。

## 冀闇齋先生

冀元亨，字惟乾，號闇齊，楚之武陵人。陽明謫龍場，先生與蔣道林往師焉。從之之廬陵，踰年而歸。正德十一年，湖廣鄉試，有司以“格物致知”發策；先生不從朱註，以所聞於陽明者爲對。主司奇而錄之。陽明在贛，先生又從之，主教濂溪書院，宸濠致書問學，陽明使先生往答之；濠談王霸之略，先生昧昧，第與之言學而已。濠拊掌謂人曰：“人癡一至是耶！”一日，講《西銘》，先生反復陳君臣之義本於一體以動濠，濠大詫之，先生從容復理前語。濠曰：“此生大有膽氣。”遂遣歸。濠敗，忌陽明者欲借先生以陷之；逮至京師，榜掠不服。科道交章訟冤，出獄五日而卒。在獄與諸囚講說，使囚能忘其苦。先生常謂道林曰：“贛中諸子，頗能靜坐；苟無見於仁體，槁坐何益？”觀其不挫志於艱危，信所言之非虛也。

# 十一　北方王門學案

北方之爲王氏學者獨少。穆玄菴既無問答，而王道字純甫者，受業陽明之門，陽明言其“自以爲是，無求益之心”。其後趨向果異，不可列之王門。非二孟嗣響，卽有賢者，亦不過跡象聞見之學，而自得者鮮矣。

## 穆玄菴先生

穆孔暉，字伯潛，號玄菴，山東堂邑人。嘉靖己亥八月卒，年六十一。陽明主試山東，取先生爲第一。初習古文詞，已而潛心理學。其論學云："古人窮理盡性以至於命，今於性命之原，習其讀而未始自得之也。顧謂有見，安知非汨慮於俗思耶？"又云"鑑照妍媸，而妍媸不著於鑑；心應事物，而事物不著於心。自來自去，隨應隨寂；如鳥過空，空體弗礙。"又云："性中無分別想，何佛何老？"臨卒時，有"到此方爲了事人"之偈。蓋先生學陽明而流於禪，未嘗經師門之煆煉，故陽明集中未有問答；乃黄泰泉遂謂："雖陽明所取士，未嘗宗其說而非薄宋儒。"既冤先生，而陽明豈非薄宋儒者？且冤陽明矣！"一言以爲不知"，此之謂也。

## 張弘山先生

張後覺，字志仁，號弘山，山東茌平人。早歲受業於顔中溪徐波石，深思力踐，洞朗無礙。猶以取友未廣，南結會於香山，西結會於丁塊，北結會於大雲，東結會於王遇，齊魯間遂多學者。近溪、穎泉官東郡，爲先生兩建書院，曰願學，曰見大。先生聞水西講席之盛，就而證其所學。萬歷戊寅七月卒，年七十六。其論學曰："耳本天聰，目本天明；順帝之則，何慮何營？"曰："良卽是知，知卽是良；良外無知，知外無良。"曰"人心不死，無不動時；動而無動，是名主靜。"曰："眞知是忿忿自懲，眞知是慾慾自窒。懲忿如沸釜抽薪，窒慾如紅爐點雪。推山塡壑，愈難愈遠。"

## 孟我疆先生

孟秋，字子成，號我疆，山東茌平人。卒，年六十五。先生少授《毛詩》，至"桑間濮上"，不肯竟讀。聞邑人張宏山講學，卽往從之；因《尚書》"明目達聰"語，灑然有悟。鄒聚所、周訥溪官其地，相與印證，所至惟發明"良知"。改定《明儒經翼》，去其駁雜者。時唐仁卿不喜心學，先生謂顧涇陽曰："仁卿何如人也？"涇陽曰："君子也。"先生曰："彼非陽明，惡得爲君子？"涇陽曰："朱子以象山爲告子，文成以朱子爲楊墨；皆甚辭也，何但仁卿。"先生終不以爲然。許敬菴嘗訪先生，盈丈之地，瓦屋數椽，其旁茅舍倍之。敬菴謂："此風味大江以南所未有也！"先生大指，以心體本自澄澈，有意克己，便生翳障。蓋眞如的的，一齊現前；如如而妙自在，必克己而後言仁，則宣父何不以克伐仁原憲耶？弘山謂"良卽是知，知卽是良；良外無知，知外無良"；師門之宗傳，固如是也。此卽現成"良知"之說，不煩造作，動念卽乖。夫良知固未有不現成者，而現成之體，極是難認，此明道所以先識仁也。先生之論，加於識仁之後則可，若未識仁，則克已之功，誠不可已。但克己卽是識仁，顏子有不善未嘗不知，知之未嘗復行也。仁體絲毫不清楚，便是不善。原憲之克伐怨欲，有名件可指；已是出柙之虎兕，安可相提而論哉？

### 我疆論學話

自聖學不傳，而性善之旨日晦；入聖無門，人是其見。雖盡力洗滌，滓渣尚在。以故終身盤桓，只在改過間；就其所造，僅以小儒而止，皆由克去人欲復還天理之說誤之也人欲無窮，去一日，生一日；去一年，生一年。終身去欲，終身多欲；勞苦煩難，何日是清淨甯一時耶？來書云：“有病不得不服藥。”是也。有人於此，養其元氣，保其四肢，血氣和平；雖有風寒暑溼，不得乘間而入。使不保元氣，藥劑日來，則精神日耗，邪氣日侵，因藥而發病者日相尋焉。終身病夫而已，豈善養身者乎？又云：“必有主入，方可逐賊”。此就多積者言耳；若家無長物，空空如也，吾且高枕而臥，盜賊自不吾擾，又何用未來則防既來則逐乎？此兩喻者乃志仁之說，無欲之證也。

## 尤西川先生

尤時照，字季美，號西川，河南洛陽人。萬歷庚辰九月卒，年七十八。先生因讀《傳習錄》始信聖人可學而至；然學無師，終不能有成，於是師事劉晴川。晴川言事下獄，先生時書所疑，從獄中質之；又從朱近齊、周訥溪、黃德良一名驥一考究陽明之言行，雖尋常謦欬，亦必籍記。先生以道理於發見處始可見，學者只於發動處用功，故工夫即是本體，不當求其起處；濂溪之“無極而太極”，亦是求其起處，爲談學之弊。堯舜之“執中”，只是存心；明道之“識仁”，猶云擇術。以白沙“靜中端倪”爲異學，此與胡敬齋所言：“古人只言涵養、言操存，曷嘗言求見本體？”及晦翁：“惟應馴酢處特達見本根工夫。”一也。靜中養出端倪，亦是方便法門；所謂觀喜怒哀樂未發以前氣象，總是存養名目。先生既已養出端倪，則不得不就察識端倪一路；此是晦翁晚年自悔缺却平時涵養一節工夫者也，安可據此以爲學的？先生言近談學者多說“良知”上還有一層爲非，此說固非；然亦由當時學者以情識爲“良知”。失卻陽明之旨。蓋言情識上還有一層耳。若知“良知”爲未發之中；決不如此下語矣。

## 擬學小記

義理無窮，行一程見一程，非可以預期前定也，故但言“良知”。

道理於發見處始可見，學者於發動處用功；未發動自無可見，自無著力處。

學術差處，只爲認方便爲究竟。

衆人之蔽在利欲，賢者之蔽在意見；意見是利欲之細塵。

性分上欠眞切，只因心有所逐。

意有所便即是利，昏惰亦是利，意所便也。

不求自慊，只在他人口頭上討個好字，終不長進。

雖人至愚，亦能自覺不是；只不能改，遂日流於汙下。聖愚之機在此，不在賦稟。

此志興起時，自覺不愧古人，更無節次，及怠惰即是世俗。

陽明雖夙成，其言以江西以後爲定。

## 孟雲浦先生

孟化鯉，字叔龍，號雲補，河南新安人。西川既傳晴川之學，先生因往師之；凡所言發動處，用功及集義，即乎心之所安，皆師說也。在都下與孟我疆相砥礪，聯舍而寓，自公之暇，輒徒步過從，飲食起居，無弗同者，時人稱爲二孟。張陽和作《二孟歌》記之，

## 楊晉菴先生

楊東明，號晉菴，河南虞城人。天啟甲子卒，年七十七。先生所與問辨者，鄒南皋、馮少墟、呂新吾、孟我疆、耿天臺、張楊和、楊復所諸人，故能得陽明之肯綮。家居凡有民間利病，無不身任。嘗曰："身有顯晦，道無窮達；還覺'窮則獨善其身'之言有所未盡。"其學之要領，在論氣質之外無性。謂："盈宇宙間，只是渾淪元氣；生天生地生人物，萬殊都是此氣爲之。而此氣靈妙，自有條理，便謂之理。夫惟理氣一也，則得氣清者理自昭著，得氣濁者理自昏暗。蓋氣分陰陽，中含五行，不得不雜揉，不得不偏勝，此人性所以不皆善也。然太極本體，立二五根宗；雖雜揉而本質自在，縱偏勝而善根自存，此人性所以無不善也。"先生此言，可謂一洗理氣爲二之謬矣。而其間有未瑩者，則以不皆善者之認爲性也。夫不皆善者是氣之雜揉，而非氣之本然；其本然者，可指之爲性，其雜揉者，不可以言性也。天地之氣，寒往暑來，寒必於冬，暑必於夏，其本然也；有時冬而暑，夏而寒，是爲愆陽伏

陰，失其本然之理矣。失其本然，便不可名之爲理也。然天地不能無愆陽伏陰之寒暑，而萬古此冬寒夏暑之常道，則一定之理也；人生之雜揉偶勝，即愆陽伏陰也。而人皆有不忍人之心，所謂厥有恆性，豈可以雜揉偏勝者當之？雜揉偏勝，不恆者也；是故氣質之外無性，氣質即性也。第氣質之本然是性失，其本然者體性，此毫釐之辨。而孟子之言性善，即不可易也。陽明言無善無惡者心之體，東林多以此爲議論。先生云："陽明之言心，不以之言性也；獨孔子之言無知。無知豈有病乎？"此眞得陽明之肯綮也。

## 南瑞泉先生

南大吉，字元善，號瑞泉，陝之渭南人。辛丑卒，年五十五。知紹興府，文成方倡道東南；四方負笈來學者，至於寺觀不容。——先生故文成分房所取士也——觀摩之久，因悟人心自有聖賢，奚必他求？一日，質於文成曰："大吉臨政多過，先生何無一言？"文成曰："何過？"先生歷數其事。文成曰："吾言之矣。"先生曰："無之。"文成曰："然則何以知之？"曰："'良知'自知之。"文成曰："'良知'獨非我言乎？"先生笑謝而去。居數日，數過加密謂文成曰："與其有過而悔，不若先言之，使其不至於過也。"文成曰："人言不如自悔之眞。"又笑謝而去。居數日，謂文成曰："身過可免，心過奈何？"文成曰："昔鏡未開，可以藏垢；今鏡明矣，一塵之落，自難住脚，此正入聖之機也。勉之！"先生謝別而去。闢稽山書院，身親講習，而文成之門人益進。先生治郡以循良重一時，而執政者方惡文成之學，因文成以及先生也。先生致書文成，惟以不得聞道爲恨，無一語友於得喪榮辱之間。文成嘆曰："此非眞有'朝聞夕死'之志者不能也！"家居，搆湭西書院以救四方來學之士。其示門人詩云："昔我在英齡，駕車詞賦場；朝夕工步驟，追蹤班與揚。中歲遇達人，授我大道方；歸來三秦地，墜緒何茫茫？前訪周公跡，後竊橫渠芳；願言偕數子，教學此相將。"

## 十二　粵閩王門學案

嶺海之士，學於文成者自方西樵始；及文成開府贛州，從學者甚衆。文成言："潮在南海之涯一郡耳！一郡之中，有薛氏之兄弟子姪，旣足盛矣，而又有楊氏之昆季。其餘聰明特達毅然任道之器以數十。"乃今之著者，惟薛氏學耳。西樵名獻夫，字叔賢。陽明起自謫所，爲主事，官階亞於西樵；一日與詔，西樵有當於心，卽進拜稱弟子。未幾引疾歸。薛尚賢，以學行著於鄉；中離自虔歸，述其所聞於陽明者，尚賢說之，遂稟學焉。楊驥，字仕德。初從甘泉遊，卒業於陽明；陽明方征橫水，謂之曰："破山中賊易，破心中賊難。"未幾卒。甘泉謂其是內非外，失本體之自然，爲文哀之。楊仕鳴與兄同學，初錄所聞，備載陽明之語，陽明以爲不得其意。其後直書已意所得，反印可之。仕鳴言："日用講求功夫，只是各依自家良知所及，自去其障，擴充以盡其本體；不可遷就氣習以趨時好。"又謂東廓曰："公往治舉子業，竭其才否？"東廓曰："然。"曰："今'致良知'，亦竭其才否？"東廓曰："未能也。"曰："微竭才曷克見卓爾？""竭才"二字，希顏之的也，東廓每舉斯語以告學者。亦未幾卒。梁焯，字日孚，南海人。登進士第，官至職方主事，以諫南巡被杖。武宗畜外國人爲駕下人，日孚以法繩之，不少貸。日孚嘗過贛，從陽明學；辨問居敬窮理，悚然有悟。同門冀闇齊死詔獄，日孚棺斂之。鄭一初，字朝朔，揭陽人。居紫陌山，閉門習靜。召爲御史。陽明在吏部，因陳世傑請受學，聞其說，以爲昔多歧而今大道也。時朝朔已病，人勸其緩學，曰："夕死可矣！"卒於浙。閩中自子華以外無著者焉。明衡，字子華，莆人也。父思聰，死甯濠之亂。子莘立志勇猛，與鄭善夫爲古文。陽明曰："草木之花，千葉者無實，其花緊者其實鮮。"

## 薛中離先生

薛侃，字尚謙，號中離，廣東揭陽人。從學王文成於贛，四年而後歸。先生歸田，從游者百餘人。十五年，遠遊江浙，會念菴於青原書院；已入羅浮，講學於永福寺，二十四年始還家。門人記所聞曰《研幾錄》。周海門《聖學宗傳》云："先生釋歸，南過會稽，見陽明。陽明曰：'當是時吾子如何？'先生曰："侃惟一'良知'而已，炯然無物也。"陽明首肯之。"——按先生釋歸在十年，陽明之卒在七年，安得歸而後見之也——世疑陽明先生之學類禪者三：曰廢書；曰背考亭；曰涉虛。先生一一辨之。然皆不足辨也，此淺於疑陽明者也；深於疑陽明者，以爲理在天地萬物，吾亦萬物中之一物，不得私理爲己有。陽明以理在乎心，是遺棄天地萬物，與釋氏識心無寸土之言相似；不知陽明之理在乎心者，以天地萬物之理具於一心，循此一心，卽是循乎天地萬物。若以理在天地萬物而循之，是"道能弘人"，非"人能弘直"也。釋氏之所謂心，以無心爲心；天地萬物之變化，皆吾心之變化也。譬之於水，釋氏爲橫流之水，吾儒爲原泉混混不舍晝夜之水也。又其所疑者，在“無善無惡”之一言；考之《傳習錄》，因先生去花間草，陽明言“無善無惡者理之靜，有善有惡者氣之動”。蓋言靜爲無善無惡，不言理爲無善無惡，理卽是善也。猶程子言人生而靜以上不容說，周子太極而加之無極耳。獨《天泉證道記》有“無善無惡者心之體，有善有善者意之動”之語。夫心之體卽理也，心體無間於動靜。若心體無善無惡，則理是無善無惡，陽明不當但指其靜時言之矣。釋氏言無善無惡，正言無理也；善惡之名，從理而立耳，旣已有理，惡得言無善無惡乎？就先生去草之言證之，則知天泉之言未必出自陽明也。二疑旣釋，而猶曰“陽明類於禪學，此無與於學問之事”，甯容與之辨乎？

## 周謙齋先生

周坦，號謙齊，羅浮人也。自幼有志聖賢之學，從學於中離，出遊湖湘、維揚、新泉、天眞、天關以親講席，衰老猶與徐魯源相往復。其論學語云：“日之明也，必照於物；有不照者，陰霾之蔽也。心之知也，必格乎物；有不格者，物欲之蔽也。”又云：“一陽生於下爲復，內陽外陰爲泰；於復則曰見天地之心，於泰則曰內健而外順。是可見學不遺乎外，而內者其本也，故曰復德之本也。惟復則無妄，而剛來主於內矣，此內健之爲泰也。”又云：“不可於無喜怒哀樂覓無聲無臭；只喜怒哀樂中節處，便是無聲無臭所在。”又云：“瞑目靜坐，此可暫爲之，心體原是活潑流行；若長習瞑坐，局守空寂，則心體日就枯槁，非聖人之心學也。”又云：“白沙之學，以自然爲宗。至謂‘靜中須養出端倪’，吾人要識得靜中心體，只是個澄然無事，炯然不昧而已，原無一物可著。若謂靜中養出端倪，則靜中又添出一端倪矣！且道體本是自然，但自然非意想可得；心下要自然，便不是自然也。”

# 十三　止修學案

## 李見羅先生

李材，字孟誠，別號見羅，豐城人。先生初學於鄒文莊，學“致良知”之學，已稍變其說。謂：“致知者致其知體，良知者發而不加其本體之知，非知體也。”已變爲性覺之說。久之喟然曰：“總是鼠遷穴中，未離窠臼也！”於是拈“止修”兩字，以爲得孔曾之眞傳。止修者，謂性自人生而靜以上，此至善也；發之而爲惻隱四端，有善便有不善。知便是流動之物，都向已發邊去；以此爲致，則日遠於人生而靜以上之體攝知歸止，止於人生而靜以上之體也。然天命之眞，卽在人視聽言動之間，卽所謂身也；若刻刻能止，則視聽言動，各當其則，不言修而修在其中矣。使稍有出入，不過一點簡提撕；修之工夫，使之常歸於止而已。故謂格致誠正，四者平鋪；四者無病，何所容修？苟病其一，隨病隨修。著書數十萬言，大指不越於此。夫《大學》修身爲本，而修身之法，到歸於格致，則下手之在格致明矣。故以天下國家而言，則身爲本；以修身而言，則格致又其本矣。先生欲到歸於修身，以知本之本與修身爲本之本合而爲一，終覺齟齬而不安也。性情二字，原是分析不開；故《易》言“利貞”者性情也，無情何以覓性？孟子言

“惻隱、羞惡、辭讓、是非”，卽是仁義禮智；非惻隱、羞惡、辭讓、是非之上，又有一層仁義禮智也。虞廷之言“道心”卽中也，道心豈中之所發乎？此在前賢不能無差，先生析之，又加甚耳。卽如先生之所謂修，亦豈能舍此惻隱、羞惡、辭讓、是非之可以爲主宰者，而求之杳冥不可知者乎？上天之載，無聲無臭，至矣；此四端者，亦曾有聲臭乎？無聲無臭，猶不足以當性體乎？猶非人生而靜以上乎？然則必如釋氏之所謂語言道斷，父母未生前，而後可以言性也。止修兩挈，東瞻西顧，畢竟多了頭面；若單以知止爲宗，則攝知歸止，與聶雙江之歸寂一也。先生恐其鄰於禪寂，故實之以修身；若單以修身爲宗，則形色天性，先生恐其出於義襲，故主之以知止。其實先生之學，以止爲存養，修爲省察；不過換一名目。與宋儒大段無異，反多一張皇耳。許敬菴曰：“見羅謂道心人心，總皆屬用；心意與知，總非指體此等立言，不免主張太過。中固是性之至德，舍道心之微，更從何處覓中？善固是道之止宿，離心意與知，卻從何處明善？性無內外，心亦無內外：體用何從而分乎？”高忠憲曰：“《大學》格致卽《中庸》明善，所以使學者辨志定業；絕利一源，分剖爲己爲人之界，精研義利是非之極。要使此心光明洞達，無毫髪含糊疑似於隱微之地，以爲自欺之主；不然，非不欲止欲修，而氣稟物欲，拘蔽萬端，皆緣知之不至也。工夫吃緊沉着，豈可平鋪放在，說得都無氣力？”兩公所論，皆深中其病。

## 論學書

百步激於寸括，燕粵判於庭除，未有種桃李而得松柏之實者；毫尚千里，此學之宗趣，所以必謹其初也。《大學》之所以先知止，程門之所以先識仁者，其意亦由此也乎？故嘗以爲合下的工夫，即是到底的學問；到底的學問，只了結得合下的工夫。自昔聖賢，懇懇諄諄；分漏分更，辨析研窮者，豈有他事，只是辨此毫釐耳。

捉定修身爲本，當將一副精神，儘力倒歸自己；凝然如有持，屹然如有立，恍然常若有見。翼翼小心，昭事上帝；上帝臨女，毋貳爾心。視聽言動之間，時切檢點提撕，管歸於則；自然嗜欲不得干，狂浪不得奪，常止常修，漸近道理。切不可將本之一字，又作懸空之想，啟十度支離之證；於坦平地無端橫起風波，耽延歲月。所云"月在澄潭，花存明鏡，急切撈摸不着"者，正坐此病也。

學問只有工夫，雖主意亦工夫也；但有自歸宿言者，有自條理言者。自歸宿上說，工夫恰好是個主意；自條理上做主意，恰好說是工夫。此止爲主意，修爲工夫，原非二事也。譬之作文，未有無主意而可落筆，亦未有非落筆修詞順理成章而可以了卻主意者也。意到然後詞到，詞順然後理明；不可將主意視作深，修詞視作淺，又不可謂修詞有可下手，而主意則無可用工夫也。至於無工夫處是工夫，又自是止之深處，修之妙手；所謂"不識不知，順帝之則"者也。

## 十四　泰州學案

陽明先生之學，有泰州龍溪而風行天下，亦因泰州龍溪而漸失其傳。泰州龍溪，時時不滿其師說；益啟瞿曇之祕而歸之師，蓋躋陽明而爲禪矣。然龍溪之後，力量無過於龍溪者；又得江右爲之救正，故不至十分決裂。泰州之後，其人多能以赤手搏龍蛇；傳至顏山農、何心隱一派，遂復非名教之所能羈絡矣。顧端文曰：“心隱輩坐在利欲膠漆盆中，所以能鼓動得人；只緣他一種聰明，亦自有不可到處。”羲以爲非其聰明，正其學術也。所謂祖師禪者，以作用見性；諸公掀翻天地，前不見有古人，後不見有來者。釋氏一棒一喝，當機横行；放下拄杖，便如愚人一般。諸公赤身擔當，無有放下時節，故其害如是。今之言諸公者大概本弇州之《國朝叢記》，弇州蓋因當時爰書節略之，豈可爲信？羲攷其派下之著者，列於下方：顏鈞，字山農，吉安人也。嘗師事劉師泉，無所得；乃從徐波石學，得泰州之傳，其學以人心妙萬物而不測者也。性如明珠，原無塵染；有何覩聞，著何戒懼？平時只是率性，所行純任自然，便謂之道；及時有放逸，然後戒愼恐懼以修之。凡儒先見聞道理格式，皆足以障道，此大旨也。嘗曰：“吾門人中，與羅汝芳言從性，與陳一泉言從心；餘子所言，只從情耳。”山農游俠，好急人之難；趙大洲赴貶所，山農偕之行，大洲感之次骨。波石戰沒沅江府，山農尋其骸骨歸葬；頗欲有爲於世，以寄民胞物與之志。嘗寄周恭節詩云：“蒙蒙煙雨鎖江垓，江上漁人爭釣臺；夜静得魚呼酒肆，湍流和月掇將來。若得春風遍九垓，世間那有三歸臺；君仁臣義民安堵，雉兔芻蕘去復來。”然世人見其張皇，無賢不肖皆惡之；以他事下南京獄，必欲殺之。近溪爲之營救，不赴廷對者六年，謂其：“心髓精微，決難詐飾。不肖敢謂其學直接孔孟，俟諸後聖，斷斷不惑；不肖菲劣，已蒙門下知遇，又敢竊謂門下雖知百近溪，不如今日一察山農子也！”山農之戍出，年八十餘。梁汝元，字天山，其後改姓名爲何心隱。吉州水豐人。少補諸生，從學於山農，與聞心齋立本之旨。時吉州三四大老，方以學顯；心隱恃其知見，輒狎侮之。謂《大學》先齊家，乃搆萃和堂以合族，身理一族之政；冠婚、喪祭、賦役，一切通其有無，行之有成。會邑令有賦外之征，心隱貽書以誚之；令怒，誣之當道，下獄中。孝感程後臺在胡總制幕府，檄江撫出之。總制得心隱，語人曰："斯人無所用，在左右能令人神王耳。"已同後臺入京師，與羅近溪、耿天臺游。一日過江陵於僧舍，江陵時爲司業，心隱率爾曰："公居太學，知太學道乎？"江陵爲勿聞也者，目攝之曰："爾意時時欲飛，却飛不起也。"江陵去，心隱舍然若喪。曰："夫夫也！異日必當國，當國必殺我。"心隱在京師，闢各門會館，招來四方之士，方技雜流，無不從之。是時政由嚴氏，忠臣坐死者相望，卒莫能動。有藍道行者，以乩術幸上；心隱授以密計，偵知嵩有揭帖，乩神降語，今日當有一奸臣言事。上方遲之，而嵩揭至，上由此疑嵩。御史鄒應龍因論嵩敗之。然上猶不忘嵩，尋死道行於獄。心隱踉蹌，南過金陵，謁何司寇；司寇者，故爲江撫，脫心隱於獄者也。然而嚴黨，遂爲嚴氏仇心隱；心隱逸去，從此蹤跡不常，所游半天下。江陵當國，御史傅應禎、劉臺連疏攻之，皆吉安人也。江陵因仇吉安人，而心隱故嘗以術去宰相，江陵不能無心動。心隱方在孝感聚徒講學，遂令楚撫陳瑞捕之，未獲而瑞去；王之垣代之，卒致之。心隱曰："公安敢殺我？亦安能殺？殺我者張居正也！"遂死獄中。心隱之學，不墮影響，有是理則實有是事；無聲無臭，事藏於理，有象有形，理顯於事。故曰："無極者流之無君父者也。必皇建其有極，乃有君而有父也；必會極必歸極，乃有敬敬以君君也；乃有親親以父父也。又必《易》有太極，乃不墮於弑君弑父，乃不流於無君無父，乃乾坤其君臣也；乃乾坤其父子也。"又曰："孔孟之言無欲，非濂溪之言無欲也；欲惟寡則心存，而心不能以無欲也。欲魚欲熊掌，欲也，舍魚而取熊掌，欲之寡也。欲生欲義，欲也，含生而取義，欲之寡也。欲仁非欲乎？得仁而不貪，非寡欲乎？從心所欲，非欲乎？欲不踰矩，非寡欲乎？”此卽釋氏所謂“妙有”乎？蓋一變而爲儀秦之學矣！鄧豁渠，初名鶴，號太湖，蜀之江內人。爲諸生時，不說學；趙大洲爲諸生談聖學於東壁，渠爲諸生講舉業於西序。朝夕聲相聞，未嘗過而問焉。已漸有入，卒摳衣爲弟子。一旦棄家出遊，遍訪知學者；以爲性命甚重，非拖泥帶水可以成就。遂落髮爲僧。訪李中溪、元陽於大理，訪鄒東廓、劉獅泉於江右，訪王東涯於泰州，訪蔣道林於武陵，訪耿楚倥於黃安，與大洲不相聞者數十年。大洲起官過衛輝，渠適在焉；出迎郊外，大洲望見驚異，下車執手，徒行十數里，彼此潸然流涕。大洲曰：“誤子者余也！往余言學過高，致子於此，吾非業重矣！向以子爲死罪惡莫贖；今尚在，亟歸廬而父墓側終身可也。吾割田租百石贍子。”因書券給之。時有來大洲問學者，大洲令渠答之。大洲聽其議論，大恚曰：“吾籍是以試子近詣，乃荒謬至此！”大洲入京，渠復遊齊魯間，初無歸志；大洲入相，乃來京候謁，大洲拒不見，屬宦蜀者攜之歸，至涿州，死野寺中。渠自序爲學云：“已亥禮師，聞‘良知’之學，不解；入青城山參禪十年。至戊申，入鷄足山，悟人情事變外，有個擬議不得妙理；當時不遇明師指點，不能豁然通曉。癸丑，抵天池，禮月泉，陳鷄足所悟。泉曰：‘第二機卽第一機。’渠達認現前昭昭靈靈的，百姓日用不知，渠知之也。甲寅，廬山禮性空，聞無師智聞說：‘沒有甚麼，甚麼便是。’始達‘良知’之學。同是一機軸，均是認天機爲向上事，認神明爲本來人。延之戊午，居澧州；八年，每覺無日新之益。及聞三公俱不免輪迴生死，益加疑惑；因入黃安，居楚倥茅屋，始達父母未生前的，先天天地先的，水窮山盡的，百尺竿頭外的。所謂‘不屬有無，不屬眞妄，不屬生滅，不屬言語，常住眞心’。與後天事不相聯屬，向日鷄足所參人情事變的，豁然通曉被月泉所誤二十餘年。丙寅以後渠之學日漸幽深玄遠；如今也沒有我，也沒有道，終日在人情事變中。”若不自興，泛泛然如虛舟飄宕而無著落；脱胎換骨，實在於此。渠學之誤，只主見性，不拘戒律；先天是先天，後天是後天，第一義是第一義，第二義是第二義，身之與性，截然分爲二事。言在世界外，行在世界內；人但議其縱情，不知其所謂先天第一義者，亦只得完一個無字而已。嗟乎，是豈渠一人之誤哉！方與時，字湛一，黃陂人也。弱冠爲諸生，一旦棄而之太和山，習攝心術，靜久生明；又得黃白術於方外乃去而從荊山遊，因得遇龍谿、念菴，皆目之爲奇士。車轍所至，縉紳倒屣；老師上卿，皆拜下風。然尚玄虛，侈談論；耿楚倥初出其門，久而知其僞，去之。一日，謂念菴曰：“吾儕方外學，亦有祕訣，待人而傳。談聖學何容易耶？”念菴然之。湛一卽迎至其里道明山中，短榻夜坐，久之無所得而返。後臺心隱大會礦山車騎雍容。湛一以兩僮舁一籃輿往。甫揖，心隱把臂謂曰：“假我百金。”湛一唯唯，卽千金惟命。已入京師，欲挾術以干九重。江陵聞之曰：“方生此鼓，從此撾破矣！”無何，嚴世蕃聞其爐火而豔之，湛一避歸；胡廬山督楚學，以其昔嘗詆念菴也，檄有司捕治。湛一乃跳而入新鄭之幕；新鄭敗，走匿太和山，瘵瘵死。程學顏，字二蒲，號後臺，孝感人也。官至太僕寺丞。自以此學不進，背地號泣，其篤志如此。心隱死，其弟學博曰：“梁先生以友爲命，友中透於學者，錢同文外，獨吾兄耳。先生魄魂，應不去吾兄左右。”乃開後臺墓合葬焉。錢同文，字懷蘇，福之興化人。知祁門縣，入爲刑部主事，累轉至郡守。與心隱友善，懷蘇嘗言：“學道人堆淮只在兄弟款中，未見有掙上父母款者。”管志道，字登之，號東溟，蘇之太倉人。隆慶辛未進士，除南京兵部主事，改刑部。江陵秉政，東溟上疏條九事以譏切時政；無非欲奪其威福，歸之人主。其中有憲綱一條，則言兩司與巡方抗禮，國初制也，今之所行非是。江陵卽出之爲廣東僉事以難之，使之爲法自敝也。果未幾，御史龔懋賢劾之，謫鹽課司提舉；明年，外計，以老疾致仕。萬歷戊申卒，年七十三。東溟受業於耿天臺，著書數十萬言；大抵鳩合儒釋，浩汗而不可方物。謂："乾元無首之旨，與曄嚴性海，渾無差別。《易》道與天地準，故不期與佛老之祖合而自合；孔教與二教峙，故不期佛老之徒爭而自爭。教理不得不圓，教體不得不方。以仲尼之圓，圓宋儒之方，而使儒不礙釋，釋不礙儒；以仲尼之方，方近儒之圓，而使儒不濫釋釋不濫儒。唐宋以來，儒者不主孔奴釋，則崇釋卑孔，皆於乾元性海中自起藩籬。故以乾元統天一案兩破之也。"其爲孔子闡幽十事，言："孔子任文統不任道統，一也；居臣道不居師道，二也；刪述六經，從游七十二子，非孔子定局，三也；與夷惠，易地則爲夷惠，四也；孔子知天命，不專以理，兼通氣運，五也；一貫尚屬悟門，實之必以行門，六也；敷化通於性海，川流通於行海，七也；孔子曾師老聃，八也；孔子從先進，是黄帝以上，九也；孔子得位，必用桓文做法，十也。"按東溟所言，亦只是三教膚廓之論；平生尤喜談鬼神夢寐，其學不見道可知。泰州張皇見龍，東溟闢之；然决儒釋之波學，終是其派下人也。

## 王心齋先生

王艮，字汝止，號心齋，泰州之安豐場人。七歲受書鄉塾。貧不能竟學，從父商於山東；常銜《考經論語大學》袖中，逢人質難，久而信口談解，如或啟之。其父受役，天寒起盥冷水；先生見之，痛哭曰："爲人子而令親如此，尚得爲人乎！"於是有事則身代之。先生雖不得專功於學問，然默默參究，以經證悟，以悟釋經，歷有年所，人莫能窺其奥也。時陽明巡撫江西，講"良知"之學；大江之南，學者翕然信從，顧先生僻處，未之聞也。有黄文剛者，吉安人而寓泰州，聞先生論，詫曰："此絕類王巡撫之談學也！"先生喜曰："有是哉！雖然，王公論良知，艮談格物。如其同也，是天以王公與天下後世也；如其異也，是天以艮與王公也。"卽日啟行，以古服進見。至中門，舉笏而立；陽明出迎於門外，始入。先生據上坐，辯難久之；稍心折，移其坐於側。論畢，乃嘆曰："簡易直截，艮不及也！"下拜自稱弟子。退而繹所聞，間有不合，悔曰："吾輕易矣！"明日入見，且告之悔。陽明曰："善哉，子之不輕信從也！"先生復上坐，辯難久之，始大服，遂爲弟子如初。陽明謂門人曰："向者，吾擒宸濠，一無所動；今卻爲斯人動矣！"陽明歸越，先生從之，來學者多從先生指授。已而嘆曰："千載絕學，天啟吾師，可使天下有不及聞者乎？"

陽明以先生意氣太高，行事太奇，痛加裁抑；及門三日不得見，陽明送客出門，先生長跪道旁，曰："艮知過矣！"陽明不顧而入。先生隨至庭下，厲聲曰："仲尼不爲已甚。"陽明方揖之起。陽明卒於師，先生迎哭，至桐廬，經紀其家而後返。開門授徒，遠近皆至。同門學講者，必請先生主席；陽明而下，以辯才推龍溪，然有信有不信。惟先生於眉睫之間，省覺人最多。謂："百姓日用卽道；雖僮僕往來動作處，指其不假安排者以示之。"聞者爽然。嘉靖十九年十二月八日卒，年五十八。先生以"格物卽物有本末之物；身與天下國家一物也，格知身之爲本而家國天下之爲末。行有不得者皆反求諸己，反己是格物底工夫，故欲齊治平在於安身。《易》曰：“身安而天下國家可保也。身未安，本不立也。知身安者則必愛身、敬身，愛身敬身者必不敢不愛人、不敬人；能愛人、敬人則人必愛我、敬我，而我身安矣。一家愛我、敬我則家齊，一國愛我、敬我則國治，天下愛我、敬我則天下平。故人不愛我，非特人之不仁，己之不仁可知矣；人不敬我，非特人之不敬，己之不敬可知矣。”此所謂淮南格物也。子劉子曰：“後儒格物之說，當以淮南爲正，第少一註脚。格知誠意之爲本，而正修治平之爲末。則備矣！然所謂安身者，亦是安其心耳，非區區保此形骸之爲安也。彼居危邦入亂邦見幾不作者，身不安而心固不安也；不得已而殺身以成仁。文王之羑里，夷齊之餓，心安則身亦未嘗不安也。”乃先生又曰：“安其身而安其心者上也；不安其身而安其心者次之；不安其身又不安其心，斯爲下矣！而以‘縉蠻’爲安身之法，無乃開一臨難苟免之隙乎？”有以伊傳稱先生者，先生曰：“伊傳之事我不能；伊傳之學我不由；伊傳得君，可謂奇遇，如其不遇，終身獨善而已。孔子則不然也，此終蒲輪轍環意見。陽明之所欲裁抑者，熟處難忘也；於遯世不見知而不悔之學，終隔一塵。”先生曰：“聖人以道濟天下，是至重者道也；人能弘道，是至重者身也。道重則身重，身重則道重；故學也者，所以學爲師也，學爲長也，學爲君也。以天地萬物依於身，不以身依於天地萬物，舍此皆妾婦之道。聖人復起，不易斯言。”

## 心齋語錄

知得身是天下國家之本；則以天地萬物依於己，不以己依於天地萬物。

顔子有不善未嘗不知，常知故也；知之未嘗復行，常行故也。

孔子道："二三子以我爲隱乎？"此隱字對見字說。孔子在當時雖不仕，而"無行不與二三子"，是修身講學以見於世，未嘗一日隱也。

體用不一，只是功夫生。

人之天分有不同，論學則不必論天分。

愛人直到人亦愛，敬人直到人亦敬，信人直到人亦信；方是學無止法。

學者問放心難求，先生呼之卽應。先生曰："爾心見在，更何求乎？"學者初見，先生常指之曰："卽爾此時就是，未達。"曰："爾此時何等戒懼，私欲從何處入？常常如此，便是允執厥中。"有疑"出必爲帝者師，處必爲天下萬世師"者，曰："《禮》不云乎：'學也者，學爲人師也；學不足以爲人師，皆苟道也。'故必以修身爲本，然後師道立。身在一家，必修身立本以爲一家之法，是爲一家之師矣；身在一國，必修身立本以爲一國之法，是爲一國之師矣；身在天下，必修身立本以爲天下之法，是爲天下之師矣。是故出不爲帝者師，是漫然苟出，反累其身，則失其本矣；處不爲天下萬世師，是獨善其身，而不講明此學於天下，則遺其本矣。皆非也，皆小成也。"

夫仁者愛人，信者信人，此合外內之道也。於此觀之，不愛人，已不仁可知矣；不信人，已不信可知矣。夫愛人者人恆愛之，信人者人恆信之，此感應之道也。人不愛我，非特人之不仁，已之不仁可知矣；人不信我，非特人之不信，已之不信可知矣。

人心本自樂，自將私欲縛；私欲一萌時，良知還自覺。一覺便消除，人心依舊樂。樂是樂此學，學是學此樂；不樂不是學，不學不是樂。樂便然後學，學便然後樂。樂是學，學是樂。嗚呼，天下之樂，何如此學；天下之學，何如此樂！

人心本無事，有事心不樂；有事行無事，多事亦不錯。

## 王東崖先生 附朱恕 韓業吾 夏叟

王襞，字順宗，號東崖。心齋仲子也。九歲，隨父至會稽，陽明問之，知爲心齋子。曰："吾固疑其非越中兒也！"令其師事龍溪、緒山，先後留越中幾二十年。心齋開請淮南，先生又相之。心齋沒，遂繼父講席，往來各郡，主其教事。歸則扁舟於村落之間，歌聲振乎林木，恍然有舞雩氣象。萬歷十五年十月十一日卒，年七十七。先生之學，以不犯手妙。鳥啼花落，山峙川流，飢食渴飲，夏葛冬裘，至道無餘蘊矣。充拓得開，則天地變化草木蕃；充拓不去，則天地閉賢人隱。今人纔提學字，便起幾層意思；將議論講說之間，規矩戒嚴之際，工焉而必日勞，勤焉而動日拙。忍欲希名而誇好善，持念藏機而謂改過；心神震動，血氣靡寧。不知原無一物，原自見成，但不礙其流行之體，眞樂自見；學者所以全其樂也，不樂則非學矣。此雖本於心齊《樂學》之歌，而龍溪之授受，亦不可誣也。白沙云："色色信他本來，何用爾脚勞手攘？舞雩三三兩兩，正在勿忘勿助之間。曾點些兒活計，被孟子打併出來，便都是鳶飛魚躍；若無孟子工夫，驟而語之以曾點見趣，一似說夢。蓋自夫子川上一嘆，已將天理流行之體，一日迸出；曾點見之而爲暮春，康節見之而爲元會運世。故言學不至於樂，不可謂之學。至明而爲白沙之藤蓑，心齊父子之提倡，是皆有味乎其言之；然而此處最難理會，稍差便入狂也蕩一路。所以朱子言曾點不可學，明道說康節豪傑之士，根本不貼貼地。"

朱恕，字光信，泰州草偃場人，樵薪養母。一日過心齋講堂，歌曰："離山十里，薪在家裹；離山一里，薪在山裹！"心齋聞之，謂門弟子曰："小子聽之，道病不求耳！求則不難，不求無易。”樵聽心齋語，浸浸有味；於是每樵必造堦下聽之，飢則向都養乞漿解裹飯以食，聽畢則浩歌負薪而去。門弟子瞯其然，轉相驚異。有宗姓者，招而謂之曰：“吾以數十金貸汝，別尋活計，庶免作苦，且可旦夕與吾輩遊也。”樵得金，俯而思，繼而大恚曰：“子非愛我，我自憧憧然經營念起，斷送一生矣！”遂擲還之。胡廬山爲學使，召之不往；以事役之，短衣徒跣入見。廬山與之成禮而退。

韓貞，字以中，號樂吾，興化人。以陶瓦爲業。慕朱樵而從之學，後乃卒業於東崖，粗識文字。有茅屋三間，以之償債，遂處窑中。自咏曰：“三間茅屋歸新主，一片烟霞是故人。”年逾三紀，未娶，東崖弟子醵金爲之完姻，久之覺有所得，遂以化俗爲任，隨機指點。農工商賈，從之遊者千餘。秋成農隙，則聚徒談學；一村既畢，又之一村。前歌後答，絃誦之聲，洋洋然也。縣令聞而嘉之，遺米二石金一鍰，樂吾受米返金。令問政，對曰：“儂窶人，無能補於左右；第凡與儂居者，幸無訟牒煩公府，此儂之所以報明府也。”耿天臺行部泰州，大會心齋祠，偶及故相，喜怒失常。樂吾拊牀呵曰：“安能如儂識此些子意耶？”天臺笑曰：“窮居而意氣有加，亦損也。”東崖曰：“韓生識之：大行窮居，一視焉可也。”樂吾每遇會講，有談世事者，輒大噪曰：“光陰有幾，乃作此閒談耶？”尋章摘句，則大恚曰：“舍卻當下不理會，搬弄陳言，此豈學究講肆耶？”在坐爲之警省。

夏延美，繁昌田夫也。一日，聽張甑山講學，謂：“爲學，學爲人也，爲人須求爲眞人，毋爲假人。”叟憮然曰：“吾平日爲人，得毋未眞耶？”乃之楚訪天臺，天臺謂：“汝鄉焦弱侯可師也。”歸從弱侯遊，得自然旨趣。弱侯曰：“要自然便不自然，可將汝自然拋去。”叟聞而有省。叟故未嘗讀書，弱侯命之讀四書，樂誦久之，喟然曰：“吾閱集註不能了了，以本文反身體貼。如‘思知人不可以不知天’，竊謂仁者人也；人原是天，人不知天，便不是人，如何能事親稱孝子？《論語》所謂‘異端’者，謂其端異也；吾人須研究自己爲學初念，其發端果是爲何，乃爲正學。今人讀孔孟書，祗爲榮肥計，便是異端，如何又闢異端？”又曰：“吾人須是自心作得主宰，凡事只依本心而行，便是大丈夫；若爲世味牽引，依違從物，皆妾婦道也！”又曰：“天理人欲，誰氏作此分別？儂反身細求，只在迷悟間；悟則人欲卽天理，迷則天理亦人欲也。”李士龍爲講經社，供奉一僧；叟至會，拂衣而出。謂士龍子曰：“汝父以學術殺人！奈何不諍？”又謂人曰：“都會講學，乃羅一死和尚講佛經乎？作此勾當，成何世界？”會中有言：“‘良知’非究竟宗旨，更有向上一著，無聲無臭是也。”叟矍然起立，抗聲曰：“‘良知’曾有聲有臭耶？”

## 東崖語錄

性之靈明曰“良知”，“良知”自能應感，自能約心思而酬酢萬變；知之爲知之，不知爲不知，一毫不勞，勉強扭捏。而用智者自多事也。

鳥啼花落，山峙川流，飢食渴飲，夏葛冬裘，至道無餘蘊矣！充拓得開，則天地變化草木蕃；充拓不去，則天地閉賢人隱。

將議論講說之間，規矩戒嚴之際，工焉而心日勞，勤焉而動日拙；忍欲希名而誇好善，持念藏穢而謂改過。據此爲學，百慮交錮，血氣靡甯。

孟子曰：“我固有之也，非由外鑠我也。”今皆以鑠我者自學，固有者爲不足。何其背哉？

天地以大其量，山岳以聳其志，冰霜以嚴其操，春陽以和其氣。

問："學何以乎？"曰："樂。"再問之。則曰："樂者，心之本體也；有不樂焉，非心之初也。吾求以復其初而已矣。""然則必如何而後樂乎"？曰："本體未嘗不樂。今曰：'必如何而後能'？是欲有加於本體之外也。然則遂無事於學乎？"曰："何爲其然也？莫非學也，而皆所以求此樂也；樂者樂此學，學者學此樂。吾先子蓋常言之也。""如是，則樂亦有辨乎"？曰："有。有所倚而後樂者，樂以人者也；一失其所倚，則慊然若不足也。無所倚而自樂者，樂以天者也；舒慘欣戚，榮悴得喪，無適而不可也。""既無所倚，則樂者果何物乎？道乎，心乎"？曰："無物故樂，有物則否矣；且樂即道，樂即心也。而曰'所樂者道，所樂者心'，是牀上之床也。""學止於是而已乎"？曰："昔孔子之稱顏回，但曰'不改其樂；'而其自名也，亦曰'樂在其中'。其所以喟然而與點者，亦以此也。二程夫子之聞學於茂叔也，於此蓋終身焉。而豈復有所加焉？"曰："孔顏之樂，未易識也；吾欲始之以憂而終之以樂，可乎？"曰："孔顏之樂，愚夫愚婦之所同然也，何以曰未易識也？且樂者心之體也，憂者心之障也。欲識其樂而先之以憂，是欲全其體而故障之也。然則何以曰'憂道'？何以曰'君子有終身之憂'乎？"曰："所謂憂者，非如是之膠膠役役然以外物爲戚戚者也，所憂者道也；其憂道者，憂其不得乎學也。舜自耕稼陶漁以至爲帝，無往不樂；而吾獨否也，是故君子終身憂之也。是其憂也，乃所以爲樂；其樂也，則自無庸於憂耳！"

## 徐波石先生

徐樾，字子直，號波石，貴溪人。先生少與夏相才名相亞，得事陽明，繼而卒業心齊之門。先生操存過苦，常與心齋步月下，刻刻簡默。心齊厲聲曰："天地不交否！"又一夕至小渠，心齋躍過。顧謂先生曰："何多擬議也？"先生過渠，頓然若失。既而嘆曰："從前孤負此翁，爲某費卻許多氣力。先生謂六合也者，心之郭廓；四海也者，心之邊際；萬物也者，心之形色；往古來今，惟有此心，浩浩淵淵，不可得而測而窮也。此心自朝至暮，能聞能見，能孝能弟，無間晝夜，不須計度，自然明覺，與天同流，一入聲臭，卽是意念，是己私也。人之日用起居食息，誰非天者；卽此是眞知、眞識，又從而知識之，是二知識也。人身之痛癢視聽，無不覺者；此覺之外，更有覺乎？愚不肖者未嘗離此爲體，奚謂不知？不自知其用處是性，故曰蠢動；是以動處是覺，覺處亦昏昧也。"此卽現成"良知"之言，以不犯做手爲妙訣者也。心齋常謂先生曰："何謂至善卽性善？"曰："性卽道乎？"曰："然。"曰："道與身孰尊？身與道何異？"曰："一也。"曰："今子之身能尊乎否歟？"先生避席請問曰："何哉，夫子之所謂尊身也？"心齋曰："身與道原是一件，至尊者此道，至尊者此身；尊身不尊道，不謂之尊身，尊道不尊身，不謂之尊道。道尊身尊，纔是至善。故曰：'天下有道，以道殉身；天下無道，以身殉道。'若以道殉人，妾婦之道也；己不能尊信，又豈能使彼尊信哉！"先生拜而謝曰："某甚慚於夫子之教！"

## 王一菴先生

王棟，字隆吉，號一菴，泰州人。從事心齋。先生之學，其大端有二：一則稟師門格物之旨而洗發之；言格物乃所以致知。平居未與物接，只自安正其身，便是格其物之本；格其物之本，便卽是未應時之“良知”。至於事至物求，推吾身之矩而順事恕施，便是格其物之末；格其物之末，便卽是旣應時之“良知”。故致知格物，不可分析。一則不以意爲心之所發。謂自身之主宰而言謂之心，自心之生宰而言謂之意；心則虛靈而善應，意有定向而中涵。自心虛靈之中，確然有主者，名之曰意耳。昔者先師蕺山曰：“人心徑寸耳，而空中四達，有太虛之象；虛故生靈，靈生覺，覺有主，是曰意”。故以意爲心之所發爲非是，而門下亦且齗齗而不信；於是有答董標《心意十問》，答史孝復《商疑》。先生曰：“不以意爲心之所發，雖自家體驗見得如此；然頗自信心同理同，可以質諸千古而不惑。”顧當時亦無不疑之，雖其久於門下者，不能以釋然。“下士聞道而笑”，豈不然乎！周海門作《聖覺宗傳》，多將先儒宗旨湊合己意，埋沒一菴。又不必論也。

## 語錄

陽明先生提掇“良知”二字，爲學者用功口訣，眞聖學要旨也！今人只以知是知非爲良知，此猶未悟；良知自是人心寂然不動不應而知之靈體。其知是知非，則其生化於感通者耳！

“良知”無時而昧，不必加知；卽明德無時而昏，不必加明也。《大學》所謂“在聞明德”，只是要人明識此體；非括去其昏，如後人磨鏡之喻。夫鏡物也，心神也；物滯於有迹，神妙於無方，何可倫比？故學者之於“良知”，亦只要識認此體端的便了，不消更着“致”字。先師云：“明翁初講‘致良知’，後來只說‘良知’；傳之者自不察耳。”

象山謂：“在人情事變上用功。”正孟子“必有事焉”之意。“必有事焉”，非謂必以集義爲事。言吾人無一時一處而非事，則亦無一時一處而非心；無一時一處而非心，則亦無一時一處而非學。故凡日用動静云爲一切人情事變，孰非吾心性中所有之事，孰非職分内當爲之事？故謂之“必有事焉”，猶言須臾離事不得，件件隨知順應，而不失其宜，是則所謂集義者也。故孟子以後，能切實用功而不涉於虚想、虚見、虚坐、虚談者，無如象山。明翁初講“致良知”，曰：“致者，至也；如云喪致乎哀之致”。其解物格知至，曰：“物格則‘良知’之所知者無有虧缺障蔽，而得以極其至矣。”觀此，則所謂“致良知”者，謂致極吾心之知，俾不欠其本初純粹之體，非於良知上復加致也。後因學者中往往不識“致”字之義，謂是依著“良知”，推致於事；誤分良知爲知，致知爲行，而失知行合一之旨。故後只説良知，更不復言致字。今明翁去久，一時來承面命諸大名賢，皆相繼逝；海内論學者，靡所稽憑，故有虚空昌認良知，以爲易簡超脱。直指知覺凡情爲性，混入告子、釋氏而不自知；則不言致字誤之也。二者之間，善學者須識取。

先儒發變化氣質之論，於學者極有益；但若直從氣質偏處矯之，則用功無本，終難責效。故只反身格物，以自認“良知”。尋樂養心，而充滿和氣；則自然剛暴者温，柔懦者立，驕矜者巽，簡傲者謙，鄙吝者寬，惰慢者敬。諸所偏重，咸近於中矣。以是知學必涵養性源爲主本，而以氣質變化爲徵驗。

自責自修，學之至要。今人詳於責人，只爲見其有不是處。不知爲子而見父母不是，子職必不共；爲臣而見君上不是，臣職必不盡；他如處兄弟、交朋友、蓄妻子，苟徒見其不是，則自治已疏，動氣作疑，自生障礙，幾何不同歸於不是哉？有志於爲己者，一切不見人之不是，然後能成就一個自家是。

一友聞格物之説，喜曰：“看來‘格物’二字，只是箇致知底

‘致’字。”曰：“然。”曰“學既明白如此，須作第一事幹，庶不虛負所聞。”曰：“作第一事，還有第二第三；須是看得事卽學。學卽事。日用間一切動靜云爲，總只是這一個學，方是無間斷無歇手處。”友乃躍然。

庸德庸言，是小小尋常言行無甚關係時節；今人之所忽處，正古人之所謹處。故學必於微小去處不少放過，方始入精。

古人好善惡惡，皆在已身上做工夫；今人好善惡惡，皆在人身上作障礙。

一友覺有過，言愧悔不樂。曰：“莫煩惱前頭失處，且喜樂今日覺處，此方是見在眞工夫。煩惱前頭失處，尚在毀譽上支持，未復本體；喜樂見在覺處，則所通者化，而眞體已呈露矣。二者相去，不亦遠乎！”

## 林東城先生

林春，字子仁，號東城，揚之泰州人。家貧，傭王氏爲僮子；王氏見其慧，因使與子共學，先生亦刻苦自厲。辛丑卒官，年四十四，先生師心齋而友龍溪，始聞“致良知”之說，遂欲以躬踐之，日以朱墨筆點記其意向臧否醇雜以自攷鏡。久之乃悟，曰：“此治病於標者也！盍反其本乎？”自束髮至蓋棺，未嘗一日不講學；雖在吏部，不以官避嫌疑，與知學者挾衾被櫛具往宿寺觀中。終夜剌剌不休。荊川曰：“君問學幾二十年，其膠解凍釋，未知其何如也？”然自同志中語質行者必歸之。由此言之，先生未必爲泰州之入室，蓋亦無泰州之流弊矣。

## 趙大洲先生

趙貞吉，字孟静，號大洲，蜀之內江人。生而神穎，六歲誦書日盡數卷。杜門著述，擬作《二通》以括今古之書：內篇曰《經世通》，外篇曰《出世通》；內篇又分二門，曰史，曰業。史之爲部四：曰統，曰傳，曰制，曰誌；業之爲部四：曰典，曰行，曰藝，曰術。外篇亦分二門：曰說，曰宗；《說》之爲部三：曰經，曰律，曰論，《宗》之爲部一，曰《單傳直指》。書雖未成，而其緒可尋也。萬歷四年三月十五日卒，年六十九。先生之學，李贄謂其得之徐波石。按先生之論中也，曰："世儒解中者，不偏不倚無過不及之名，而不知言中爲何物。今夫置器於地，平正端審，然後曰此器不偏不倚；度物之數，長短適中，然後曰此物無過不及；今舍其器物，未問其作何名狀，而但稱曰不偏不倚無過不及，則茫茫虛號，何所指歸？若以爲物物有天然之則，事事有當可之處；夫天然之則，在此物者不能以該於彼物，當可之處，在此事者不能以通於他事。若以爲道心爲主而人心聽命，則動靜云爲之際，自無過不及之差，此又以中爲學問之效；甯有三聖心傳，不指其體而僅言其效乎？波石之論中也，亦曰："伊川有堂之中爲中，國之中爲中，若中可擬而明也。《易》不當曰：'神無方而易無體'矣。"故知先生有所授受也。

### 雜著

夫至尊者道也，至樂者學也；學以聞道，志以成學也。然而學不信心久矣，惟其不信自心，是以志無由立；蓋此心不失，卽名爲志，此志不失，即臻道域也。今先不信心，而志從何生？志驟而學，宜其展轉外求，而自蔽益深矣！某以爲必先討去其蔽，而後可與共學。是以古之朋友，旦夕聚處；先王教化，亦必羣處校列而後成，有由然也。夫學者之蔽，有窺測前聖，模度後賢，摘服佳言，飭行善事；身心互持，徒相窒礙。而此念既熟，自諉曰志者；其蔽在不信自心，而依做妄念，逡巡襲取也。亦有取自胸臆懸立標準；即以標準爲師，而別起意念，常受羈焉。隱微牽絆，未有止息。抱此情識，自諉曰志者；其蔽在不信自心，而依憑妄念，虛恍意見也。亦有醉心陳編，馳騖文事，研究糾頤，增長聞見，剽竊空談，支離著述；身心漂泊，至老無聞。而言語之微，矜持影響。及淹浸既久，家具頗成矣，遂自諉曰志者；其蔽在不信自心，而枉肆妄念，紛紜玩物也。又有頗知向學，而厭靜喜動，厭動喜靜者。在靜無主，則雜念輪轉，而苦眩不甯；在動逐物，則境移心變，而煩惱復作。或滯靜而沉昏是宅，或狥動而神守離軀，或照管馳求以爲近取，檢點科列以爲自治；惟此枝條，最爲緊多，而終歸於廢學矣。其蔽在不自信其心，而妄生支離也。又有志非眞切，託意矜名。依傍仁義之途，而自以爲是；日作心勞之僞，而不覺其非。止於補塞脫漏，惟知修飾觀聽；故多欲之根日深，而智慧之種將盡矣。然而性無滅息，本知獨良。或因考古而發憤；或聽人言而忸怩；或因順境而眞見忽開，緬思有爲；或因欲極而天心復見，即求解脫；或惜歲月之不可留；或嘆古人之不易及；或光風霽月之下，而暢然自由；或迅雨烈風之前，而惕然追悔；皆其本心忽明之端，不可昧也。但舊念既熟，而新知尚生。熟者有欲可依，而舉目見前；生者無本可據，而掉臂遺失，是以卒歸於不學無志而已矣。其蔽在不信自心，而立基無地也：夫五蔽者，言其略矣。五者交錯，互相生養，而蔽無窮矣！今欲直得本心，而確然自信，惟當廓摧諸蔽，洞然無疑；則本心自明，不假修習，本性自足，不俟旁求。天地萬物，惟一無二，在在具足，浩浩充周矣。雖然，無有師友淵源之論，砥礪切磨之功，奮起塵俗，超然物表者，誰與領此？

夫學未至於聖人之地，而假名言以修心，其勢不容於不異也。昔閩洛之儒，異唐漢矣；唐漢之儒，異鄒魯矣。三千七十之流，各持其異，入孔門而欲爭之；皆喪其名言，而如愚以歸。故曰，“雖欲從之，末由也已！”然後異者合而道術一矣。此曷故耶？以得聖人爲之依歸也。是故聖人者羣言之家，而道之岸也。夫衆車麗馳於康莊，而前卻之異者，策使之也；衆舟沿遡於廣津，而洄突之異者，枻使之也；衆言淆亂於名言，而暄聒於是非之異者，見使之也。至若行者抵家，則并車釋之矣，何有於策？渡者抵岸，則并舟釋之矣，何有於枻？學者而至於聖人之門，則并其名言喪矣，何有於見？

天地萬物，本吾一體也，而吾何以知天地萬物之然哉？天地非仁將恐折，萬物非仁將恐歇，吾心非仁，吾身將恐蹶。吾何以知吾身之然哉？吾視非仁，盲從目生；吾聽非仁，聾從耳騰；吾言非仁，吾過瞢瞢；吾動非仁，身過殷殷。嗚呼，微翳眯睛，則八方易位；一念傾倒，而人已成敵。執迷爲眞，賊以代子；四竅塵投，一妙覺死。樂出於虛，蒸則成菌；旣死之心，不可復振。蝸窟蚓穴，去仁幾何？鳶飛魚躍，於仁何若？古之有道，去彼取此；三才歸根，一日克己。吾何以知有道之然哉？以其無己也，故能成其己。嗚呼，吾有大己，俯萬物而觀天地者也。大己不浹，小己揭揭；小己旣克，大己潑潑，古之善克者，視於無形，聽於無聲，動無軌轍。言非述稱，四用反一，一眞流行，無體無方，禮嘉而亨。少有意必固我作累，妙用齊滯，具爲痿痺；此爲不仁，而株橛小己。是故無己爲克，眞己爲大，至大爲仁，體無對待；不見大

小，焉知內外？性此曰聖，復此曰賢；小子至愚，擇焉執焉。昔者吾友，從事於此；敢告非狂，爲仁由己。——《克己箴》

## 羅近溪先生

羅汝芳，字惟德，號近溪，江西南城人。江陵問山中功課，先生曰："讀《論語》、《大學》，視昔差有味耳！"江陵默然。萬歷五年，進表講學於廣慧寺，朝士多從之者；江陵惡焉，遂勒令致仕。歸與門下走安成、下劍江，趨兩浙金陵，往來閩廣，益張皇此學；所至弟子滿座，而未嘗以師席自居。卒年七十四。少時讀薛文清語，謂："萬起萬滅之私，亂吾心久矣；今當一切決去，以全吾澄然湛然之體。"決志行之。閉關臨田寺，置水鏡几上，對之默坐，使心與水鏡無二。久之而病心火，偶過僧寺，見有榜"急救心火"者，以爲名醫；訪之，則聚而講學者也。先生從衆中聽良久，喜曰："此眞能救我心火！"問之爲顏山農。山農者，名鈞，吉安人也。得泰州心齋之傳。先生自述其不動心於生死得失之故。山農曰："是制欲，非體仁也。"先生曰："克去己私，復還天理，非制欲安能體仁？"山農曰"子不觀孟子之論四端乎？知皆擴而充之，若火之始然，泉之始達；如此體仁，何等直截？故子患當下日用而不知，勿妄疑天性生生之或息也。"先生時如大夢得醒，明日五鼓，卽往納拜稱弟子，盡受其學。山農謂先生曰："此後子病當自愈，舉業當自工，科第當自致；不然者，非吾弟子也。"已而先生病果愈。其後山農以事繫留京獄，先生盡鬻田產，脫之；侍養於獄六年，不赴廷試。先生歸田後，身已老；山農至，先生不離左右，一茗一果，必親進之。諸孫以爲勞，先生曰："吾師非汝輩所能事也。”楚人胡宗正，故先生舉業弟子；已聞其有得于易，反北面之。宗正曰：“伏羲平地著此一畫何也？”先生累呈註脚。宗正不契，三月而後得其傳。嘗苦格物之論不一，錯綜老久之，一日而釋然。謂：“《大學》之道，必在先知。能先知之，則盡《大學》一書，無非是此物事；盡《大學》一書物事，無非是此本未始終；盡《大學》一書之本末終始，無非是古聖六經之嘉言善行。格之爲義，是卽所謂法程，而吾儕學爲大人之妙術也。”夜趨其父錦臥榻陳之。父曰：“然則經傳不分乎？”曰：“《大學》在《禮記》中，本是一篇文字；初則概而舉之，繼則詳而實之，總是愼選至善之格言，明定至大之學術耳。”父深然之。先生十有五而定志於張洵水，二十六而正學於山農，三十四而悟《易》于胡生，四十六面證道於泰山丈人，七十而問心於武夷先生，先生之學，以赤子良心不學不慮爲的，以天地萬物同體徹形骸忘物我爲大。此理生生不息，不須把持，不須接續；當下渾淪順適，工夫難得湊泊。卽以不屑湊泊爲工夫，胸次茫無畔岸；便以不依畔岸爲胸次，解纜放船，順風張棹，無之非是。學人不省，妄以澄然、湛然爲心之本體，沉滯胸膈，留戀景光；是爲鬼窟活計，非天明也。論者謂龍溪筆勝舌，近溪舌勝筆；顧盼呿欠，微談劇論，所觸若春行雷動。雖素不識學之人，俄頃之間，能令其心地開明，道在現前，一洗理學膚淺套括之氣，當下便有受用，顧未有如先生者也。生生之機，洋溢天地間，是其流行之體也；自流行而至畫一，有川流便有敦化。故儒者於流行見其畫一，方謂之知性。若徒見氣機之鼓盪，而玩弄不已，猶在陰陽邊事，先生未免有一間之未達也。夫儒釋之辨，眞在毫釐。今言其偏於內而不可以治天下國家，又言其只自私自利，又言只消在迹上斷，終是判斷不下。以義論之，此流行之體，儒者悟得，釋氏亦悟得；然悟此之後，復大有事，始究竟得流行。今觀流行之中，何认不散漫無紀，何以萬殊而一本，主宰歷然？釋氏更不深造，則其流行者亦歸之野馬塵埃之聚散而已。故吾謂釋氏是學焉而未至者也，其所見固未嘗有差，蓋離流行亦無所爲主宰耳。若以先生近禪，并棄其説，則是俗儒之見，去聖亦遠矣。其孫懷智嘗閲《中峯廣録》，先生輒命屏去。曰："禪家之説，最令人躲閃；一入其中，如落陷阱。更能轉頭出來，復歸聖學者，百無一二。"可謂先生之長矣。楊止菴上《士習疏》云："羅汝芳師事顏鈞，談理學，師事胡清虚，談燒煉，採取飛昇；師僧玄覺，談因果，單傳直指。其守宁國，集諸生會文講學，令訟者跏趺公庭，斂目觀心；用庫藏充餽遺，歸者如市。其在東昌雲南，置印公堂，胥吏雜用；歸來請託煩數，取厭有司。每見士大夫，輒言'三十三天，憑指箕仙'，稱呂純陽自終南寄書。其子從丹師死於廣，乃言'日在左右'，其誕妄如此。"此則賓官雜沓，流傳錯誤，毀譽失眞，不足以掩先生之好學也。

## 語録

問："今時談學，皆有箇宗旨，而先生獨無；自我細細看來，則似無而有、似有而無也。"羅子曰："如何似無而有？"曰："先生隨言對答，多歸之赤子之心。"曰："如何似有而無？"曰："纔説赤子之心，便説不慮不學；欲不是似有而無，茫然莫可措手耶？"曰："吾子亦善於形容矣，其實不然。我今問子初生亦是赤子否？"曰："然。"曰："初生既是赤子，難説今日此身不是赤子長成；此時我問子答，是知能之良否？"曰："然。"曰："卽此問答，用學慮否？"曰："不用。"曰："如此則宗旨確有矣。"曰："若只是我問你答，隨口應聲，箇箇皆然，時時如是；雖至白首，終同凡夫。安望有道可得耶？”曰：“其端只在能自信從，其機則始於善自覺悟。虞廷言道，原說‘其心惟微’；而所示工夫，却要‘惟精惟一’。有精妙的工夫，方入得微妙的心體。”曰：“赤子之心，如何用工？”曰：“心爲身主，身爲神舍；身心二端，原樂於會合，苦於支離，故赤子孩提，欣欣長是歡笑。蓋其時身心猶相凝聚，及少小長成，心思雜亂，便愁苦難當；世人於此，隨俗習非，往往馳求外物以圖安樂。不思外求愈多，中懷愈苦；老死不肯回頭，惟是有根器的人，自然會尋轉路。曉夜皇皇，或聽好人半句言語，或見古先一段訓詞，憬然有個悟處；方信大道只在此身，此身渾是赤子，赤子渾解知能，知能本非學慮。至是精神自是體貼，方寸頓覺虛明；天心道脈，信爲潔淨精微也已。”曰：“此後卻又如何用工？”曰：“吾子只患不到此處，莫患此後工夫。請看慈母之字嬰兒，調停斟酌，不知其然而然矣。”

問：“掃浮雲而見天日，與吾儒宗旨同否？”曰：“後儒亦有錯認以爲治心工夫者，然與孔孟宗旨，則迥然冰炭也。《論孟》之書具在，如曰‘苟志於仁矣，無惡也’，曰‘我欲仁，斯仁至矣’，曰‘凡有四端於我者’云云。看他受用，渾是青天白日，何等簡易方便也？”曰：“習染聞見，難說不是天日的浮雲，故學者工夫，要如磨鏡，塵垢決去，光明方顯”。曰：“吾心覺悟的光明，與鏡面光明，卻有不同；鏡面光明，與塵垢原是兩個，吾心先迷後覺，卻是一個。當其覺時，卽迷心爲覺；則當其迷時，亦卽覺心爲迷也。夫除覺之外更無所謂迷，而除迷之外亦更無所謂覺也。故浮雲天日，塵埃鏡光，俱不足爲喻；若必欲尋個譬喻，莫如冰之與水，猶爲相近。吾人閒居放肆，一切利欲愁苦，卽是心迷；譬則水之遇寒凍，而凝結成冰，固滯蒙昧，勢所必至。有時師友講論，胸次瀟灑，是心開朗；譬則冰之得暖氣，消融解釋成水，清瑩活動，亦勢所必至也。冰雖凝而水體無殊，覺雖迷而心體具在，方見良知宗旨。貫古今，徹聖愚，通天地萬物，而無二無息者也。”

問“今時士子，祗狗聞，見讀書逐枝葉而忘根本。何道可反茲習？”曰：“枝葉與根本，豈是兩段？觀之草木，徹頭徹尾，原是一氣貫通；若頭尾分斷，則便是死的。雖云根本，堪作何用？只要看用功志意何如？若是切切要求根本，則凡所見所聞，皆歸之根本；若是尋枝覓葉的肚腸，則難今日儘有玄談，亦將作舉業套子矣！”

問：“向蒙指示，謂‘不必汲汲便做聖人，且要詳審去向的確地位’。承教乏後，翻覺工夫最難湊泊，心胸茫無畔岸。”曰：“此中有個機括，只怕汝不能自承當耳。”曰：“何以承當？”曰：“若果然有大襟期，有大氣力，有大識見；就此安心樂意而居天下之廣居，明目張膽而行天下之大道。工夫難到湊泊，卽以不屑湊泊爲工夫；胸次茫無畔岸，便以不依畔岸爲胸次。解纜放船，順風張棹；則巨浸汪洋，縱橫任我，豈不一大快事也哉！”

問：“善念多爲雜念所勝，又見人不如意，暴發不平，事已輒生悔恨，不知何以對治？”曰：“譬之天下路徑，不免石塊高低；天下河道，不免灘瀨縱橫。善推車者，輪轅迅飛，則塊磊不能爲礙；善操舟者，篙槳方便則灘瀨不能爲阻。所云雜念忿怒，皆是說前日後日事也；工夫緊要，只踰目前，今且說此時相對，中心念頭，果是何如？”曰：“若論此時，則恭敬安和只在專志聽教，一毫雜念也不生。”曰：“吾子既已見得此時心體有如是好處，卻果信得透徹否？”大衆忻然起曰：“據此時心體，的確可以爲聖爲賢而無難事也。”曰：“諸君目前各各奮躍，此正是車輪轉處，亦是槳勢快處；更愁有甚麼崎嶇可以阻得你，有甚灘瀨可以滯得你？況‘民之秉彝，好是懿德’；則此個輪極是易轉，此個槳極爲易搖。而王道蕩蕩平平，終身由之，絕無崎嶇灘瀨也。故自黃中通理，便到暢四肢發事業；自可欲之善，便到大而化聖而神。今古一路學脈，眞是簡易直截，眞是快活方便。奈何天下推車者日數千百人，未聞以嶇崎而迴轍；行舟者日數千百人，未聞以灘瀨而停棹。而吾學聖賢者，則車未嘗推，而預愁嶇崎之阻；舟未曾發，而先懼灘瀨之橫。此豈路之扼於吾人哉？亦果吾人之自扼也！”

問：“平日在愼獨用功，頗爲專篤；然雜念紛擾，終難止息。如何乃可？”羅子曰：“學問之功，須先辨別源頭分曉，方有次第。且言如何爲獨？”曰：“獨者，吾心獨知之地也。”“又如何爲愼獨？”曰：“吾心中念慮紛雜，或有時而明，或有時而昏，或有時而定，或有時而亂；須詳察而嚴治之，則愼也。”曰：“卽子之言，則愼雜非愼獨也。蓋獨以自知者，心之體也，一而弗二者也；雜其所知者，心之昭也，二而弗一者也。君子於此，因其悟得心體在我至隱至微，莫見莫顯，精神歸一，無須臾之散離，故謂愼之獨也。”曰：“所謂愼者，蓋如治其昏而後獨可得而明也，治其亂而後獨可得而定也；若非愼其雜，又安能愼其獨也耶？”曰：“明之可昏，定之可亂，皆二而非一也；二而非一，則皆雜念而非所謂獨知也。獨知也者，吾心之良知，天之明命，能於穆不已者也。明固知明，昏亦知昏，昏明二而其知則一也；定固知定，亂亦知亂，定亂二而其知則一也。古今聖賢，惓惓切切，只爲這些子費却精神；珍之重之，存之養之，爲天地立心，爲生民立命，總在此一處致愼也。”曰：“然則雜念詎置之不問耶？”曰：“隸胥之在於官府，兵卒之在於營伍，雜念之類也；憲使升堂，而吏胥自肅，大將登壇。而兵將自嚴，則愼獨之與雜念之類也。今不思自作憲使主將，而惟隸胥兵卒之求焉，不亦悖且難也哉！”

夜坐誦《牛山》一章，衆覺肅然。羅子浩然嘆曰：“聖賢警人每切，而未思耳！卽‘梏亡’二字，今看只作尋常；某提獄刑曹，親見桎梏之苦。上至於項，下至於足，更無寸膚可以活動，輒爲涕下。”中有悟者曰：“然則從軀殼上起念，皆梏亡之類也。”曰：“得之矣！蓋良心寓形體，形體既私，良心安得活動？直至中夜，非惟手足休歇，耳目廢置，雖心思亦皆斂藏；然後身中神氣，氣稍得以出竇。逮及天曉，端倪自然萌動，而良心乃復見矣。回思日間形役之苦，又何異以良心爲罪人，而桎梏無所從告也哉？”曰：“夜氣如何可存？”曰：“言夜氣存良心則可，言良心存夜氣則不可；蓋有氣可存，則晝而非夜矣。”

## 楊復所先生

楊起元，字貞復，號復所，廣東歸善人。卒年五十三。先生之父傳芬，名湛氏之學，故幼而薰染；讀書白門，遇建昌黎允儒，與之談學，霍然有省。因問：“子之學豈有所授受乎？”允儒曰：“吾師近溪羅子也。”無何，先生在京，而近溪至；先生大喜，遂稱弟子。時江陵不說學，以爲此陷阱不顧也，近溪既歸，先生嘆曰：“吾師且老，今若不盡其傳，終身之恨也！”因訪從姑山房而卒業焉。常語鄒南皐曰：“師未語，予亦未嘗置問；但覺會堂長幼畢集，融融魚魚，不啻如春風中也”。先生所至，以學淑人，其大指謂：“明德本體，人人所同；其氣稟拘他不得，物欲蔽他不得，無工夫可做，只要自識之而已。故與愚夫愚婦同其知能，便是聖人之道；愚夫愚婦之終於愚夫愚婦者，只是不安其知能耳。雖然，以夫婦知能言道，不得不以耳目口鼻四肢之欲言性，是卽釋氏‘作用爲性’之說也。”

## 耿天臺先生

耿定向，字在倫，號天臺，楚之黃安人。告歸，家居七年，卒年七十三。先生之學，不尚玄遠。謂："道之不可與愚夫愚婦知能，不可以對造化通民物者，不可以爲道。故費之卽隱也，常之卽妙也，粗淺之卽精微也；其說未嘗不是，而不見本體，不免打入世情隊中。共行只是人間路，得失誰知天壤分。此古人所以貴刀鋸鼎鑊學問也。是故以中行爲學，稍一不徹骨髓，其下場不及狂狷多矣！"先生謂："學有三關：一卽心卽道；一卽事卽心；一愼術。愼術者以良知現現成成，無人不具；但用之於此則此，用之於彼則彼。故用在'欲明明德於天下'，則不必別爲制心之功，未有不仁者矣。夫良知卽未發之中，有善而無惡；如水之必下，鍼之必南。欲明明德於天下而後謂之良知，無待於用；故凡可以之彼之此者，皆情識之知不可爲良。"先生之認良知尚未淸楚。雖然，亦緣《傳習後錄》記陽明之言者失眞，如云"儀秦亦是窺見得'良知'妙用處，但用之於不善耳"。先生爲其所誤也。

## 耿楚倥先生

耿定理，字子庸，號楚倥，天臺之仲弟也。少時讀書不成，父督過之；時時獨行空谷中，憂憤不知所出。問之，則曰："吾奈何不明白！若有眼瞎子，不知其所謂不明白者何也？"自是或靜坐一室終歲不出；或求友訪道，累月忘歸。其始事方湛一，最後於鄧豁渠得一切平實之旨，能收視返聽；於何心隱得黑漆無入無門之旨，充然自足。有問之者曰："聞子欲作神仙耶？"曰："吾作天仙，不作地仙。"曰："天仙云何？"曰："直從太極入，不落陰陽五行。"天臺聞而呵之曰："學不向事親從兄實地理會乎？"曰："學有原本，堯舜相傳。衹是一中，子思爲之註曰：'喜怒哀樂未發之謂中'。今人孰能未發前覷一目哉？"曰："《中庸》亦只言庸言庸行達道九經而已。"曰："獨不觀其結語爲無聲無臭耶？"先生論學不煩言說，當機指點，使人豁然於罔指之下。卓吾好談說，先生不發一言。臨別謂之曰："如何是'自以爲是不可入堯舜之道'？"卓吾默然。天臺攜之見劉初泉先生云："且勿言我二人是兄弟。"時初泉臥病，天臺言："吾與一醫者同來先生榻前。"數語初泉驚起——已知爲天臺之弟，——謂天臺曰："慧能和尚，乃是舂米漢哉！大開眼人，恐不可以弟畜之。"李士龍來訪，先生未與一語及學。士龍恚曰："吾冒險千里，來此踰月，不聞一言見教，何外我甚？"先生笑而不答。瀕行送之河滸，問曰："孔子云，'不曰如之何如之何'。此作何解？"士龍舉朱註云云。先生曰："畢竟是'不曰如之何如之何'者！"士龍因有省。京師太會，舉中義相質，在會各呈所見，先生默不語。忽從座中崛起拱立曰："請諸君觀中。"因嘆曰："舍當下言中，沾沾於書本上覓中，終生罔矣！"在會因有省者，先生機鋒迅利如此。

## 天臺論學語

余惟反之本心不容已者，雖欲堅忍無爲；若有所使而不能，反之本心不自安者，雖欲任放敢爲。若有所制而不敢，是則膚淺之綱領，惟求其不失本心而已矣。

昔大洲云："只要眼明，不貴踐履。"余則曰："眼孔易開，骨根難换；公所取人者眼孔，余所取人者全在骨根。”

此學只是自己大發願心，眞眞切切肯求，便日進而不自知矣。蓋只此肯求，便是道了；求得自已漸漸有些滋味，自家放歇不下。便是得了。

反身內觀，一無所有，惟此些子烱然在此；始信人之所爲人者，惟此明哲體耳。此體透激，此身乃爲我有；不然，身且不得而有，保此軀殼何用?

人而名之曰人，以仁也；人而去仁，則耳自口鼻，儼然人也，而實非人矣。惡乎成名？謂其無以成人名也。獨夫夜行空谷中，未免惴惴心動；五尺童子隨其後，則帖然。厝一星於寒灰，則滅；羣火在盆中，可以竟夜。觀此則以友輔仁可識矣。

人爲習氣所移，多好放逸；時一自警策，便是禮。人爲情慾所梏，多致抑鬱；時一自舒暢，便是樂。

吾人於一日十二時中，精神志意，皆有安頓處，方有進步處。

近人眞眞切切爲已，雖僕廝隸胥，皆有可取處，皆有長益我處；若放下自已，只求别人，賢人君子，皆不免指摘。

## 焦澹園先生

焦竑，字弱侯，號澹園，南京旗手衛人。先生積書數萬卷，覽之略遍；金陵人士輻輳之地，先吾主持壇坫，如水赴壑。其以理學倡率，王弇州所不如也。泰昌元年卒，年八十一。先生師事耿天臺、羅近溪；而又篤信卓吾之學，以爲未必是聖人，可肩一狂字，坐聖門第二席。

# 潘雪松先生

潘士藻，字去華，號雪松，徽之婺源人。卒年六十四。先生學於天臺、卓吾。初至京師，入講學之會如外國人驟聽中華語，錯愕不知所謂。得友祝延之、世祿時時爲述所聞，隨方開釋；稍覺拘泥，輒少寬之，既覺心懈，輒鞭策之。久之，閉塞憤悶日甚。延之曰："經此一番苦楚，是一生得力，顧卻無可得說。"一日自西長安街馬上，忽省曰："原來只是如是！何須更索？"馳質之延之。延之曰："近是。"曰："戒慎恐懼如何用功？"曰："識此渠自會戒慎，自會恐懼。"相與撫掌。已相戒曰："此念最易墮落，須時時提醒；醞釀日深，庶有進步。"出京別天臺。天臺曰："至淮謁王敬所，入安豐訪王東厓；此老頗奇，即戲語亦須記。"過金陵再叩焦弱侯，只此便是博學之，先生一一如教。始覺宇宙之無窮，從前眞陷井之鼃也。

## 闇然堂日錄

"困而不學，民斯爲下"。記云："學然後知困，今人尚未知困在。"

"不患無位，患所以立"。立者，四無倚附，屹然是非毀譽之中，所謂"八風吹不動"也；非一點靈明自作主張，鮮有不仆者矣。

須是酬酢紛紜中，常常提醒收拾，久之自有不存之存。

人身常要豎立得起，少有放鬆，昏怠之氣隨之矣；惟能常常挺然豎立，不令放倒，此疑神馭氣之要訣。學者不知一念之差，已爲蹠之徒也。故視得志之人，負於國家，往往竊嘆之；豈知己之汲汲營利，是其植根，而得志之時，不過成就結果之耳！

## 方本菴先生

方學漸，字達卿，號本菴，桐城人也。少而嗜學，長而益敦，老而不懈；一言一動，一切歸而證諸心。見世之談心，往往以無善無惡爲宗，有憂焉；進而證之於古，遡自唐虞及於近世，摘其言之有關於心者，各拈數語，以見不睹不聞之中，有莫見莫顯者。以爲萬象之主，非空然無一物者也。然先生之言，煞是有病，夫心體本空，而其中有主宰乎是者；乃天之降衷，有無虛實，通爲一物者也。渣滓盡化，復其空體，其爲主宰者卽此空體也。若以爲虛中有實，歧虛實而二之，豈心體之本然哉？故先生以不學不慮，理所固然，欲亦有之；但當求之於理，不當求之於不學不慮。不知良能良知之不學不慮，此繼善之根也；人欲之卒然而發者，是習熟之心爲之，豈不學不慮乎？先生欲辨無善無惡心之體，而自墮於有善有惡心之體矣！是皆求實於虛之過也。先生受學於張甑山耿楚倥；在泰州一派，別出一機軸矣。

## 何克齋先生

何祥，號克齊，四川內江人。初事南野於太學。大洲謂之曰："如南野，汝當執贄專拜爲師可也。"先生如其言。南野笑曰："予官太學卽師也，何更以贄爲？"先生謂："太學生徒衆矣，非此不足以見親切也。"南野乃愛之。凡南野、大洲一言一動，先生必籍記之，以爲學的。京師講會，有拈"識仁定性”者；先生作爲講義皆以良知之旨通之。先生之學，雖出於大洲，而不失儒者矩矱。耿定力曰；“大洲法語危言，砭人沉痼；先生温辯粹論，輔人參苓。其使人反求而自得本心一也。”

## 講義

爲學在求放心，如思慮過去未來事，都是放心；但只存得此心常見在，便是善學了。人只是一個心，心只是一個志；此心推行得去，便是盛德大業。故自古上士，不患不到聖賢，患此心不存；不患做不出功業，患此心不見道耳。

人於良心上用，則聰明日增；於機心上用，則聰明日減。

# 祝無功先生

祝世祿，字延之，號無功，鄱陽人。當緒山、龍溪講學江右，先生與其羣從祝以直——惟敬——祝介卿——眉壽——爲文麓之會；及天臺倡道東南，海內雲附景從。其最知名者，則新安潘去華、蕪陰王德孺與先生也。去華初入京師，雖親講會，不知爲學之方；先生隨方開釋，稍覺拘迫，輒少寬之，既覺心懈，輒鞭策之。終不爲之道破，使其自得，先生謂：“吾人從有生來，習染纏絆，毛髮骨髓，無不受病；縱朋友善攻人過，不勝枚舉。惟是彼此互相虛下，開一條受善之路，此眞洗滌腸胃良劑。”故終身不離講席。天臺以不容已爲宗，先生從此得力。“身在心中”一語，實發先儒所未發；至謂“主在道義”。即蹈策士之機權，亦爲妙用。此非儒者氣象，乃釋氏作用見性之說也。古今功業，如天空鳥影，以機權而幹當功業。所謂“以道殉人，遍地皆糞土”矣！

## 祝子小言

學者不論造詣，先定品格；須有凰鳳翔于千仞氣象，方可商求此一大事。不然，渾身落世情窠臼中。而因人起名，因名起義，輒號於人曰學；何異濯纓泥滓之渦，振衣風塵之路？冀還純白，無有是處。

患莫患於不自振，洪範六極，弱居一焉；一念精剛，如弛忽張。風飛雷動，奮迅激昂。羣疑以亡，諸欲以降，百行以昌，更有何事？

世之溺人久矣！吾之志所以度吾之身，不與風波滅沒者也。操舟者柁不使去手，故士莫要於持志。

學在知所以用力，不見自心，力將何用？試觀不識一字凡夫，臨不測之淵，履欲墮之崖，此時此心，惺惺翼翼，不着纖毫；入聖微機，故復如是。不則逐名義而捉意會，爲力彌勞去道彌遠。

見人不是，諸惡之根；見己不是，萬善之門。

"儒者論是非不論利害"，此言非也。是非利害自有眞，眞是而眞利應，眞非而眞害應；以此提衡古今，如鼓答桴，未有爽者。

問所存者神。曰："情識不生，如空如水。"問所過者化。曰："雁度長空，影落寒水；雁無留迹，水無留影。"

人必身與心相得，而後身與世亦相得。不然，身與心爲讎，將舉身與世亦相讎；得則俱得，讎則俱讎。讎，苦之趣也；得，樂之符也。學不二境，乃見學力。肅之乎賓友之見，忽之乎衆庶之臨，得之乎山水之間，失之乎袵席之上；吾所甚恥也！

"中庸"非有二也，識此理而保在之，爲戒愼恐懼之中庸；識此理而玩弄之，爲無忌憚之中庸。

王新建在事業有佐命之功，在學問有革命之功。蓋支離之說，浸灌入人心髓久矣；非有開天闢地大神力大光明，必不能爲吾道轉此法輪。

雲白山青，川行石立；花迎鳥笑，谷答樵謳。萬境自閒，人心自鬧。

古人言句，還之古人；今人言句，還之今人。自家如何道，道得出是名眞信，信者無不信，一信忽斷百疑？道不出方發眞疑，疑者無不疑，百疑當得一信。

## 周海門先生

周汝登，字繼元，別號海門，嵊縣人。先生有從兄周夢秀，聞道於龍溪；先生因之，遂知向學。已見近溪，七日無所啟請。偶問："如何擇善固執？"近溪曰："擇了這善而固執之者也。"從此便有悟入。近溪嘗以《法苑珠林》示先生，先生覽一二頁，欲有所言：近溪止之，令且看去，先生竦然若鞭背。故先生供近溪像，節日必祭，事之終身。南都講會，先生拈《天泉證道》一篇相發明。許敬菴言"無善無惡不可爲宗"，作《九諦》以難之；先生作《九解》以伸其說，以爲善且無，惡更從何容，無病不須疑病；惡既無，善不必再立，頭上難以安頭。本體著不得纖毫，有著便凝滯而不化，大旨如是。陽明言："無善無惡心之體。"原與"性無善無不善"之意不同。性以理言，理無不善，安得云無善？心认氣言，氣之動有善有不善。而當其藏體於寂之時，獨知湛然而已，亦安得謂之有善有惡乎？且陽明之必爲是言者，因後世格物窮理之學，有先乎善者而立也；乃先生建立心旨，竟以性爲無善無惡，失卻陽明之意。而曰無善無惡，期爲至善，多費分疏，增此轉轍。善一也，有有善之善，有無善之善，求眞截而反支離矣。先生《九解》，只解得人爲一邊，善源於性，是有根者也；故雖戕賊之久，而忽然發露。惡生於染，是無根者也；故雖動勝之時，而忽然銷陨。若果無善，是堯不必存，桀亦可亡矣！儒釋之判，端在於此。先生之無善無惡卽釋氏之所謂空也；後來顧涇陽、馮少墟，皆以無善無惡一言，排摘陽明，豈如與陽明絕無干與。故學陽明者與議陽明者，均失陽明立言之旨，可謂之繭絲牛毛乎？先生教人謂於直下承當，嘗忽然謂門人劉塙曰："信得當下否？"塙曰："信得。"先生曰："然則汝是聖人否"？塙曰；"也是聖人"。先生喝之曰："聖人便是聖人，又多一也字。"其指點如此甚多，皆宗門作略也。

**證學錄**

令人乍見孺子入井，必然驚呼一聲，足便疾行；行到必然挽住；此豈待爲乎，此豈知有善而行之者乎？故有目擊時事，危論昌言者，就是只一呼；拯民之溺，八年於外者，就是只疾行。哀此煢獨者，就是只一挽。此非不足，彼非有餘；此不安徘，彼不意必，一而已矣。

今人看得目前小事業大，忽卻目前，著意去做事業；做得成時，亦只是霸功小道。

此心一刻自得，便是一刻聖賢；一日自得，便是一日聖賢；常常如是，便是終身聖賢。

## 陶石簣先生

陶望齡，字周望，號石簣，會稽人也。先生之學，多得之海門，而泛濫於方外；以爲明道陽明之於佛氏，陽抑而陰扶。蓋得其彌近理者，而不究夫毫釐之辨也。其時湛然、澄密、雲悟，皆先生引而進之；張皇其教，遂使宗風盛於東浙。其流之弊，則重富貴而輕名節，未必非先生之過也。然先生於妖書之事，犯手持正，全不似佛氏舉動。可見禪學亦是清談，無關邪正；固視其爲學始基，原從儒術，後來雖談玄說妙，及至行事，仍舊用著本等心思。如蘇子瞻、張無垢皆然，其於禪學皆淺也。若是張天覺，純以機鋒運用，便無所不至矣。

## 劉冲倩先生

劉塙，字靜主，號冲倩，會稽人。賦性任俠，慨然有四方之志；所至尋師問友，以意氣相激發，人爭歸附之。時周海門許敬菴、楊復所講學於南都，先生與焉。周楊學術，同出近溪；敬菴則有異同，無善無惡之說。許作《九諦》，周作《九解》，先生合兩家而刻之以求歸一，而海門契先生特甚，曰吾得冲倩而不孤矣。受教兩年，未稱弟子。一日，指點投機，先生曰："尚覺少此一拜。"海門即起立曰："足下意眞比時輩不同。"先生下拜，海門曰："吾期足下者遠，不可答拜。"及先生歸，海門授以六字曰："萬金一諾珍重。"先生雖瓣香海門，而一時以理學名家者。鄒南皐、李儲山、曹眞予、焦弱侯、趙儕鶴、孟連洙、丁敬與，無不參請，識覺亦日進。海門主盟越中，先生助之，接引後進，學海門之學者甚衆，而以入室推先生。然流俗疾之如讎，亦以信心自得，不加防檢，其學有以致之也。

**證記**

與人露聲色，卽聲色矣，聲色可以化導人乎？臨事動意氣，卽意氣矣，意氣可處分天下事乎？

人當逆境時，如犯弱症；纔一舉手，便風寒乘虛而入。保護之功，最重大卻最輕微。

平平看來，世間何人處不得，何地去不得？只因我自風波，便惹動世間風波，莫錯埋怨世間。

# 十五　甘泉學案

王湛兩家，各立宗旨。湛氏門人，雖不及王氏之盛；然當時學於湛者，或卒業於王，學於王者，或卒業於湛，亦猶朱陸之門下遞相出入也。其後源遠流長，王氏之外，名湛氏學者至今不絕；卽未必仍其宗旨，而淵源不可沒也。

## 湛甘泉先生

湛若水，字元明，號甘泉，廣東增城人。從學于白沙，不赴計偕；後以母命入南雍，祭酒章楓山試《睟面盎背論》，奇之。卜西樵爲講舍，士子來學者，先令習禮，然後聽講，興起者甚衆。平生足跡所至，必建盡院以祀白沙，從遊者殆徧天下。年登九十，猶爲南岳之遊。將過江右，鄒東廓戒其同志曰：“甘泉先生來，吾輩常獻老而不乞言，毋有所輕論辯也。”庚申四月丁巳卒，年九十五。先生與陽明分主教事，陽明宗旨“致良知”，先生宗旨隨處體認天理；學者遂以“良知”之學，各立門戶。其間爲之調人者，謂天理卽良知也，體認卽致也，何異何同？然先生論格物，條陽明之說四不可；陽明亦言“隨處體認天理爲求之於外，是終不可強之使合”也。先生大意謂陽明訓格爲正，訓物爲念頭格物是正念頭也；苟不加學問思辨行之功，則念頭之正否未可據。夫陽明之正念頭，致其知也；非學問思辨行，何以爲致？此不足爲陽明格物之說病。先生以爲心體萬物而不遺，陽明但指腔子裏以爲心，故有是內而非外之誚；然天地萬物之理，不外於腔子裏，故見心之廣大，若以天地萬物之理，卽吾心之理，求之天地萬物以爲廣大，則先生仍爲舊說所拘也。天理無處而心其處，心無處而寂然未發者其處；寂然不動，感卽在寂之中，則體認者亦唯體認之於寂而已。今曰隨處體認，無乃體認於感，其言終覺有病也！

## 論學書

心存則有主，有主則物不入；不入則血氣矜忿窒礙之病，皆不爲之害矣。大抵至緊要處，在“執事敬”一句；若能於此得力，如樹根着土，則風雨雷霆，莫非發生。此心有主，則書册山水酬應，皆吾致力涵養之地；而血氣矜忿窒礙，久將自消融矣。

涵養須用敬，進學在致知，如車兩輪。夫車兩輪同一車也，行則俱行，豈容有二？而謂有二者，非知程學者也。鄙見以爲如人行路，足目一時俱到；涵養進學，豈容有二？自一念之微，以至於事爲講習之際；涵養致知，一時俱到，乃爲善學也。故程子曰：“學在知所有養所有。”

明道所言“存久自明，何待窮索”？須知所存者何事，乃有實地；首言識得此意，以誠敬存之，知而存也。又言“存久自明”，存而知也，知行交進，所知所存，皆是一物。其終又云：“體之而樂，亦不忠不能守；大段要見得這頭腦親切，存之自不費力耳！”

夫學以立志爲先，以知本爲要；不知本而能立志者，未之有也。立志而不知本者有之矣，非眞志也。志立而知本焉，其於聖學，思過半矣。夫學問思辨，所以知本也；知本則志立，志立則心不放，心不放則性可復，性復則分定，分定則於憂怒之來，無所累於心性，無累斯無事矣。苟無其本，乃憧憧乎放心之求，是放者一心，求之者又一心也；則情熾而益鑿其性，性鑿則憂怒之累無窮矣！

## 語錄

某問日用切要工夫，道通曰：“先生之教，惟立志，煎銷習心，體認天理，之三言者，最爲切要；然亦只是一事，每令某體驗而熟察之，久而未得其所以合一之義。敢請明示。”先生曰：“此只是一事，天理是一大頭腦。千聖千賢，共此頭腦；終日終身，只是此一大事，更無別事。立志者，立乎此而已。體認是工夫，以求得乎此者；煎銷習心，以去其害此者，心只是一個好心，本來天理完完全全，不待外求，顧人立志與否耳。孔子十五志於學，即志乎此也。此志一立，三十、四十、五十、六十、七十直至不踰矩，皆是此志；變化貫通，只是一志。志如草木之根，具生意也。體認天理，如培灌此根，煎銷習心，如去草以護此根，貫通只是一事。”衢嘗與仲木伯載言學，因指鷄母爲喻，云："鷄母抱卵時，全體精神，都只在這幾卵上；等得精神用足後，自化出許多雞雛來。吾人於天地間萬事萬化，都只根源此心精神之運用何如耳。"呂陸以爲然。一友云："說雞母精神都在卵上，恐猶爲兩事也？"此又能輔衡言所不逮者。先生曰："雞卵之譬，一切用功，正要如此接續；許大文王，只是"緝熙敬止。"雞抱卵少間斷，則這卵便毈了。無必這卵元有種子方可，若無種的卵，將來抱之雖勤亦毈了。學者須識種子，方不枉了工夫。何謂種子？卽吾此心中這一點生理，使是靈骨子也。今人動不動只說涵養，若不知此生理，徒涵養個甚物？釋氏爲不識此種子，故以理爲障，要空要滅，又焉得變化。人若不信聖可爲，請看無種子雞卵，如何抱得成雛子皮毛骨血形體全具出殼來？都是一團仁意，可以人而不如鳥乎？精神在卵內，不在抱之者"。或人之言，亦不可廢也。明道先生言，學者須先識仁。

## 呂巾石先生

呂懷，字汝德，號巾石，廣信永豐人。先生受學於甘泉，以爲："天理良知，本同宗旨；學者功夫，無有着落，枉自說同說異。就中指點出一通融樞要，只在變化氣質。"故作《心統圖說》，以河圖之理明之。一六同宗，二七同道，三八爲朋，四九爲友，各居一方；五十在中，如輪之有心，屋之有脊，兼統四方。人之心是五十也，陰陽合德，兼統四端，命同人極。至於氣質，由身而有，不能無偏；猶水火木金，各以偏氣相勝，偏氣勝則心不能統之矣。皆因心同形異，是生等差；故學者求端於天，不爲氣質所局矣。先生之論，極爲切實，可以盡橫渠之蘊。然尚有說。夫氣之流行，不能無過不及；故人之所稟，不能無偏。氣質雖偏，而中正者未嘗不在也。猶天之寒暑，雖過不及，而盈虛消息，卒歸於太和。以此證氣質之善，無待於變化。理不能離氣以爲理，心不能離身以爲心；若氣質必待變化，是心亦須變化也。今曰心之本來無病，由身之氣質而病，則身與心判然爲二物矣。孟子言陷溺其心者爲歲，未聞氣質之陷其心也。蓋横渠之失，渾氣質於性；先生之失，離性於氣質，總由看習不清楚耳。先生所著有《律吕古義》、《歷考廟議》諸書。

## 何吉陽先生

何遷，字益之，號吉陽。江西德安人。萬歷甲戌卒，年七十四。先生從學於甘泉。京師靈濟之會久虛先生入倡，同志復之。先生之學，以"知止"爲要。止者此心感應之幾，其明不假思，而其則不可亂；非止則退藏不密，藏不密則眞幾不生，天則不見。此與江右主靜歸寂之旨，大略相同。湛門多講研幾，而先生以此爲幾，更無走作也。其疏通陽明之學，謂："舍言行而別求一心，外功力而專任本體，皆非王門種子。"亦中流之一壺也。

## 洪覺山先生

洪垣，字峻之，覺山徽之婺源人。先生爲弟子時，族叔熺從學文成歸而述所得，先生頗致疑與"精一博約"之說不似。其後執贄甘泉，甘泉曰："是可傳吾釣臺風月者！"先生謂："體認天理，是不離根之體認。"蓋以救師門隨處之失，故其工夫全在幾上用；幾有可見，未幾則無見也。以幾爲有，無接續之交，此卽不睹、不聞爲未動念時獨爲初動念時之舊說也。不知周子之所爲幾者，動而未形，有無之間。以其湛然無物，故謂之無；以其烱然不昧，故謂之有。是以有無合言，不以有無分言也。若自無而至有，則仍是離根之體認矣！先生調停王湛二家之學，以隨處體認，恐求理於善惡、是非之端未免倚之於顯是矣。以致良知以倚於微知，以知此理以無心之知爲眞。知不原先天，不順帝則，致此空知何用？夫知主無心，所謂不學不慮；天載也，帝則也。以此知爲不足恃，將必求之學慮，失却道心之微，則倚之於顯者，可謂得矣。得無自相矛盾乎？方瓘，字時素，號明谷。初從甘泉於南都，甘泉卽令其爲諸生向導；甘泉北上及歸家皆從之而往，以學爲急，遂不復仕。

## 理學聞言

戒懼不睹不聞，猛然一爐眞火，自然點雪不容。

禁止矜持，雖非善學，然亦有可用之時；與截瘧相似，一截則元氣自復。

變化氣質，不如致良知之直截何如？曰：“是當下頓悟之說也。人之生質，各有偏重；如造形之器，亦有志至而氣未從者。譬之六月之冰，安得一照而遽融之？‘五十以學易，可以無大過’，夫子亦且不敢如此說。故其變化直至七十方不踰矩。”

東郭嘗云：“古人惜陰，一刻千金；一年之間，有許多金子。旣不賣人，又不受用，不知放在何處？只是花費無存，可惜！”

學者無天下之志，卽是無爲己之志。

明道獵心，原不成念，故謂之過；吾人有過，便連心拔動，故謂之惡。

## 唐一菴先生

唐樞，字惟中，號一菴，浙之歸安人。罷歸，講學著書，垂四十年。先生初師事甘泉，其後慕陽明之學而不及見也；故於甘泉之隨處體認天理，陽明之致良知，兩存而精究之，卒標“討眞心”三字爲的。夫曰眞心者，卽虞廷之所謂道心也；曰討者，學問思辨行之功，卽虞廷之所謂精一也。隨處體認天理，其旨該矣，而學者或昧於反身尋討；致良知，其幾約矣。而學者或失於直任靈明，此討眞心之言，不得已而立；茍明得眞心在我，不二不雜，王湛兩家之學，俱無弊矣。然眞心卽良知也，討卽致也，於王學尤近。第良知爲自然之體，從其自然者而致之，則工夫在本體之後，猶程子之以誠敬存之也；眞心蔽於物欲見聞之中，從而討之，則工夫在本體之先，猶程子之識仁也。陽明常教人於靜中搜尋病根，蓋爲學者胸中有所藏躲，而爲此言以藥之；欲令徹底掃淨，然後可以致此良知云爾。則討眞心，陽明已言之矣，在先生不爲創也。

### 禮玄剩語

自生身以來，通髓徹骨，都是習心運用；俗人有俗人之習，學者有學者之習。古今有世習，四方有土習；眞與習化，機成天作，每向自己方便中窩頓。凡日用覩記討論，只培溉得此習；中間有新得奇悟，闊趨峻立，總不脫此習上發基，方且是認從學術起家。誤矣！

# 蔡白石先生

蔡汝南，字子木，號白石，浙之德淸人。八歲侍父聽講於甘泉座下，輒有解悟。卒官。先生初汎濫於詞章，所至與朋友登臨唱和爲樂；衡州始與諸生窮經於石鼓書院，趙大洲來遊，又爲之開拓其識見。江西以後，親證之東廓、念菴。於是平生所授於甘泉隨處體認天理之學，始有着落。蓋先生師則甘泉，而友則皆陽明之門下也。

## 端居寤言

畢天下講理講學，俱不甚謬；聖人並無以異人，只到實體之際，便生出支節。有可講者，卽如敬爲聖學之要，內史過亦知敬是德之輿。若道如何是敬，便有細密工夫。一日之中，是敬不是敬；感應之際，有將迎無將迎，都不知覺。因原只是認得光景，未曾知得眞功；聖賢終身學問，只是知之眞體之密耳。

今人於事變順逆，亦每每委之天命。只是矇朧不明，知不分曉，強將此言，聊自支撐。其中實自搖惑。聖人知命，直是洞徹源頭；賢人却知有義，便於命上自能分曉，都不是影響說命也。

象山先生每令學者戒勝心，最切病痛。鵝湖之辨，勝心又不知不覺發見出來，後來每嘆鵝湖之失。因思天下學者種種病痛，各各自明；只從知見得及工夫未懇到處罅縫中，不知不覺而發。平居旣自知發後又能悔。何故正當其時，忽然發露？若用功懇到，雖未渾化；念頭動處，自如紅爐點雪。象山勝心之戒及發而復悔，學者俱宜細看，庶有得力工夫。蓋象山當時，想亦如此用功也。

# 許敬菴先生

許孚遠，子[1]孟仲，號敬菴，浙之德清人。三十二年七月卒。先生自少爲諸生時，竊慕古聖賢之爲人，羞與鄉黨之士相爭逐。年二十四，退而學於唐一菴之門；年二十八，釋揭爲進士，與四方知學者遊，始以反身尋究爲功。居家三載，困窮艱厄，恍惚略有所悟。南粤用兵，擹舍身命，畢盡心力；怠惰躁妄之氣，煎銷庶幾。及過蘭溪，徐魯源謂其言動尚有繁處，這裏少凝重，便與道不相應。先生頂門受針，指水自誓。故先生之學，以克己爲要；其訂正格物，謂人有血氣心知，便有聲色。種種交害，雖未至目前，而病根尚在。是物也，故必常在根上看到方寸地灑灑不挂一塵，方是格物。夫子"江漢以濯，秋陽以暴"，此乃格物榜樣。先生信良知而惡夫援良知以入佛者，嘗規近溪公爲後生標準，令二三輕浮之徒，恣爲荒唐無忌憚之説，以惑亂人聽聞；使守正好修之士，搖首閉目，拒此學而不知信。可不思其故耶？南都講學，先生與楊復所、周海門爲主盟；周楊皆近溪之門人，持論不同。海門以無善無惡爲宗，先生作《九諦》以難之。言："文成宗旨，元與聖門不異；故云性無不善，故知無不良，良知卽是未發之中。"此其立論，至爲明析。"無善無惡心之體"一語，蓋指其未發廓然寂然者而言之，則形容得一靜字；合下三言，始爲無病。今以心意知物俱無善惡可言者，非文成之正傳也。時在萬歷二十年前後，名公畢集，講會甚盛；兩家門下，互有口語，先生亦以是解官矣。先生與見羅最善，見羅下獄，拯之無所不至；及見羅戍閩，道上仍用督撫

[1] "子"，當爲"字"。——編者註

威儀。先生時爲閩撫，出城迓之，相見勞苦涕泣。已而正色曰："公蒙恩得出，猶是罪人，當貶損思過；而鼓吹喧耀，此豈待罪之體？"見羅艴然曰："迂哉！"先生顏色愈和，其交友眞至如此。

## 論學書

《中庸》所謂"戒愼不睹恐懼不聞"，只在性體上覺照存養而已，但人心道心，元不相離，善與不善，禮與非禮，其間不能以髮。故閑邪一着，乃是聖學吃緊所在；學者苟知得善處親切，方知得不善處分明。譬諸人有至寶於此，愛而藏之，所以喜其損害者，是將無所不至；又譬諸稱植嘉禾，無所容其助長之力，惟有時加耔耘，不爲莨稗所傷而已。

吾儕學問見處，俱不相遠，只是實有諸己爲難；能於日用工夫，更不疎放，一眞一切，實實平平，不容己見盤桓，則此理漸有諸己矣。此學無內外相人己相，打得過處，方是德性流行；打不過時，終屬私己，猶爲氣質用事。吾輩進修得失，涵養淺深，亦只驗諸此而已。

## 馮少墟先生

馮從吾，字仲好，號少墟，陝之長安人。家居講學者十餘年。立首善書院於京師，倡明正學。南皋主解悟，先生重工夫，相爲鹽梅可否。而給事朱童蒙、郭允厚不說學，上疏論之。先生言："宋之不競，以禁講學之故，非以講學之故也；我二祖表章六經，天子經筵講學，稟太子出閣講學，講學爲令甲。周家以農事開國，國朝以理學開國也；臣子望其君以講學，而自己不講，是欺也。倘皇上間講官曰：‘諸臣望朕以講學，不知諸臣亦講學否？’講官亦何以置對乎？先臣王守仁，當兵戈倥偬之際，不廢講學，卒能成功。此臣等所以不恤毁譽，不恤得失而爲此也。”遂屢疏乞休。又二年卽家拜工部尚書，尋遭削奪。逆黨王紹徽修怨於先生，及爲冢宰，使喬應甲撫秦以殺之，先生不勝挫辱而卒。先生受學以許敬菴。故其爲學，全要在本原處透徹，未發處得力；而於日用常行，却要字字點檢，以求合其本體。此與靜而存養動而省察之説，無有二也。其儒佛之辨，以爲佛氏所見之性，在知覺運動之靈明處，是氣質之性；吾儒之所謂性，在知覺運動靈明中之恰好處，方是義理之性。其論似是而有病。夫耳目口體，質也；視德言動，氣也；視聽言動流行而不失其則者，性也；流行而不能無過不及，則氣質之偏也。非但不可言性，幷不可言氣質也。蓋氣質之偏，大略從習來，非氣質之本然矣。先生之意，以喜怒哀樂視聽言動爲虛位；以道心行之，則義理之性在其中，以人心行之，則氣質之性在其中。若眞有兩性對峙者，反將孟子性善之論，墮於人爲一邊；先生救世苦心，太將氣質説壞耳。蓋氣質卽是情才，孟子云：“乃若其情，則可以爲善矣；若夫爲不善，非才之罪也”。由情才之善而見性善，不可言因性善而後情才善也；若氣質不善，便是情才不善，情才不善，則荀子性惡，不可謂非矣。

## 疑思録

“自慊”二字甚有味。“見君子而厭然”，正自小人自家不慊意處，安得心廣體胖？故曰：“行有不慊於心則餒矣。”君子愼獨，只是討得自家心上慊意；自慊便是意誠，則便是浩然之氣，塞於天地之間。

外省不疚，不過無惡於人；內省不疚，纔能無惡於志。無惡於人，到底只做成個鄉愿；無惡於志，纔是個眞君子。

從心所欲，便不踰矩；從耳目口體所欲，便踰矩矣。

已溺已飢，若過於自任；不知此一念就是乍見孺子入井怵惕惻隱之一念，人人都是有的。如不敢承當已溺已飢之心，難道亦不敢承當惻隱之心？

## 語錄

日用間富貴貧賤，時時是有的。如食求飽居求安，便是欲富貴心；惡惡衣惡食，便是惡貧賤心。故今人凡念頭起處，都是富貴貧賤所在。念及於此，此心眞是一時放下不得。學問之道，全要在本原處透徹，未發處得力；則發皆中節，取之左右，自逢其原，諸凡事爲，自是停當。不然，縱事事檢點，終有不凑泊處。此吾儒提綱挈領之學，自合如此；非謂日用常行一切，俱是末節，可以任意不必檢點也。

# 唐曙臺先生

唐伯元，字仁卿，號曙臺，廣之澄海人。陽明從祀孔廟，疏言："不宜從祀，六經無心學之說，孔門無心學之教；凡言心學者，皆後儒之誤。守仁言'良知'新學，惑世誣民；立於不禪不霸之間，習爲多疑多似之行。招朋聚黨，好爲人師；後人效之，不爲狗成，則從鬼化矣！"言官劾其詆毀先儒，降海州判官，移保定推官。歷禮部主事尚寶司承吏部員外文選郎中。致仕卒，年五十八。先生學於呂巾石，其言："性一天也，無不善，心則有善不善；至於身，則去禽獸無幾矣。性可順，心不可順，以其附乎身也；身可反，心不可反，以其通乎性也。故反身修德，斯爲學之要。”而其言性之善也，又在不容說之際；至於有生而後，便是才說性之性不能無惡矣。夫不容說之性，語言道斷，思維路絕何從而知其善也。謂其善者，亦不過稍欲別於荀子耳。孟子之所謂“性善”，皆在有生以後惻隱、羞惡、辭讓、是非之心，何一不可說乎？以可說者謂不能無惡，明己主張夫性惡矣；以性爲惡，無怪乎其惡言心學也。胡廬山作書辯之。耿天臺謂：“唐君太和治行爲天下第一，卽其發於政，便可信其生於心者矣。又何必欲繼其心以出政耶？慈湖之《剖扇訟》，象山一語而悟本心；然慈湖未悟之前，其《剖扇訟》故未嘗別用一心也。唐君以篤修爲學，不必強之使悟。”孟我疆問於顧涇陽曰：“唐仁卿何如人也？”曰：“君子也。”我疆曰：“君子而毀陽明乎？”曰：“朱子以象山爲告子，文成以朱子爲楊墨，皆甚辭也；何但仁卿？”涇陽過先生述之。先生曰：“足下不見世之談良知者乎？如鬼如蜮，還得爲文成諱否？”涇陽曰：“《大學》言致知，文成恐人認識爲知，便走入支離去，故就中間點出一‘良’字；孟子言良知，文成恐人將這個知作光景玩弄，便走入玄虛去，故就上面點出一‘致’字。其意最爲精密。至於如鬼如蜮，正良知之賊也，奈何歸罪於良知？”先生曰：“善！假令早聞足下之言，向者論從祀一疏，尚合有商量也。”

## 楊止菴先生

楊時喬，字宜遷，號止菴，廣信上饒人。先生學於呂巾石。其大旨以天理爲天下所公共，虛靈知覺，是一己所獨得；故必推極其虛靈覺識之知，以貫徹無間於天下公共之物，斯爲儒者之學。若單守其虛靈知覺，而不窮夫天下公共之理，見入於佛氏窠臼矣。其與羅整菴之言心性無以異也。夫天之生人，除虛靈知覺之外，更無別物；虛靈知覺之自然恰好處，便是天理。以其己所自有，無待假借謂之獨得可也；以其人所同具，更無差別，謂之公共可也。乃一以爲公共，一以爲獨得；析之爲二，以待其粘合，恐終不能粘合也。自其心之主宰則爲理一，大德敦化也；自其主宰流行於事物之間則爲分殊小德川流也。今以理在天地萬物者謂之理一，將自心之主宰以其不離形氣謂之分殊，無乃反言之乎？佛氏唯視理在天地萬物，故一切置之度外；早知吾心卽理，則自不至爲無星之秤，無界之尺矣。先生欲辨儒釋，而視理與佛氏同；徒以見聞訓詁與之爭勝，豈可得乎？陽明於虛靈知覺中辨出天理，此正儒釋界限；而以禪宗歸之，不幾爲佛氏所笑乎？陽明固未嘗不窮理，第其窮在源頭，不向支流摸索耳。至於斂目反觀血氣凝聚，此是先生以意測之，於陽明無與也。

## 十六　諸儒學案上

諸儒學案者，或無所師承，得之於遺經者；或朋友夾持之力，不令放倒，而又不可系之朋友之下者；或當時有所興起，而後之學者無待者，俱列於此。上卷則國初爲多，宋人規範猶在；中卷則皆驟聞陽明之學而駭之，有此辨難，愈足以發明陽明之學；—所謂“他山之石，可以攻玉”也。——下卷多同時之人，半歸忠義，所以證明此學也。否則爲僞而已。

# 方正學先生

方孝孺，字希直，台之甯海人。自幼精敏絕倫，八歲而讀書，十五而學文，輒爲父友所稱；二十遊京師，從學於太史宋濂。濂以爲："遊吾門者多矣，未有若方生者也"！濂返金華，先生復從之；先後凡六歲，盡傳其學。兩應召命授漢口教授。蜀獻王聘爲世子師，獻王甚賢之，名其讀書之堂曰正學。建文帝召爲翰林博士，進侍讀學士；帝有疑問，不時宣召，君臣之間，同於師友。金川失守，先生斬衰，哭不絕聲。文皇召之不至，使其門人廖鏞往。先生曰："汝讀幾年書，還不識個'是'字！"於是繫獄。時當世文章，共推先生爲第一。故姚廣孝嘗囑文皇曰："孝孺必不降，不可殺之，殺之天下讀書種子絕矣。"文皇既慚德此舉，欲令先生草詔以塞天下之人心；先生以周公之說窮之，文皇亦降志乞草。先生怒罵不已，磔之聚寶門外。年四十六。坐死者凡八百四十七人。崇禎末，謚文正。先生直以聖賢自任，一切世俗之事，皆不關懷；朋友以文辭相問者，必告之以道，謂文不足爲也。入道之路，莫切於公私義利之辨，念慮之興，當靜以察之；舍此以治，是猶縱盜於家，其餘無可爲力矣。其言周子之主靜，主於仁義中正，則未有不靜；非強制其本心，如木石然，而不能應物也。故聖人未嘗不動。謂聖功始於小學，作《幼儀》二十首；謂化民必自正家始，作《宗儀》九篇；謂王治尚德而緩刑，作《深慮論》十篇；謂道體事而無不在，列《雜誡》以自警。持守之嚴，剛大之氣，與紫陽眞相伯仲，固爲有明之學祖也！先生之學，雖出自景濂氏，然得之家庭者居多；其父克勤，嘗尋討鄉先達授受原委，寢食爲之幾廢者也。故景濂氏出入於二氏，先生以叛道者，莫過於二氏，而釋氏尤甚；不憚放言驅斥，一時僧徒俱恨之。庸人之論先生者有二：以先生得君，而無救於其亡。夫分封太過，七國之反，漢高祖釀之；成祖之天下，高皇帝授之。一成一敗，成祖之智勇，十倍吳王濞，此不可以成敗而礜咎王室也。况先生未嘗當國，惠宗徒以經史見契耳；又以先生激烈已甚，致十族之酷。夫成祖天性刻薄，先生爲天下屬望，不得其草，則怨毒倒行，何所不至？不關先生之甚不甚也。不觀先生而外，其受禍如先生者，寗皆已甚之所至乎？此但可委之無妄之運數耳！蔡虚齋曰："如遜志者，蓋千載一人也！天地幸生斯人，而乃不終祐之，使斯人得竟爲人世用。天地果有知乎哉？痛言及此，使人直有追憾天地之心也！"乃知先正固自有定論也。

## 趙考古先生

趙謙，字撝謙，初名古則，餘姚人也。秦王延美之後。降爲農家，就外傅於崇山寺，達旦忘寐；年十七八，東遊，受業天台、鄭四表之門。四表學於張以忠，以忠學於王伯武，伯武、胡雲峯之高第弟子也。在中都又以同官不合而罷，歸築考古臺，讀書其上。謂："六經子史歷代闡發有人，惟音韻之學，世久不明。"乃著《聲音文字通》一百卷，《六書本義》十二卷。二十二年，召爲瓊山教諭，瓊海之人，皆知向化，稱爲海南夫子。二十八年十一月一日，卒於廣城，年四十五。先生清苦自立，雖盛署祁寒，躡蹻走百餘里，往來問學。嘗雪夜與門人柴廣敬劇談，既乏酒飲，又無火炙；映雪危坐，以爲清供。其著述甚多，而爲學之要，則在《造化經綸》一圖。謂其門人王仲迪曰："寡欲以養其心，觀止以明其理，調息以養其氣，讀書以驗其誠；聖賢之域不難到。”又讀武王《戒書》而惕然有感。以往古之聖，猶儆戒若是之至；後世眇末小子，其敢事事不求之心哉！既以古篆隨物而書，父銘其所用器物之未有銘者，以見道之無乎不在也。其時方希直氏亦補註《戒書》，以爲其言之善者，與詩書要義何以異焉？蓋從來學聖之的，以主敬爲第一義。先生固與希直善，其講之必有素矣。廬陵、解縉嘗銘先生之墓，謂其“力學主敬”，信不誣也。今大紳文集，既失此文；而先生著述，亦多散逸。萬歷間，焦弱侯所表章者，僅先生字學之書；某幸得此於其後人，故載之於右。

## 曹月川先生

曹端，字正夫，號月川，河南之澠池人。自幼不忘言動。年十七，讀五經皆遍；師事宜陽馬子才、太原彭宗古，遠有端緒。宣德甲寅六月朔之明日，卒於霍州，年五十九。初，先生得元人謝應芳《辨惑編》，心悅而好之；故於輪迴、禍福、巫覡、風水時日世俗通行之說，毅然不爲所動。父敬祖，爲善於鄉，而勸行佛老之善以爲善；先生朝夕以聖賢崇正闢邪之論諷於左右，父亦感悟樂聞。先生條其人倫日用之事可見之施行者，爲《夜行燭》一書。言：“人處流俗中，如夜行；視此則燭引之於前矣。”諸生有喪，有欲用浮屠者，先生曰：“浮屠之教，極其父母出於地獄；是不以親爲君子，而爲積惡有罪之小人也！其待親不亦刻薄乎？”其人曰：“舉世皆然，否則誚笑隨之。”先生曰：“一鄉溺於流俗，是不讀書的人；子讀儒書，明儒禮，不以違禮爲非，而以違俗爲非，仍然是不讀書人也！”先生以力行爲主，守之甚確，一事不容假借；然非徒事於外者，蓋立基於敬，體驗於無欲，其言事事都於心上做工夫，是入孔門底大路。誠哉所謂有本之學也！其辨太極，朱子謂“理之乘氣，猶人之乘馬；馬之一出一入，而人亦與之一出一入”。若然，則人爲死人，而不足以爲萬物之靈；理爲死理，而不足以爲萬物之原。今使活人騎馬，則其出入行止疾徐，亦由乎人馭之如何耳。活理亦然。先生之辨，雖爲明晰，然詳以理馭氣，仍爲二之；氣必待馭於理，則氣爲死物。抑知理氣之名，由人而造；自其浮沉升降者而言則謂之氣，自其浮沉升降不失其則者而言則謂之理。蓋一物而兩名，非兩物而一體也。薛文清有“日光飛鳥”之喻，一時之言理氣者，大略相同爾。

## 語錄

事事都於心上做工夫，是入孔門底大路。

事心之學，須在萌上着力。

做人須向志士勇士不忘上參取；若識得此意，便得此心，則自無入不自得。

人要爲聖賢，須是猛起；如服瞑眩之藥，以黜深痼之疾，眞是不可悠悠。

學者須要置身在法度之中，一毫不可放肆；故曰“禮樂不可斯須去身”。

吾輩做事，件件不離一“敬”字，自無大差失。

一誠足以消萬僞，一敬足以敵千邪。所謂“先立乎其大者”，莫切於此。

聖人之所以爲聖人，只是這憂勤惕勵之心，須臾毫忽不敢自逸。理無定在，惟勤則常存；心本活物，惟勤則不死。常人不能憂勤惕勵，故人欲肆而天理亡，身雖存而心已死。豈不大可哀哉？

人之爲學，須是務實，乃能有進；若這裏工夫欠了分毫，定是要透過那裏不得。

人只爲有欲，此心便千頭萬緒，做事便有始無終；小事尚不能成，況可學聖人耶？

爲仁之功，用力特在勿與不勿之間而已；自是而反則爲天理，自是而流則爲人欲，自是克念則爲聖，自是罔念則爲狂。特毫忽之間，學者不可不謹。

六經四書，聖人之糟粕也；始當靠之以尋道，終當棄之以尋眞。

## 黃南山先生

黃潤玉，字孟淸，號南山，浙之鄞縣人。詔徙江南富民實北京，其父當行；先生年十三，請代父往，有司少之。對曰："父去日益老，兒去日益長。"有司不能奪而從之。至則築室城外，賣菜以爲生；作勞之餘，讀書不輟。有富翁招之同寓，先生謝不往。或問之，曰："渠有一女，當避嫌也。"成化丁酉五月卒，年八十九。先生之學，以知行爲兩輪。嘗曰："學聖人一分，便是一分好人。"又曰："明理務在讀書，制行要當謹獨。"蓋守先儒之矩矱而不失者也。其所友爲李文毅、薛文淸，故操行亦相似。

## 羅一峯先生

羅倫，字彝正，學者稱一峯先生，吉之未豐人。對策大廷，引程正公語："人主一日之間，接賢士大夫之時多，親宦官宮妾之時少。"執政欲節其下句，先生不從。歸隱於金牛山，注意經學；《周易》多傳註，間補己意；《禮記》彙集儒先之見，而分章記禮，則先生獨裁；《春秋》則不取褒貶凡例之說。以爲：《春秋》緣人以立法，因時以措宜；猶化工焉，因物而賦物也。以凡例求《春秋》者，猶以畫筆摹化工，其能肖乎？戊戌九月二十四日卒，年四十八。先生剛介絕俗，生平不作和同之語，不爲輭巽之行。其論太剛則折，則引蘇氏之言曰："士患不能剛爾；折不折天也，太剛乎何尤？爲是言者，鄙夫患失者也。"家貧，日中不能舉火，而對客談學不倦。高守贈以綈袍，遇道殣，輒解以瘞之。嘗欲倣古置義田以贍族人，呂令助之堂食之錢。先生曰："食以堂名，退食於公之需也；執事且不可取，何所用與？"謝而弗受，凍餒幾於死亡，而一無足以動於中。若先生，庶幾可謂之無欲矣！先生與白沙稱石交，白沙起悟神知，先生守宋人之途轍，學非白沙之學也；而皭然塵垢之外，所見專而所守固耳。章楓山稱先生："方可謂之正君善俗，如我輩只修政立事而已！"其推重如此。

## 章楓山先生

章懋，字德懋，金華蘭溪人。林居二十年，弟子日進；講學楓木菴中，學者因曰楓山先生。是歲辛巳除夕卒，年八十六。其學默守宋儒，本之自得非有傳授；故表裏洞澈，望之龐朴，卽之和厚。聽其言開心見誠，初若不甚深切；久之燭照數計，無不驗也。以方之涑水，雖功業不及，其誠實則無間然矣。金華自何王金許以後，先生承風而接之。其門人如黃傅、張大輪、陸震、唐龍應璋、董遵凌瀚、程文德、章拯，皆不失其傳云。

## 莊定山先生

莊昶，字孔暘，號定山，江浦人也。己未九月二十九日卒，年六十三。先生以無言自得爲宗，受用於“浴沂”之趣；山峙川流之妙，鳶飛魚躍之機，略見源頭，打成一片。而於所謂“文理密察”者，竟不加功、蓋功未入細，而受用太早。慈湖之後，流傳多是此種學問，其時雖與白沙相合，而白沙一本萬殊之間，煞是仔細；故白沙言定山人品甚高，恨不曾與我問學，遂不深講，不知其後。問林緝熙何以告之？其不甚契可知矣。卽如出處一節，業已二十年不出；乃爲瓊臺利害所怵，不能自遂其志。先生殊不喜孤峯峭壁之人，自處於寬厚遲鈍；不知此處，却用得孤峯峭壁着也。白沙云：定山事可怪，恐是久病昏了；出處平生大分，顧令兒女輩得專制其可否耶？先生形容道理，多見之詩；白沙所謂“百鍊不如莊定山”是也。唐之白樂天喜談禪，其見之詩者，以禪言禪，無不可厭。先生之談道，多在風雲月露傍花隨柳之間；而意象躍如，加於樂天一等。錢牧齋反謂其多用道語入詩，是不知定山；其自謂知白沙，亦未必也。

## 張東白先生

張元禎，字廷祥，別號東白，南昌人。家居二十年，益潛心理學。先生卓然以斯道自任，一稟前人成法。其言：“是心也卽天理也。”已先發陽明心卽理也之藴。又言寂必有感而遂通者在，不隨寂而泯；感必有寂然不動者存，不隨感而紛。已先發陽明未發時驚大動地已發時寂天寞地之蘊，則於此時言學心理爲二動靜交致者，別出一頭地矣。

## 陳克菴先生

陳選，字士賢，臺之臨海人。先生嘗以《易》教授生徒。晚而居官，論《易》專主傳義，一無異同。以克己求仁爲進修之要，故自號克菴。讀書不資爲文辭，手錄格言爲力行之助。

## 陳剩夫先生

陳眞晟，字剩失，初字晦夫，其後以布衣自號。福之鎭海衛人。不以科舉爲事，務爲聖賢踐履之學。初讀《中庸》，做存養省察工夫，學無頭緒；繼讀《大學》，始知爲學次第。以朱子所謂敬者，乃《大學》之基本也，乃求其所以爲敬；見程子以主一釋敬，以無適釋一，始於敬字見得深切。乃實下工夫推尋此心之動靜，而務主於一。靜而主於一，則靜有所養，而主念不復作矣；動而主於一，則動有所持，而外誘不能奪矣。嘗語人曰："《大學》誠意章爲鐵門關，難過；'主一'二字，乃其玉鑰匙也。蓋意有善惡，若發於善而一以守之，則其所謂惡，退而聽命矣。"又嘗語人曰："人於此學，若眞知之，則行在其中矣。蓋知之眞則處善安循理樂，其行甚順；然而氣質有偏勝，嗜欲有偏重，二者用事，其順而易者反逆而難矣。此聖門論學以博學、審問、愼思、明辨之後，又加以篤行也。"天順三年，用伊川故事，詣闕上程朱《正學纂要》，其書首採程氏學制，次採朱氏論說，補正學工夫。次作二圖，一著聖人心與天同運，次著學者心法天之運，次乃言立明師、補正學、輔皇儲、隆教本數事以終上文。聞臨川吳聘君名，欲往質之；乃貨其家具得五金，兄子從行。謂之曰："死則瘞我於道，題曰'閩布衣陳某墓'足矣。"行至南昌張東白止之宿；扣其所學，大加稱許。曰："禎敢僭謂自程朱以來，惟先生得其眞！吳許二子不足多也，如聘君者不可見亦不必見耳！"遂還鎭海。成化十年卒，年六十有四。先生學無師承，獨得於遺經之中。自以僻處海濱，出而訪求當世學者；百尺竿頭，豈無進步？奈何東白以得眞一言，遂爲金柅；康齋白沙，終成欠事。然先生之學，於康齋似近，於白沙差遠；而白沙言聞其學術專一，教人靜坐，此尋向上人也。子劉子曰："一者，誠也；主一，敬也；主一卽愼獨之說誠由敬入也。剩夫恐人不識愼獨義，故以主一二字代之；此老學有本領，故立言諦當如此。"是故東白得眞之言，亦定論也。

## 張古城先生

張吉，字克修，別號古城，江西餘干人。十三年九月卒，年六十八。初從鄉先生學，見諸生簡擇經傳以資捷徑，謂："士當兼注五經；今業一經而所遺如此，豈聖人之言亦當有去取耶？"遂屏絕人事，窮諸經，及宋儒之書。久之見其大意，嘆曰："道在是矣。"語學者曰："不讀五經，遇事便覺窒礙。"先生在嶺外訪白沙問學，白沙以詩示之："滄溟幾萬里，山泉未盈尺；到海觀會同，乾坤誰眼碧？"先生不契也。終以象山爲禪，作《陸學訂疑》；蓋《居業錄》之餘論也。

## 周翠渠先生

周瑛，字梁石，別號翠渠，福之莆田人。先生以民惑鬼神，著《祠山雜辯》。又以緩葬溺女，著《教民雜錄》。又著《經世管鑰》,《律呂管鑰》,《字書管鑰》，固以博爲事也。蚤年即有求道之志，與白沙、醫閭爲友。然先生以居敬窮理爲鵠，白沙之學，有所不契，寓書李大厓以辯之。曰："聖人靜有以立天下之大本，動有以行天下之達道，求諸萬殊而後一本可得。蓋始學之要，以收放心爲先務。收放心，居敬是也；居敬則心存，聰明睿智，皆由此出，然後可以窮理。所謂窮理者，非謂靜守此心而理自見也，蓋亦推之以及其至焉耳。積累既多，自然融會貫通，而於一本者自得之矣。一本如穀種，雖自塊然，而根苗花實，皆聚於此；又如鷄卵，雖自渾然，而羽毛嘴距，皆具於此。及發見於行事，在聖人體用一貫，在學者未免差誤。蓋在己者有所拘蔽，故所發不無偏重之殊；在外者有所搖奪，故所施不無遷就之意。然而既復本原，則於處善亦安，循理亦樂；至於患難事變，雖以死易生，亦甘心爲之。此聖學之大略也，今乃塊然靜坐，求畢體用之學，是釋氏之虛空也。"

## 蔡虛齋先生

蔡清，字介夫，號虛齊，福之晉江人。先生卒，正德三年十二月也，年五十六。先生平生精力，盡用之《易》、《四書蒙引》；繭絲牛毛，不足喻其細也。蓋從訓詁而窺見大禮。其言曰："反覆體驗，止是虛而已。蓋居常一念及靜字，猶覺有待於掃去煩囂之意；唯念個虛字，則自覺安。便目前縱有許多勞攘，而裏面條路，元自分明，無用多費力，而亦自不至懈惰也。”觀於此言，知不爲訓詁支離所域矣。其易說不與本義同者，如卜筮不專在龜筮，取卜相筮占決疑爲微；又辯七占古法，皆佳論也。羅整菴曰：“蔡介夫《中庸蒙引》，論鬼神數段，極精；其一生做窮理工夫，且能力行所學，蓋儒林中之傑出者。”先生極重白沙，而以新學小生自處。讀其《終養疏》，謂“鈔讀之餘，揭蓬一視，惟北有斗；其光爛然，可仰而不可近也”。其敬信可謂至矣。而論象山則猶謂未免偏安之業，恐亦未能眞知白沙也。傳其學者有同邑陳琛同安林希元；其釋經書，至今人奉之如金科玉律。此猶無與於學問之事者也。

## 省身法

風光月霽其心胸；海闊天高其器宇；鳳毛麟趾其威儀；玉振金聲其辭語。

勸君莫著半點私，終無人不知；勸君莫用半點術，終無人不識。

必使小人不忍以其所爲而疑我之爲之也，乃爲信於人。

有道德者必不多言，有信義者必不多言，有才謀者必不多言；惟見夫細人、狂人、佞人，乃多言耳！夫未有多言而不妄者也。

澄其心於淵瑩之天，奉其身於光明之地。言則無一字之遺，而亦無一字之贅；動則如萬鈞之弩，一發便中其機會。此蓋古之人也。

## 潘南山先生

潘府，號南山，浙之上虞人。子劉子議以先生配享尹和靖。按：先生正當文成講學之時，當有往來問難；而今不可考見矣。

## 羅東川先生

羅僑，字惟升，號東川，豫之吉水人。復學於張東白。登弘治己未進士第，授新會知縣；表白沙言行，令邑人誦法之。文成起兵討宸濠，請先生居守吉安；事平擢知台州府。禮布衣張尺，問民疾苦，治行第一。陞廣東左參政，上疏乞骸骨，嘉靖甲午九月卒。先生所做，亦是靜存動察按板工夫，未必有自得處；但砥礪頗密，不失儒先軌範。在東白之門，可謂克家矣！

# 十七　諸儒學案中

## 羅整菴先生

羅欽順，字允升，號整菴，吉之泰和人。丁未四月二十四日卒，年八十有三。先生家居，每平日正衣冠升學古樓，羣從入，敍揖畢，危坐觀書，雖獨處無惰容。食恆二簋，居無臺榭，燕集無聲樂。林希元曰：“先生自發身詞林以至八座，其行己居官，如精金美玉，無得致疵。”先生自敍爲學云：“昔官京師，逢一老僧，漫問：‘何由成佛？’渠亦漫擧禪語爲答：‘佛在庭前柏樹子。’意其必有所謂。爲之精思達旦，攬衣將起，則恍然而悟，不覺流汗通體；旣而得證道歌讀之，若合符節，自以爲至奇至妙，天下之理莫或加焉。後官南雍，聖賢之書，未嘗一日去手；潛玩久之，漸覺就實。始知前所見者，乃此心虛靈之妙，而非性之理也。”自此研磨體認，積數十年，用心甚苦。年垂六年，始了然有見乎心性之眞，而確乎有以自信。蓋先生之論理氣，最爲精確。謂：“通天地，亘古今，無非一氣而已。氣本一也，而一動一靜、一往一來、一闔一闢、一升一降，循環無已，積微而著，由著復微；爲四時之溫涼寒暑，爲萬物之生長收藏，爲斯民之日用彝倫，爲人事之成敗得失。千悠萬緒，紛紜輕轕，而卒不克亂，莫知其所以然而然，是卽所謂理也。初非別有一物，依於氣而立，附於氣以行也。或者因《易》有“太極”一言，乃疑陰陽之變易，類有一物主宰乎其間者，是不然矣。”斯言也，卽朱子所謂理與氣是二物，理弱氣強諸論，可以不辯而自明矣。第先生之論心性，頗與其論理氣自相矛盾。夫在天爲氣者，在人爲心；在天爲理者，在人爲性。理氣如是，則心性亦如是，决無異同。人受天之氣以生，祗有一心而已；而一動一靜，喜怒哀樂，循環無已，當惻隱處自惻隱，當羞惡處自羞惡，當恭敬處自恭敬，當是非處自是非。千頭萬緒，感應紛紜，歷然不能昧者，是卽所謂性也。初非別有一物立於心之先，附於心之中也。先生以爲天性正於受生之初，明覺發於旣生之後，明覺是心而非性。信如斯言，則性體也，心用也。性是人生以上，靜也；心是感物而動，動也；性是天地萬物之理，公也；心是一己所有，私也。明明先立一性以爲此心之主，與理能生氣之說無異。於先生理氣之論，無乃大悖乎？豈理氣是理氣，心性是心性，二者分天人，遂不可相通乎？雖然，心性之難明，不自先生始也。夫心祇有動靜而已，寂然不動，感而遂通，動靜之謂也；情貫於動靜，性亦貫於動靜，故喜怒哀樂，不論已發未發，皆情也，其中和則性也。今以喜怒哀樂未發之中爲性，已發之中爲情，勢不得不先性而後心矣；性先心後，不得不有罅隙可尋矣。惻隱、羞惡、辭讓、是非，心也，仁義禮智，指此心之即性也。非先有仁義禮智之性，而後發之爲惻隱、羞惡、辭讓、是非之心也。凡人見孺子入井而怵惕，嘑蹴而不屑，此性之見於動者也；即當其靜，而性之爲怵惕不屑者，未嘗不在也。凡動靜者，皆心之所爲也。是故性者心之性，舍明覺自然自有條理之心，而別求所謂性；亦猶舍屈伸往來之氣，而別求所謂理矣。朱子雖言心統性情，畢竟以未發屬之性，已發屬之心；即以言心性者言理氣，故理氣不能合一。先生之言理氣，不同於朱子，而言心性則與朱子同，故不能自一其說耳。先生以釋氏有見於明覺自然，謂之知性；不識所謂天地萬物之理，謂之不知性。羲以爲釋氏親親、仁民、愛物，無有差等，是無惻隱之心也；取與不辨，而行乞布施，是無羞惡之心也；天上天下，唯我獨尊，是無辭讓之心也；無善無惡，是無是非之心也。其不知性者由於不知心爾；然則其所知者，亦心之光影而非實也。高景逸先生曰："先生於禪學尤極探討，發其所以不同之故；自唐以來，排斥佛氏，未有若是之明且悉者。"嗚呼，先生之功偉矣！

## 汪石潭先生

汪俊，字升之，號石潭，弋陽人也。先生之學，以程朱爲的；然以陽動陰靜，流行而不息者爲心，而其不易之常體則性也。性雖空無一物，而萬化皆從此出。故性體也，心用也，渾然不可分析。以造化言之，天高地下，萬物散殊，無處非氣之充塞也；天不得不高，地不得不下，物之本乎天者親上，本乎地者親下，亙萬古而不易，卽是理也，亦渾然不可分析也。乃朱子謂性是心所具之理，若是乎心爲車也，性爲車所載之物也；歧心性而二之，猶之歧理氣而二之也，非程子之旨也。先生之不苟同如此。先生既知聖人之學，不失其本心，便是復性，則陽明之以心卽理若合符契矣。而謂陽明學不從窮事物之理守吾此心，未有能中於理者，無乃自背其說乎？楊止菴言先生發明道體，可謂獨見。以陽明言性，不分理氣，著說非之。

## 崔後渠先生

崔銑，字子鍾，一字仲鳧，號後渠，河南安陽人。先生之學，以程朱爲的；然於程子之言心學者則又刪之，以爲涉於高虛，是門人之附會。無乃固歟？至其言理氣無縫合處，先生自有眞得，不隨朱子脚下轉是也。其詆陽明不遺餘力，稱之爲霸儒。孫鍾元曰："文敏議象山陽明爲禪學、爲異說，夫二人者且不必論其學術。荊門之政，有體有用；甯藩之事，擽九死以安社稷，吾未見異端既出世而又肯任事者也。"此以其外而言也。先生以知能心之用也，愛敬性之實也，本諸天故曰良；今取以證其異說，刪良能而不挈，非霸儒與？無是以心爲知覺，以性爲理，不可以知覺卽是理之成說，頗與先生氣卽理之論自相反。且先生既言本諸天，故曰良；孟子謂知能爲良，則知能本諸天者，卽是以愛敬之理，決不僅以此知覺本諸天也。陽明單提良知而不及愛敬，其非懸空之知覺明矣。孟子上節知能並舉，下言無不知愛其親也，無不知敬其兄也，能字皆歸併知內。蓋知是性也，能是才也，言性則才自在其中矣。

### 論學語

覺心之放卽求也；知我之病卽藥也；矜己之是卽非也；妬人之長卽短也。

學者改過，追索其動念之故而除之，斯不萌於再。

## 何柏齋先生

何瑭，字粹夫，號伯齋，懷慶武涉人。七歲時，入郡城，見彌勒像，抗言請去之，人皆大駭。家居十餘年，癸卯九月卒，年七十。先生以儒者之學，當務之爲急；細而言語成儀，大而禮樂刑政，此物之當格而不可後者也。學問思辨，一旦卓有定見，則物格而知至矣；由是而發之以誠，主之以正，然而身不修家不齊，未之有也。至竟其本原爲性命，形於著述爲文章，固非二道；特其緩急先後，各有次第，不可紊耳。今曰理出於心，心存則萬理備，吾道一貫，聖人之極致也，奚事外求？吾恐其修齊治平之道，反有所略，則所學非所用，所用非所學，於古人之道，不免差矣。先生所諭，爲陽明而發也。蓋力主在心爲知覺、在物爲理之說，固無足怪；獨是以本原性命非當務之急，若無與乎修齊之事者，則與清談何異？修齊之事，無乃專靠言語、威儀、禮樂、刑政與？眞可謂本末倒置矣！先生與王浚川、許函谷辨論陰陽數千言，爲浚川所破者不一。其大指之差，在以神爲無，以形爲有；有無豈能相合，則神形已離爲二。神形既二，又豈待人死而後無知哉？

## 王浚川先生

王延相，字子衡，號浚川，河南儀封人。先生主張橫渠之論理氣，以爲氣外無性，此定論也；但因此而遂言性有善有不善，并不信孟子之性善，則先生仍未知性也。蓋天地之氣，有過有不及，而有愆陽伏陰，豈可遂疑天地之氣有不善乎？夫其一時雖有過不及，而萬古之中氣自如也，此卽理之不易者。人之氣稟，雖有清濁強弱之不齊，而滿腔惻隱之心，觸之發露者，則人人所同也，此所謂性；卽在清濁強弱之中，豈可謂不善乎？若執清獨強弱，遂謂性有善有不善；是但見一時之愆陽伏陰，不議萬古常存之中氣也。先生受病之原，在理字不甚分明，但知無氣外之理；以爲氣一則理一，氣萬則理萬，氣聚則理聚，氣散則理散，畢竟視理若一物，與氣相附爲有無。不知天地之間，只有氣，更無理；所謂理者，以氣自有條理，故立比名耳。亦以人之氣本善故，加以性之名耳。如人有惻隱之心，亦只是氣，因其善也而謂之性；人死則其氣散，更何性之可言？然天下之人，各有惻隱，氣雖不同，而理則一也。故氣有萬氣，理只一理，以理本無物也。宋儒言理能生氣，亦只誤認理爲一物；先生非之，乃仍蹈其失乎？

## 黃泰泉先生

黃佐，字才伯，號泰泉，廣之香山人。先生以博約爲宗旨。“博學於文”，知其根而溉之者也；“約之以禮”，歸其根則千枝萬葉受澤而結實者也。博而反約於心，則視聽言動之中禮，喜怒哀樂之中節，尋倫經權之中道，一以貫之而無遺矣。蓋先生得力於讀書，典禮樂律飼[1]章，無不該通，故卽以此爲教；是時陽明塞源拔本論，方欲盡洗聞見之陋，歸併源頭一路，宜乎其不能相合也。然陽明亦何嘗教人不讀書？第先立乎其大，則一切聞見之知，皆德性之知也。先生尚拘牽於舊論耳！某幼時喜博覽，每舉《楊用修集》，韓孟郁謂某曰："吾鄉黃才伯博物君子也！子何不讀其集乎？"今爲《泰泉學案》，念亡友之言，爲之潸然！

## 張甬川先生

張邦奇，字常甫，號甬川，浙之鄞人也。陽明贈先生序云："古之君子，有所不知而後能知；後之君子惟無所不知，是以容有不知也。則先生當日固汎濫於詞章之學者也。後來知爲己之功，以涵養爲事，其受陽明之益多矣！"謂載道之文，始於六畫，大備於周、程、朱子之書，莫非是道之生生而不已也。由博文之學，將遡流而求源，舍周、程、朱子之書焉適哉？今之爲異論者，直欲糟粕六經，屏程朱諸子之說，置而不用，猶欲其通而窒之竅也。所謂異論者，指陽明而言也。夫窮經者窮其理也，世人之窮經，守一先生之言，未嘗會通之以理，則所窮者，一先生之言耳。因陽明於一先生之言有所出入便謂其糟粕六經，不亦冤乎！此先生爲時論所陷也。

## 張淨峯先生

張岳，字維喬，號淨峯，福之惠安人。先生曾謁陽明於紹

[1] "飼"，當爲"詞"。——編者註

興，與語多不契。陽明謂："公只爲舊說纏繞，非全放下，終難湊泊。"先生終執先入之言，往往攻擊"良知"；其言學者只是一味篤實向裏用功，此心之外，更無他事，是矣。而又曰："若只守個虛靈之識，而理不明，義不精，必有誤氣質做性人欲、做天理矣。"不知理義只在虛靈之內；以虛靈爲未足，而別尋理義，分明是義外也。學問思辨行，正是虛靈用處；舍學問思辨行，亦無以爲虛靈矣。

### 雜言

心纔定便覺清明，須是靜時多，動是少；雖動也而心未嘗不靜焉，方是長進。

黃後峯書室對：誠自不妄語始，學從求放心來。

聖賢千言萬語，無他，只教人求其放心而已；心纔收斂，便覺定靜清明，然後讀書講明義理，方有頓放處。若此心已先馳騖飛揚，不能自制；而血氣乘之以動，乍盈、乍怯、乍作、乍止，凡百所爲，卒皆無成。其患有不可究言者已。

見處貴透徹，行處貴著實。

## 徐養齋先生

徐問，字用中，號養齊，常之武進人。先生爲奮論纏繞，故於存養、省察、居敬、窮理、直內、方外、知行，無不析之爲二；所謂支離之學，又從而爲之辭者也。其《讀書劄記》第二册，單闢陽明，廣中黃才伯促而成之。嗚呼，其何損於陽明哉！

# 李大經先生

李經綸，字太經，建昌南豐人。讀書好深湛之思，以理學自負。爲諸生，值鄉舉，上書當道，言當待士以體，無制士以苛法。藉令峻制苛法，盡革懷挾之弊，而使志行之士，如吳康齋、陳布衣者睥睨其間，避匿而不肯出；無甯疎於防檢，使志行士或由以進也。當道得其言而韙之。久之棄舉子業，精心著述；以《詩》三百篇非夫子之舊，漢儒雜取逸詩以足其數，故無益於天德王治之粹者削之。作《詩教考》。以禮有三：曰儀，曰曲，曰官。見諸動止、食息、日用、倫常者謂之曲；行之吉、凶、軍、賓、嘉者謂之儀；朝廷之制度謂之官。三體考註，昧於經曲制度之節，混三爲一；今爲之分別，作《禮經類編》。王湛二家之學盛行，先生弗以爲是，作《衛道錄》、作《大學稽中傳》。念時無知者，聞羅整菴著《困知記》，辨心性之異以闢王湛；大喜，上書以質所學。整菴方自貴重，懲兩家之聚生徒，各立門戶，故少所容接；而先生之辭又過侈，遂沮抑之。先生乃大失望，走南都謁祭酒黃泰泉；泰泉深契之，而與之講樂律，然亦未遑究其學術也。其後東南中倭，天下頗汹汹，先生以爲是司兵者不知兵也。條事務七事，詣撫按藩臯獻之；竟不遇，中喝卒於越道。先生與王湛異者，大旨只在"窮理"二字。然先生之所謂理者，制度文爲，禮樂刑政，皆是枝葉邊事；而王湛之所謂禮，則是根本。根本不出一心，由一心以措天地萬物，則無所不貫；由天地萬物以補湊此心，乃是眼中之金屑也。先生之誠意，原以意非心之發也，是主宰乎知覺之中者也。頗與子劉子之言意相合。但子劉子之所謂主宰者，知覺中自有主宰；先生謂主宰乎知覺之中者，則又立意以爲之，仍是困知之餘論也。

# 十八　諸儒學案下

## 李谷平先生

李中，字子庸，吉水人。谷平，其所居里名也。以右僉都御史巡撫山東，先謁闕里。曲阜三氏學生，舊無廩；至先生始給之，曰："使東土人知天子敬學，庶其興乎！"嘉靖壬寅十一月卒官，年六十五。先生受學於楊玉齋之門，——玉齋名珠——其學自傳註以遡濂洛，能窮理道，不苟榮勢；貧老而無子，橫經授徒，未嘗見戚容。弟子出其門者，以解釋考據爲名家，然自謂所學不在是也。晚得先生與語，喜曰："吾學其有傳人乎！吾本之明道，明道其醇者也；而吾未嘗輕語人，驗其資皆不足多也。聖人與人何異，亦爲之而已矣。子勉之！"先生資質清苦，入仕十爵年，俸入不足以供朝夕；嘗留門人飯，貸米乏薪，至爨家具。日暮矣，竟不及飯而別。故其所言皆是得力處，以爲學只有存養，省察是存養內一件。儒者之學，理一而分殊；分不患其不殊，所難者理一耳。若非工夫親切，不敢如此道也。"夫理不患其不一，所難者分殊耳"，此李延平之言也。蓋延平以救儱侗之失，而先生反之者，欲其事事從源頭而出，以救零星裝合之非。兩家各有攸當，非與先儒爲翻案耳。

## 谷平日錄

古之學者只是誠實，今之學者只是遷就。

聽言可以觀人：小人當未遇之時，見君子所爲，亦有尊重興起之意，是尚無利祿之深迷，而本心之明有不可揜者。及稍得利祿之謀，便志得意滿；雖明知君子所爲之是，恐其不便於已，必作爲一種說話以寓沮抑之意，甯欺已欺人不顧，此之謂失其本心。

人胸中除去一切閑思量，則天理自在，多少快活。

學之得與不得亦易見：此心灑然，而勢利出脫，了無所係，此實得也；雖曰講學，而勢利纏繞，瞻前顧後，此無所得，只是說話。

孔子曰："朝聞道，夕死可矣。"會得此意，則必終日乾乾；學惟爲已而已，何處著得絲髮爲人之意哉？惡念易去，妄念難去；人心無一念之妄，純乎道矣！

學者至約工夫，只是常常提醒此心。

聖人用功，與學者一般，但有生熟之異，謂聖人不用功者非也。蓋人之心，猶舟之有柁；心一不存，則惡生，柁一不持，則舟覆。聖人卽老於行船者，進退推移自然而柁亦未嘗離也。學者卽學行船者，未免有把持著力之功，非自然而然也；一生熟之異，卽盡聖人學者用功之說。

今人乍見孺子將入於井，皆有怵惕惻隱之心此便是善端發見處；人人皆有，但有間斷，則若存若亡，不爲已有。學者有此心，須充之到淵深塞實，方是有諸已。譬如栽一小樹，恐牛羊牧之，大風搖之，須從四圍作將垣以防牛羊，又時培土灌水以備風日；則此樹漸大，根漸深且實，雖無垣牆，牛羊風日，且如之何。如人善端發見，欲使之常存，必要去閑邪；邪閑則天理自存，存之之久，便到淵深塞實處。到此地位，則本體已復，實有諸己；彼富貴、貧賤、生死、禍福、得喪、夷狄、患難，若無與己，豈能有以介吾意乎？學者須如此用力方可。閑邪非如何去閑，只是心正則邪自閑了，邪閑則誠存矣，閑邪存誠，是一件非有二也。

佛氏曰定，明道亦曰定；佛氏曰惺惺，上蔡亦曰惺惺。何也？忘己耳。若灼然有以實見得吾心之體有在於此，設以佛氏所嘗語，反規規然而避之，是反涉於較計偏倚之私，而累其廣大光明之量。其於斯道無我無物之體，不無有害。

今之以學自命者，人皆議其行事之謬；謂平日講道學，而行事如此其僞也。愚以爲不然，平日講學，只成一個自私，而自以爲天理；故其行事之謬者，非僞也，學術之差也。

## 霍渭厓先生

霍韜，字謂先，始號兀厓，後更渭厓，廣之南海人。始就小學，卽揭“居處恭”三字於壁力行之，日誦數千言，一二歲間，諸經皆遍。庚子十月，卒於位，年五十四。先生以議大禮，與張桂俱爲上所寵眷；然張桂賦性傾險，既躐取大位，仇視不同議之人。而先生舉動光明，於不同議之人，如豐熙、楊愼、徐文華、唐樞、陸粲，皆極力薦舉，其所論列，動關安危大計。在吏部則銓政爲之一清，在禮部則南中體統肅然，風俗爲之一變，爲舉主不認門生，居鄉不書治生，直行其道，不顧是非恩怨。魏莊渠曰：“兀厓之亡於世道有大關係。”非虛語也。今以先生與張桂同類，並稱先生爲桂所掩也。獨是與邃菴、桂洲相訐，皆以意氣用事，乏中和之義，所謂豪傑而不聖賢者也。先生薦文成，謂臣不如也，而於文成之學不能契。大意以知有聖人之知，有下愚之知；聖人之知則可致，下愚之知則無所不至矣。夫文成之所謂良知，卽人人所同賦之性也；性之靈處卽是知，知之不息處卽是性，非因下愚而獨無也。致者致此也。先生之所謂知，乃習染聞見之知也，惡得良？故聖人與下愚，相去倍蓰無算，如何致之哉？此眞千里之謬矣！

## 文敏粹言

初學刻勵工夫，安得便自在快活；亦須勉強持守，習熟自別。

初學勿憂助長，只憂忘了；到有助長之病，又自有藥。

學知爲己眞味，則知接人處事，有一毫不盡其心者，皆切己實病。

世有苟賤無恥之流，多借忍耐之說，以自蒙臭惡，可憐也！乃且曰道學如是。

# 薛西原先生

薛蕙，字君采，號西原，亳州人。嘉靖辛丑正月卒，年五十三。先生初好養生家言，自是絕去文字，收斂耳目，澄慮默照；如是者若干年，而卒未之有得也。久之乃悟曰："此生死障耳！不足學。"然因是讀《老子》及佛書，得其虛靜慧寂之說，不逆於心；已而證之六經及濂洛諸說，至於《中庸》喜怒哀樂未發之謂中，曰："是矣是矣！"故其學以復性爲要。未發之中，卽性善也，情則始有善不善；聖人盡性，則寂多於感，衆人私感不息，幾於無寂。此言似是而非，夫性不可以動靜言，濂溪之主靜，無欲故靜。又曰："一者無欲，其非動靜之靜可知矣。"孟子言性，多以情言，蓋舍情無以見性，與諸子專向人生而靜以上說性者不同；若止靠靜中覺性，以爲情發之張本，則一當事變紛紜，此體微薄，便霍然而散矣。一眞一切眞，無晝夜，無古今，無寂感，方可言性也。

## 舒梓溪先生

舒芬，字國裳，號梓溪，江西進賢人。丁亥三月卒，年四十四。先生以濂溪得斯道之正脈，故於《太極圖說》爲之繹義；然視太極若爲一物，歧陰陽而二之，所以有天之太極、人之太極、物之太極，蓋不勝其支離矣。於是將夫子之所謂"習相遠"者，俱誤認作性；以爲韓子"三品"之論，言性庶爲近之，是未窺濂溪之室者也。先生曾請文成書《拱把桐梓》一章，文成書至至於身而不知所以養之者，顧先生而笑曰："國裳讀書中過狀元來，豈誠不知身之所以當養，還須讀此乎？"

## 來瞿塘先生

來知德，字鮮矣，號瞿塘，川之梁山人。年八十卒。先生之學，與程子、陽明有異同者二端：謂格物之物，乃物欲之物；物格而后知至，克己復禮爲仁，養心莫善於寡欲，此三句話乃一句話也。何也？物也，己也，欲也，皆有我之私也；格也，克也，寡也，皆除去有我之私也。紫陽是說前一步工夫，陽明是說後一步工夫；謂明德卽五達道也，自其共由於人謂之道，自其實得於己謂之德，自其通於天下曰達，自其昭於天下曰明。非有二物也，卽敬、止、仁、敬、孝、慈、信之德也，言齊家、孝弟、慈之德也，言治國、宜家人、宜兄弟父子足法之德也，言平天下、老老、長長、恤孤之德也：一部《大學》，綰結於此二字，不言道而言德者，有諸己而後求諸人也。此正五帝三皇以德服人之王道耳。若以人之所得乎天而虛靈不昧爲明德，則尚未見之施爲，以何事明明德於天下哉？愚按：以物爲欲，或問中孔周翰已有是說；但孔以爲外物之誘，先生以爲有我之私，雖稍不同，然有我之私，未有不從外誘者也。夫格物爲初下手工夫，學者未識本體，而先事於防欲，猶無主人而逐賊也；克己之主腦在復禮，寡欲之主腦在養心，格語卽識仁也。卽是主腦，不可與克己寡欲相例耳。明德爲虛靈不昧，無一象之可言，而萬象森然；此體不失，而行之君臣、父子、兄弟、夫婦、朋友之間，自無隔閡，故謂之達。故謂五達道在明德中則可，謂明德卽五達道，則體用倒置矣。其論心學晦明，天實囿之；若是一陰一陽之道，繼之者未必善矣。嗚呼！人自囿之，而歸咎於天可乎？

## 巖宁忠先生

盧宁忠，字獻甫，號冠巖，嶺南人也。先生受學於黃泰泉，泰泉議王湛之學，而先生以不得及陽明之門爲憾。於甘泉則書札往來，求教不一也。先生謂天地間有是氣則有是性，性爲氣之官，而綱維乎氣者是矣。然不知此綱維者，卽氣之自爲綱維，因而名之曰性也；若別有一物以爲綱維，則理氣二矣。又以誠意之意，是生理之初萌；純粹至精，卽周子誠神，幾之幾也。其視意爲有善有惡者，加功密矣，頗與子劉子之言意同，然子劉子以意蘊於心，知藏於心；意中最初之機，則知善知惡之知是；意爲存主，知爲初萌；先生之所謂意，乃子劉子之所謂知也。雖同在未發之中，而其先後之序，有不容紊亂者。

## 呂心吾先生

呂坤，字叔簡，號心吾，河南甯陵人。家居四十年，年八十三卒。先生資質魯純，少時讀書，不能成誦，及一切棄之；澄心體認，久之了悟，入目卽不忘。年十五，讀性理書，欣然有會；作《夜氣鈔》,《擴良心詩》，一生孜孜講學，多所自得。六抵在思上做工夫，心頭有一分檢點，便有一分得處。蓋從憂患中歷過，故不敢任情如此。

### 呻唫語

"無所爲而爲"五字，是聖賢根源；學者入門念頭就要在這上做。今人說話第二三句，便落在有所爲上；只爲毀譽利害心脫不去，開口便是如此。

人才不甚相遠，只看好學不好學，用心不用心耳。

以粗疎心看古人親切之語，以煩燥心看古人靜深之語，以浮汎心看古人玄細之語，以淺狹心看古人博洽之語；字意未解，句讀未眞，便加評隲，眞孟浪人也。

一門人向予數四窮問：無極太極及理氣同異性命精粗性善是否予曰："此等語亦能勦先儒之說及一已之謬見以相發明；然非汝今日急務。假若了悟性命，洞達天人，也只於性理書上添了某氏曰一段言語，講學門中多了一宗卷案；後世窮理之人，信彼駁此，服此闢彼，百世後汗牛充棟，都是這樁話說。不知於國家之存亡，萬姓之生死，身心之邪正，見在得濟否？我只有個粗法子，汝只把存心制行、處事接物、齊家治國平天下，大本小節，都事事心下信得過了，再講這話不遲。

人各有抵死不能變之偏質，慣發不自由之熟病；要在有痛恨之志，密時檢之功。總來不如沉潛涵養，病根久自消磨；然涵養中須防一件，久久收斂，衰歇之意多，發強之意少，視天下無一可爲之事，無一可惡之惡。德量日以寬洪，志節日以摧折；沒有這個，使是聖賢涵養，著了這個，便是釋道涵養。

涵養不定敁，自初生至蓋棺時凡幾變；卽知識已到，尙保不定畢竟作何種人。所以學者要德性堅定；到堅定時，隨常變窮達生死，只一般，卽有難料理處，亦能把持。若平日不遇事時，儘算好人；一遇個小小題目，便考出本態，假遇著難者大者，知成個甚麼人？所以古人不可輕易笑，恐我當此，未便在渠上也。

涵養要九分，省察只消一分，若沒涵養，就省察得，也沒力量降伏那私欲。

平居時有心訒言，還容易；只是當喜怒愛憎時，發當其可。無一厭人語，才見涵養。

天地萬物之理，皆始於從容，而卒於急捉。急捉者盡氣也，從容者初氣也；事從容則有餘味，人從容則有餘年。

心要有個著落，不著落到好處，便向不好處。

一善忿發，未說到擴充，且先執持住，此萬善之囮也；若隨來隨去，更不操存，此心如驛傳然，終身無主人住矣。

只是心不放肆，便無過差；只是心不怠忽，便無遺忘。

只一事不留心，便有一事不得其理；一物不留心，便有一物不得其所。

一事不從心中出，便是亂舉動；一刻心不在腔子裏，便是空軀殼。

慎言動於妻子僕隸之間，檢身心於食息起居之際；這工夫便密了。

“懶散”二字，立身之賊也。千德萬業，日怠廢而無成，千罪萬惡，日横怒而無制；皆此二字爲之。

學者萬病，只一個“靜”字治得；定靜中境界，與六合一般大。裏而空空寂寂，無一個事物；纔問他索時，般般足，樣樣有。

千紛百擾中，此心不亂；千撓百逆中，此氣不動；此之謂至靜。

喜來時一點檢，怒來時一點檢，怠惰時一點檢，放肆時一點檢；此是省察大條款。人到此多想不起顧不得，一錯了便悔不及；若養得定了，得發而中節，無用此矣。

聖狂之分，只在苟不苟二字。

天下難降伏難管攝的，古今人都做得來，不爲難事；惟有降伏管攝自家難。聖賢做工夫，只在這裏。

世人喜言無好人，此孟浪語也；今且不須擇人，只於市井稠人中，聚百人而各取其所長。人必有一善，集百人之善，可以爲賢人；人必有一見，集百人之見，可以决大計。恐我於百人中，未必人人高出之也。而安可忽匹夫匹婦哉？

清議酷於律令；清議之人，酷於治獄之史。律令所冤，賴清議以明之；清議所冤，萬古無反案矣。是以君子不輕議人，懼冤之也。故此事得罪於天甚重。

對左右言，四顧無媿色；對朋友言，臨别無戒語。可謂光明矣！胸中何累之有？

天下事最不可先必無預道之；已定矣，臨時還有變更，况未定者乎？故甯有不知之名，無貽失言之悔。近世料度人意，常向不好邊說去；固是衰世人心，無忠厚之意。然士君子不可不自責，若是素行孚人，便是別念頭，人亦向好邊料度。何者？所以自立者足信也。

常看得自家未必是，他人未必非，便有長進；再看得他人皆有可取，吾身只是過多，便有長進。

凡人之爲不善，其初皆不忍也；其後忍不忍半，其後忍之，其後安之，其後樂之。至於樂爲不善，而後良心死矣。

### 別錄

每日點檢，要見這願頭自德性上發出，自氣質上發出，自習識上發出，自物欲上發出；如此省察，久久自識得本來面目。

## 鹿乾岳先生

鹿善繼，字伯順，號乾岳，北直定興人。九年七月，先生堅守定興，城破死之。先生讀《傳習錄》，而覺此心之無隔礙也。故人問其何所授受？曰："即謂得之於陽明可也。"先生與孫奇逢爲友，定交楊忠愍祠下，皆慨然有殺身不悔之志。嘗寄周忠介詩云："寰中第二非吾事，好向椒山句裏尋。"首善書院之會，元生將入；聞其相戒不言朝政，不談職掌。曰："離職掌言學，則學爲無用之物，聖賢爲無用之人矣。"遂不往。先生之學，頗近東林諸子，一無攙和夾雜。其斯謂之狂狷與！

## 曹貞予先生

曹于汴，字自梁，號貞予，平陽安邑人。庚午致仕，卒於家，年七十七。先生與馮應京爲友，以聖賢之學相砥礪，請求兵農、錢賦、邊防、水利之要。其耳目大概見之《實用編》。所言仁體，則是《西銘》之註疏也。木則不仁，不木則仁，卽上蔡之以覺言仁也。以覺言仁，本是不差；朱子却以爲非，謂知覺不可以求仁，仁然後有知覺。夫知覺猶喜怒哀樂也，人心可指，只是喜怒哀樂；喜怒哀樂之不隨物而遷者，便是仁體，仁是後起之名，如何有仁方有知覺耶？且上蔡之言知覺，覺其天地萬物同體之原理，見得親切，故又以痛切言之。朱子強坐以血氣之性，血氣之性，則自私自利矣，恐非上蔡之所指也。

## 呂豫石先生

呂維祺，字介孺，號豫石，河南新安人。辛巳正月，雒陽陷，先生爲賊所執。道遇福王，昂首謂王曰："死生命也！名義至重，無自辱"。已而賊害王，酌其血，雜鹿醢飲之。曰："此福祿酒也"！先生大罵，死之。逆奄之時，折天下書院，以學爲諱；先生與張抱初方講於芝泉書院，幾中危禍。在南都立豊芑大社，歸又立伊雒社，修復孟雲浦講會，中州學者多從之，嘗言："一生精神結聚在《孝經》，二十年潛玩躬行，未嘗少息。曾子示門人曰，"吾知免夫"，非謂免於毀傷，蓋戰兢之心，死而後已也"。若先生者，其見道未可知，庶幾講學而不僞者歟！

## 諭學書

天下萬世所以常存而不毁者，只爲此道常存；此道之存，人心之所以不死也。使人心而死，則天地之毁也久矣。人心不死，而人人未能操存之，便厭厭無生意；所以持世之人，力爲擔任，將一副精神，盡用之於此道。而卑者祇役役於富貴功名，意見蹊徑，其高者又就入於懸虚以爲道，更有在也。不知此道至平至易，見前卽是，轉疑卽非；卽入世之中，亦自有出世之法，非必盡謝絶人世而後爲學也。世不難於出而難於入，出而不入出而乃欲入，此幻與僞之爲也。入而能出，此吾儒學問之所以異於二氏也。老兄云："卽今亦自可學。"誠哉卽今亦自可學也！弟有聯云："人只此人，不入聖，便作狂，中間難站脚；學須就學，昨既過，今又待，何日始回頭？"故曰纔説姑待明日便不可也。自古聖學，何人不由學問涵養？而必曰"生知"云云，則自棄甚矣。只要認定一路，一直硬肩做去，日新不已，卽吾儕自有聖諦。彼程邵諸先覺，非人也乎哉？彼何以與天地不朽，而我輩空沒沒也？思念及此，有不愧汗浹趾者，豈人哉？然老兄之所以遲疑於其間者，得無謂今天下講學者多僞也；不則，謂講學與不講者多分一畛域，恐吾涉於一邊。噫，豈其然哉！講學之僞誠有之，然眞者必於此出；以其僞而發眞，何異於因噎廢食？且天下之貪官綦多也，未聞以廢仕進也。至於講學之家，多分畛域，亦自有説；吾只見得吾身，非此無以爲人安身立命，的的在此。世自有世之講學，吾自有吾之講學，所謂天淵縣隔者也。今天下禁講學，而學會日盛；學會雖盛，而眞實在此間做者甚少。弟之修復孟先生會，原自修復，不沾帶世間一塵；近日敝邑及鄰邑遠近之士，覺彬彬興起。今世風之壞也久，而人心日不古矣。以老兄之識力，辨此最易；如有意於此，固無事遲疑孟子云："奚有於是？亦爲之而已矣！"

天下第一等事，是何人做？天下第一等人，是從何事做起？可惜終身憧憧擾擾虛度光陰，到雨過庭空、風過花飛時，究竟攜得甚物去？以此思之，何重何輕？何眞何幻？何去何從？自有辨之者。然而眼界不開，由骨力不堅；骨力不堅，所以眼界愈不開。以此思之，學問下手處可味也。而世往往目學問爲僞、爲迂，某謂世之學者，豈無僞哉？而眞者固自眞也。以僞爲非，去其僞而可矣。至於學問不足經世，又何學之爲？以此思之，學力事業，非兩事也。

弟維祜問："講學爲人所非笑，何以處之？"曰："講學不爲世俗非笑，是爲鄉愿；講學不到使非笑我者終心服我，是爲鄉人；講學必別立崖岸，欲自異於世俗，是爲隱怪；講學不大昌其道於天下後世，以承先啟後自任，以爲法可傳自勵，是爲半途之廢。"

## 郝楚望先生

郝敬，字仲輿，號楚望，楚之京山人。上開礦稅，奄人陳增陷益都知縣吳宗堯逮問；先生劾增以救宗堯。稅奄魯保李道請節制地方有司，先生言："地方有司，皇上所設以牧民者也；中使皇上所遣以取民者也。今既不能使牧民者禁禦其取民者，已爲厲矣；而更使取民者箝制其牧民者，豈非縱虎狼入牢而恣其搏噬哉？"又劾輔臣趙志皐："力主封貢，事敗而不坐；鼠首觀望，謀國不忠。"於是內外皆怨，遂掛冠而歸，築園著書，不通賓客。五經之外，《儀禮》、《周禮》、《論孟》各著爲解，疏通證明，一洗訓詁之氣。明代窮經之士，先生實爲巨擘。先生以淳于髡先名實者爲人，是墨氏兼愛之言；後名實者自爲，是楊氏爲我之言。戰國儀秦、鬼谷，凡言功利者皆不出此二途，楊墨是其發原處，故孟子言“天下之言不歸楊則歸墨”，所以遂成戰國之亂，不得不拒之。若二子徒有空言，無關世道，孟子亦不如此之深切也。此論實發先儒所未發，然以某論之，楊墨之道，至今未熄。程子曰：“楊墨之害，甚於申韓；佛老之害，甚於楊墨。”佛老其言近理，又非楊墨之比。夫無所爲而爲之之爲仁義，佛氏從死生起念，只是一箇自爲；其發願度衆生，亦只是一個爲人，憑他說玄說妙，究竟不出此二途。其所謂如來禪者，單守一點精魂，豈不是自爲；其所謂祖師禪者，純任作用，豈不是爲人？故佛氏者楊墨而深焉者也，何曾離得楊墨窠臼。豈惟佛氏，自科舉之學興，儒門那一件不是自爲爲人？仁義之道所以滅盡。某以爲自古至今，只有楊墨之害，更無他害。楊子雲謂：“古者楊墨塞路，孟子辭而闢之，廓如也。”豈非夢語？今人不識佛氏底藴，將楊墨置之不道；故其闢佛氏亦無關治亂之數，但從門面足見耳。彼單守精魂者，不過深山之木石，大澤之龍蛇，無容闢之；其純任作用，一切流爲機械變詐者，方今彌天漫星，楊墨之道，方張而未艾也。嗚呼，先生之學，以下學士達爲的，行之而後著，習矣而後察，眞能行習，未有不著察者也。下學者行也，上達者知也。故於宋儒窮理主靜之學，皆以爲懸空著想；與佛氏之虛無，其間不能以寸。然按先生之下學，卽先生所言之格物也；則先生於格物之前，又有一段知止工夫，亦只在念頭上未著於事爲。此處如何下學。不得不謂之支離矣。

### 知言

習氣用事，從有生來已慣，拂意則怒，順意則喜，志得則揚，志阻則餒；七情交逞，此心何時安甯？須猛力斡轉習氣，勿任自便，機括只在念頭上挽回：假如怒時，覺心爲怒動，卽返觀自性，覓取未怒時景象；須臾性現，怒氣自平。喜時覺心爲喜動，卽返觀自性，覓取未喜時景象；須臾性現，喜氣自平。七情之發，皆以此制之；雖不如愼之未萌省力，然旣到急流中，只取如此挽回。

但得閒時，則正襟默坐，體取未發氣象；事至物來，從容順應。塵勞旁午，心氣愈加和平，不必臨事另覓眞宰。但能平心定慮，從容順應，卽此順應者，卽是主宰；多一層計較，多一番勞擾。

## 吳朗公先生

吳執御，字朗公，台州人也。有《江廬獨講》一編。其學大都以立誠爲本，而以坤二爻爲入門，因合之乾三爻。深佩宋儒“居敬窮理”之說。至海門言求己處，亦篤信不疑；故於克己閑邪，謂不當作去私說。雖未洞見道體，獨契往聖；而一種擔當近理之識，卓然躬行君子也。

## 黃石齋先生

黃道周，字幼玄，號石齋，福之鎭海衛人。上御經筵，問：“保舉考選，孰爲得人？”先生對：“樹人如樹木，須養之數十年，始堪任用。近來人才遠不及古，况摧殘之後，必須深加培養。”當是時，告訐公行；小人創爲“福黨”之說以激上怒，必欲殺先生而後已。司寇劉澤深擬煙瘴遣戍，再奏不允。宜興出山，天下皇皇以出先生望之。一日上御經筵，嘆講官不學，宜興進曰：“惟黃道周識雖偏而學則長。”次輔蔣八公因言道周貧且病，乞移近戍。宜興曰：“皇上無我之心，有同天地。既道周有學，便可徑用，何宣移戍。”上笑而不言。既退，即御書原官起用，未上而京師陷，尋以祭告禹陵出，棲遲浙水。國亡之後，奉思文入福，遂首政府。是時政由鄭氏，祭則寡人。賜宴大臣，鄭氏欲居第一，先生謂：“祖制武職無班文官右者。”相與爭執，鄭氏辭屈，嫌隙遂成。先生視鄭氏殊無經略之志，自請出關；然不能發其一甲，轉其斗粟，徒以忠義激發，旬月之間，揭竿雲集。先生親書告身獎語，給爲公賞，得之者榮於誥勅。從廣信抵衢州，爲其門人所紿，至婺源明堂里見執；縶尚膳監，絕粒十四日不死，引磬文不殊。丙戌三月七日兵解，年六十二。先生深辨宋儒氣質之性之非：“氣有清濁，質有敏鈍，自是氣質，何關性上事？性則通天徹地，只此一物；於動極處見不動，於不睹不聞處見睹聞，著不得纖毫氣質。宋儒雖言氣質之性，君子有弗性焉；畢竟從夾雜中辨別精微，早已拖泥帶水去也。”故知先生之說爲長。然離心之知覺，無所爲性，離氣質亦無所爲知覺；如此以求盡性，未免易落懸想。有先生之學則可，無先生之學，尚須商量也。

## 金伯玉先生

金鉉，字伯玉。其先武進人，後籍順天。國憲奏彈落職，讀書十二年。甲申二月，起補兵部主事，巡視皇城。賊陷大同，先生請撤宣府監視中官，恐於中掣肘，不無僨事之虞；專任撫臣，賊騎未更窺宣也。不報。已而宣之迎賊者果中官杜勳也。京城失守，先生朝服拜母而哭曰："職在皇城，他非死所！"至御河投水而死，年三十五。母夫人章氏亦投井死。先生卒後，家人簡其書籍，壬午七月晦日讀《邵子》，記其後曰："甲甲之春，定我進退。進雖遇時，外而弗內；退若苦衷，遠而弗滯。外止三時，遠不卒歲。優哉游哉，庶沒吾世！"先生未必前知。然眞識所至，自能冥契後來，不足異也。先生曾問學於蕺山先師，某過其家，門巷蕭然，殘杯冷炙；都中縉紳之士，清修如先生者，蓋僅見耳。

## 語錄

事來我應皆分所當爲，此不可生厭棄心；至於本無一事，我心強要生出事來，此便是憧憧往來。

境遇艱苦時，事物勞攘時，正宜提出主宰，令本體不爲他物所勝；此處功夫，較之平常百倍矣。不然，平常工夫，亦未到妥貼處。

一事不可放過，一念不可放過，一時不可放過；勇猛精進，處處見有善可遷，有過可改，方是主一工夫。

# 金正希先生

金聲，字正希，徽之休甯人。十二月丁卯，以七千人戰於盧溝橋；大師繞出車後，車不得轉，全軍覆沒，先生亦遂謝歸。流賊震驚，先生團練義勇以保鄉邦。國亡後，先生城守如故。及新安破，執至白下刃之。賦詩云："九死靡他悲烈廟，一師無濟負南陽"。讀者悲之。南陽乃思文初封地也。先生精於佛學，以無心爲至；其除欲力行，無非欲至於無心也。充無心之所至，則當先生所遇之境，隨順萬事而無情皆可以無心了之；而先生起爐作竈，受事慷慨，無乃所行非所學歟？先生有言，"不問動靜，期於循理"，此是儒家本領；先生雜之佛學中，穿透而出，便不可爲。先生事業，純是佛家種草耳。然先生畢竟有葱嶺習氣者，其言："逆境之來，非我自招，亦是天心仁愛之至，未嘗不順之；而順乃不過爲無可奈何而安之若命，作一註疏。聖門之學，但見一義字；義當生自生，義當死自死，初不見有生死順逆也"。

## 朱震青先生

朱天麟，字震青，吳之崑山人。先生專志讀書，好深湛之思。以僻書怪事子虛烏有詮易，讀之汗漫恍惚；而實以寓其胸中所得有蒙莊之風焉。與人言："蟬聯不自休，未嘗一及世事。"明末士大夫之學道者，類入宗門：如黃端伯、蔡懋德、馬世奇、金聲、錢啟忠皆是也。先生則出入儒釋之間，諸公皆以忠義垂名天壤。夫宗門無善無不善，事理兩遣，有無不著；故萬事瓦裂，惡名埋沒之。夫一人其中，逍遙而便無媿怍。諸公之忠義，總是血心未能融化，宗風未許謂之知性。後人見學佛之徒，忠義出焉；遂以此爲佛學中所有，儒者亦遂謂佛學無礙於忠孝。不知此血性不可埋沒之處，誠之不可掩；吾儒眞種子切勿因諸公而誤認也。

# 孫鍾元先生

孫奇逢，字啟泰，號鍾元，北直容城人。初尚節俠，左忠毅魏忠節、周忠介之獄，先後爲之頓舍其子弟；與鹿忠節之父舉旛擊鼓，斂義士之錢以救之。不足，則使其弟啟美匹馬走塞外，求援於高陽。逆奄之燄，如火之燎原，先生焦頭爛額赴之，不顧也。燕趙悲歌慷慨之風久湮，人謂自先生而再見。家有北海亭，名稱其實焉。其後一趨而爲理學，卜居百原山，——康節之遺址也——其鄉人皆從而化之。先生家貧，遇有宴會，先時蕭然一榻耳；至期則椅桌瓶罍，不戒而集，北方之學者，大概出於其門。先生之所至，雖不知其淺深；使喪亂之餘，猶知有講學一脈者，要不可泯也。所著大者有《理學宗傳》，特表周元公、程純公、程正公、張明公、邵康節、朱文公、陸文安、薛文清、王文成、羅文莊、顧端文十一子爲宗，以嗣孟子之後，諸儒別爲考以次之。可謂別出手眼者矣！歲癸丑作詩寄羲，勉以蕺山薪傳，讀而愧之。時年九十矣，又二年卒。

## 歲寒集

問做人。曰：“飢餓窮愁，困不倒；聲色貨利，侵不倒；死生患難，考不倒；而人之事畢矣。”

或曰：“士不可小自待。不惟不宜讓今人，并不宜讓古人。”予謂：“士不宜過自恃，不惟宜讓古人，并宜讓今人。無一人不在其上，則無一人不出其下矣；無一人不在其不，則無一人不出其上矣。十年不能去一‘矜’字，此病不小。”

成缺在事不在心，榮辱在心不在事。

念菴云："'戒慎不睹，恐懼不聞'，此孔門用工口訣也。"白沙云："戒慎恐懼，所以防存之，而非以爲害也。"白沙是對積學之人說，念菴是對初學之人說。徒飾於共見共聞之際，而隱微未慊，祇自欺之小人；致謹於十目十手之嚴，而跼蹐太甚，終非成德之君子。二公各有對症之藥。

人生在世，逐日擾攘，漫無自得；尋其根源，除怨天尤人，別無甚事。

# 十九　東林學案

今天下之言東林者，以其黨禍與國運終始。小人既資爲口實，以爲亡國由於東林，稱之爲兩黨；卽有知之者，亦言東林非不爲君子，然不無過激，且依附者之不純爲君子也，終是東漢黨錮中人物。嗟乎，此寐語也！東林講學者，不過數人耳；其爲講院，亦不過一郡之內耳。昔緒山、二溪，鼓動流俗；江浙南畿，所在設教。可謂之標榜矣，東林無是也。京師首善之會，主之爲南皋少墟，於東林無與。乃言國本者謂之東林，爭科場者謂之東林，攻逆奄者謂之東林；以至言奪情姦相討賊，凡一議之正，一人之不隨流俗者，無不謂之東林。若似乎東林標榜，遍於域中，延於數世；東林何不幸而有是也，東林何幸而有是也？然則東林豈眞有名目哉？亦小人者加之名目而已矣！論者以東林爲清議所宗，禍之招也。子言之，君子之道，辟則坊與；清議者，天下之坊也。夫子議臧氏之竊位，議季氏之旅泰山，獨非清議乎？清議熄而後有美新之上言，媚奄之紅本；故小人之惡清議，猶黃河之礙砥柱也。熹宗之時，龜鼎將移，其以血肉撑拒，沒虞淵而取墜日者，東林也；毅宗之變，攀龍髯而蓐螻蟻者，屬之東林乎？屬之攻東林者乎？數十年來，勇者燔妻子，弱者埋土室；忠義之盛，度越前代，猶是東林之流風餘韻也。一堂師友，吟風熱血，洗滌乾坤；無智之徒，竊竊然從而議之。可悲也夫！

## 顧涇陽先生

顧憲成，字叔時，別號涇陽，常之無錫人。先生年十歲，讀韓文《諱辯》，遂宛轉以避父名；遇不可避者，輒鬱然不樂。父謂之曰："昔韓咸安王命子勿諱忠；吾名學，汝諱學，是忘學也。"年十五六，從張原洛讀書；原洛授書，不拘傳註，直據其所自得者爲說。先生聽之輒有會。講《論語》至《問禘》章，先生曰："惜或人欠却一問。夫子不知禘之說，何以知知其說之於天下乎？"講《孟子》至"養心莫善於寡欲"，先生曰："寡欲莫善於養心。"原洛曰："舉子業不足以竟子之學，盍問道於方山薛先生乎？"方山見之，大喜，授以考亭《淵源錄》。曰："洙泗以下，姚江以上，萃於是矣。"時江陵當國，先生與南樂魏允中、漳浦劉廷蘭風期相許，時稱爲"三解元"。上書吳縣，言時政得失，無所隱避。江陵謂吳縣曰："聞有'三元會'，皆貴門生，公知之乎？"吳縣以不知對。江陵病，百官爲之齋醮；同官署先生名，先生聞之，馳往削去。先生上疏分別君子小人，刺及執政，謫桂陽州判官；柳子厚、蘇子瞻、莊定山曾謫桂陽，先生以前賢過化之地，扁所居曰愧軒。甲辰，東林書院成，大會四方之士，一依白鹿洞規。其他聞風而起者，毗陵有經正堂，金沙有志矩堂，荊溪有明道書院，虞山有文學書院，皆捧珠盤請先生涖焉。先生論學，與世爲體。嘗言："官輦轂，念頭不在君父上；官封疆，念頭不在百姓上；至於水間林下，三三兩兩，相與講求性命，切磨德義，念頭不在世道上；卽有他美，君子不齒也。"故會中亦多裁量人物，訾議國故，亦冀執政者聞而藥之也。天下君子，以清議歸於東林，堂廟亦有畏忌。四明亂政，附四明者多爲君子所彈射；四明度不能留，遂計挈歸德同去，以政授之朱山陰。山陰懦且老，不爲衆所憚，於是小人謀召婁江，以中旨下之，而于東阿、李晉江、葉福清亦同日拜焉。晉江獨在京師，得先入；婁江方引故事疏辭，先生爲文二篇，號《夢語寐語》譏切之。江西參政姜士昌以慶賀入，遂疏："錫爵再居相位，褊愎忌刻，摧抑人才，不宜復用。"語連廷機，大抵推先生旨也。東阿以拜官之日卒，不與政；福清素無根柢於舊相，特爲東林所期許得入。戊申詔起先生南京光祿少卿，乞致仕；時考選命下新資臺諫，附和東林者十八九，益相與咀嚼婁江。山陰晉江，不得在位，其黨斥逐殆盡，而福清遂獨秉政；海內皇皇，以起廢一事，望之福清。度不能請，請亦不力也。未幾而淮撫之爭起。淮撫者，李三才，以豪傑自許，一時君子所屬望爲冢宰總憲者也。小人畏之特甚，遂出奇計攻之。先生故友淮撫。會富平復起爲太宰，富平前與沈嘉禾爭丁右武計事，分爲兩黨；先生移書勸之，欲分灑濯嘉禾引與同心，則依附者自解。且宜擁衛淮撫，勿墮壬人計。富平不省，而好事者遂錄其書傳天下，東林由是漸爲怨府。辛亥，內計，富平斥崑宣黨魁七人，小人唁唁而起。儀部丁長孺抗言七人宜斥，救者非是。——儀部又先生之門人也——壬子五月，先生卒，年六十三。先生卒後，福清亦罷相；德清用事，臺諫右東林者並出，他傍附者皆以爲法。謫向之罪申王沈朱者，不復口及，而東林獨爲天下大忌諱矣！天啟初，諸正人稍稍復位，鄒忠介請錄遺賢，贈太常寺卿。逆奄之亂，小人作《東林點將錄天鑒錄同志錄》以導之；凡海內君子，不論有無干涉，一切指爲東林黨人。以御史石三畏言削奪先生。先生深慮近世學者樂趨便易，冒認自然；故于不思不勉，當下卽是，皆令究其源頭，果是性命上透得來否？勘其關頭，果是境界上打得過否？而于陽明“無善無惡”一語，辨難不遺餘力；以爲壞天下教法，自斯言始，按陽明先生教言：“無善無惡心之體；有善有惡意之動；知善知惡是良知；爲善去惡是格物。”其所謂無善無惡者，無善念惡念耳，非謂性無善無惡也；有善有惡之意，以念爲意也。知善知惡非意，動于善惡從而分別之爲知，好善惡惡，天命自然，炯然不昧者，知也，卽性也。陽明於此加一良字，正言性善也。爲善去惡。所謂有不善未嘗不知，知之未嘗復行也；良知是本體，天之道也，格物是工夫，人之道也。蓋上二句淺言之，下二句深言之；心意知物只是一事。今錯會陽明之立論，將謂心之無善無惡是性，由是而發之爲有善惡之意，由是而有分別其善惡之知，由是而有爲善去惡之格物；層層自內而之外，使善惡相爲對待。無善無惡一語，不能自別於告子矣！陽明每言“至善是心之本體”，又曰：“至善只是盡乎天理之極而無一毫人欲之私。”又曰“良知卽天理。”其言“天理”二字，不一而足，乃復以性無善無不善自墮其說乎？且既以無善無惡爲性體，則知善知惡之知，流爲粗幾；陽明何以又言“良知是未發之中”乎？是故心無善念無惡念，而不昧善惡之知，未嘗不在此至善也。錢啟新曰：“無善無惡之說，近時爲顧叔時、顧季時、馮仲好明白排決不已，不至蔓延爲害。”當時之議陽明者，以此爲大節目。豈知與陽明絕無干涉。嗚呼，天泉證道，龍谿之累陽明多矣！

## 小心齋劄記

程子每見人靜坐，便嘆其善學；羅豫章教李延平於靜中看喜怒哀樂氣象；至朱子又曰，只理會得道理明透，自然是靜，不可去討靜坐；三言皆有至理，須參合之始得。

《識仁說》曰："仁者，渾然與物同體；只此一語已盡，何以又云義禮智信皆仁也？及觀世之號爲識仁者，往往務爲圓融活潑，以外媚流俗，而內濟其私；甚而蔑棄廉恥，決裂繩墨，閃爍回互，誑己誑人。曾不省義禮智信爲何物，猶偃然自命曰仁。然後知程子之意遠矣！"

丙戌，余晤孟我疆，我疆問曰："唐仁卿何如人也？"余曰："君子也。"我疆曰："何以排王文成之甚？"余曰："朱子以象山爲告子，文成以朱子爲楊墨，皆甚辭也，何但仁卿？"已而過仁卿述之。仁卿曰："固也，足下不見世之談'良知'者乎？如鬼如蜮，還得爲文成諱否？"余曰："《大學》言致知，文成恐人認識爲知，便走入支離去，故就中間點出一'良'字；《孟子》言良知，文成恐人將這個知作光景玩弄，便走入玄虛去，故就上面點出一'致'字；其意最爲精密。至於'如鬼如蜮'，正'良知'之賊也，奈何歸罪於'良知'？獨其揭'無善無惡'四字爲性宗，愚不能釋然耳。"仁卿曰："善！早聞足下之言，向者從祀一疏，尚合有商量也。"

人須是一個眞：是非之心，人皆有之，只以不眞之故，便有夾帶；是非太明，怕有通不去合不來的時節，所必須要含糊。少間又於是中求非、非中求是，久之且以是爲非以非爲是，無所不至矣。

邇來講《識仁說》者多失其意：仁者渾然與物同體，義禮智信皆仁也，此全提也，今也於渾然與物同體則悉意舉揚，於義禮智信皆仁也，則草草放過。識得仁體，以誠敬存之而已，不須防檢，不須窮索，此全提也；令也於不須防檢不須窮索，則悉意舉揚，於誠敬存之則草草放過，若是者非半提而何？既於義禮智信放過，即所謂渾然與物同體者，亦只窺見儱統意思而已；既於誠敬存之放過，即所謂不須防檢窮索者，亦只窺見脫灑意思而已；是并其半而失之也。

《康齋日錄》有曰：“君子常常吃虧方做得，覽之惕然有省，於是思之曰：‘夫子之道，忠恕而已矣；忠恕之道，吃虧而已矣。顏子之道，不校而已矣；不校之道，吃虧而已矣。孟子之道，自反而已矣；自反之道，吃虧而已矣。’”

史際明曰：“宋之道學，在節義之中；今之道學，在節義之外。”予曰：“宋之道學，在功名富貴之外；今之道學，在功名富貴之中。在節義之外，則其據彌巧；在功名富貴之中，則其就彌下。無惑乎學之爲世詬也。”

羅近溪以顏山農爲聖人；楊復所以羅近溪爲聖人；李卓吾以何心隱爲聖人。

管東溟曰：“凡說之不正而久流於世者，必其投小人之私心，而又可以附於君子之大道者也。”愚竊謂“無善無惡”四字當之。何者，見以爲心之本體，原是無善無惡也，合下便成一個空；見以爲無善無惡，只是心之不著于有也，究竟且成一個混。空則一切解脫，無復掛礙，高明者入而悅之；於是將有如所云“以仁義爲桎梏，以禮法爲土苴，以日用爲緣塵，以操持爲把捉，以隨事省察爲逐境，以訟悔遷改爲輪迴，以下學上達爲落階級，以砥節礪行獨立不懼爲意氣用事”者矣。混則一切含糊，無復揀擇，圓融者便而趨之；於是將有如所云“以任情爲率性，以隨俗襲非爲中庸，以閹然媚世爲萬物一體，以枉尋直尺爲捨其身濟天下，以委曲遷就爲無可無不可，以猖狂無忌爲不好名，以臨難苟安爲聖人無死地，以頑鈍無恥爲不動心”者矣。由前之說，何善非惡？由後之說，何惡非善？是故欲就而詰之，彼其所占之地步甚高，上之可以附君子之大道；欲置而不問，彼其所握之機緘甚活，下之可以投小人之私心。即孔孟復作，亦奈之何哉？

語本體，只是“性善”二字；語工夫，只是“小心”二字。

## 商語

丁長孺曰：“聖賢無討便宜的學問；學者就跳不出“安飽”二字，猶妄意插脚道中，此討便宜的學問也。

## 當下繹

平居無事，不見可喜，不見可嗔，不見可疑，不見可駭；行則行，住則住，坐則坐，臥則臥，即衆人與聖人何異？至遇富貴，鮮不爲之充詘矣；遇貧賤，鮮不爲之隕穫矣；遇造次，鮮不爲之擾亂矣；遇顛沛，鮮不爲之屈撓矣。然則富貴一關也，貧賤一關也，造次一關也，顛沛一關也；到此直令人肝腑具呈，手足盡露，有非聲音笑貌所能勉強支吾者。故就源頭上看，必其無終食之間違仁，然後能於富貴貧賤造次顛沛，處之如一；就關頭上看，心其能於富貴貧賤造次顛沛，處之如一。然後算得無終食之間違仁耳。

# 高景逸先生

高攀龍，字存之，別號景逸，常州之無錫人。先生劾錫爵聲音笑貌之間，雖示開誠布公之意；而精神心術之微，不勝作好作惡之私。謫揭陽添註典史，半載而歸；遂與顧涇陽復東林書院，講學其中。每月三日，遠近集者數百人，以爲紀綱世界，全要是非明白；小人聞而惡之，廟堂之上，行一正事，發一正論，俱目之爲東林黨人。逆奄魏忠賢亂政，先生謂同志曰："今日之事，未能用倒倉之法；唯有上下和衷，少殺其毒耳。"其論與先忠端公相合。總憲缺，先忠端公上速推憲臣慎簡名賢疏，意在先生也。陞左都御史，糾大貪御史崔呈秀，依律遣戍，亡何，逆奄與魏廣微合謀，借會推晉撫一事，盡空朝署。先生遂歸。明年，三朝要典成，坐移宮一案，削籍爲民，毀其東林書院。丙寅，又以東林邪黨逮先生及忠端公七人。緹帥將至，先生夜半書遺疏，自沉止水。——三月十七日也——年六十有五。疏云："臣雖削奪，舊係大臣；大臣受辱則辱國，故北向叩頭，從屈平之遺則。君恩未報，結願來生"。其自序爲學之次第云："吾年二十有五，聞令公李元冲與顧涇陽先生講學，始志於學；以爲聖人所以爲聖人者，必有做處，未知其方。看《大學或問》，見朱子說'入道之要莫如敬'，故專用力於肅恭收斂。持心方寸間，但覺氣鬱身拘，大不自在；及放下，又散漫如故，無可奈何。久之忽思程子謂'心要在腔子裏'；不知腔子何所指，果在方寸間否耶？覓註釋不得。忽於小學中見其解曰：'腔子猶言身子耳'。大喜，以爲心不耑在方寸，渾身是心也，頓自輕鬆快活。適江右羅止菴來講李見羅脩身爲本之學，正合於余所持循者，益大喜不疑。是時只作知本工夫，使身心相得，言動無謬。己丑第後，益覺此意津津，憂中讀《禮》讀《易》，壬辰，謁選，平生恥心最重。筮仕自盟曰：'吾於道未有所見，但依吾獨知而行；是非好惡，無所爲而發者，天啟之矣。'驗之頗近於此。略見本心，妄自擔負，期於見義必爲。冬至朝天宮，習儀僧房，靜坐，自見本體；忽思'閑邪存誠’句，覺得當下無邪，渾然是誠，更不須覓誠。一時快然，如脫纏縛。癸巳，以言事謫官，頗不爲念；歸嘗世態，便多動心。甲午秋，赴揭陽，自省胸中理欲交戰，殊不甯帖。在武林與陸古樵、吳子往談論數日；一日，古樵忽問曰：‘本體何如？’余言下茫然。雖答曰：‘無聲無臭，實出口耳。’非由眞見。將過江頭，是夜明月如洗，坐六和塔畔；江山明媚，知己勸酹，爲最適意時。然余忽忽不樂，如有所束；勉自鼓興，而神不偕來，夜闌別去。余便登舟猛省曰：‘今日風景如彼，而余之情景如此，何也？’窮自根究，乃知於道全未有見，身心總無受用。遂大發憤曰：“此行不徹此事，此生眞負此心矣！”明日於舟中厚設蓐席，嚴立規程；以半日靜坐，半日讀書。靜坐中不帖處，只將程朱所示法門參求；於凡誠敬主靜觀喜怒哀樂未發、默坐澄心體認天理等，一一行之，立坐食息，念念不舍，夜不解衣，倦極而睡，睡覺復坐。於前諸法，反覆更互；心氣清澄，時便有塞乎天地氣象，第不能常。在路二月，幸無人事；而山水淸美，主僕相依，寂寂靜靜。晚間命酒數行，停舟青山，徘徊碧澗；時坐磐石，溪聲鳥韻，茂樹修篁，種種悅心，而心不著境。過汀州，陸行至一旅舍，舍有小樓，前對山，後臨澗，登樓甚樂。偶見明道先生曰：“百官萬物兵革百萬之衆，飲水曲肱，樂在其中；萬變俱在人，其實無一事。”猛省曰：“原來如此，實無一事也！”一念纏綿，斬然遂絕。忽如百斤擔子，頓爾落地；又如電光一閃，透體通明，遂與大化融合無際，更無天人內外之隔。至此見六合皆心，腔子是其區宇，方寸亦其本位；神而明之，總無方所可言也。平日深鄙學者張皇說悟，此時只看作平常，自知從此方好下工夫耳。乙未春，自揭陽歸，取釋老二家參之。釋典與聖人所爭毫髮，其精微處吾儒其有之，總不出“無極”二字；弊病處先儒具言之，總不出“無理”二字。觀二氏而益知聖道之高；若無聖人之道，便無生民之類，卽二氏亦飲食衣被其中而不覺也。戊戌作水居，爲靜坐讀書計。然自丙申後數年，喪本生父母徙居婚嫁，歲無甯息；只於動中煉習，但覺氣質難變。甲辰，顧涇陽先生始作東林精舍，大得朋友講習之功；徐而驗之，終不可無端居靜定之力。蓋各人病痛不同，大賢聖必有大精神，其主靜只在尋常日用中，學者神短氣浮，便須數十年靜力，方得厚聚深培。而最受病處，在向無小學之教，浸染世俗，故俗根難拔；必埋頭讀書，使義理浹洽，變易其俗腸俗骨，澄神默坐，使塵妄消散，堅凝其正心正氣，乃可耳。余以最劣之質，卽有豁然之見；而缺此一大段工夫，其何濟焉？所幸呈露面目以來，纔一提策，便是原物。丙午，實無信孟子性善之旨。此性無古無今，無聖無凡，天地人只是一個；惟最上根，潔淸無蔽，便能信入。其次全在學力，稍隔一塵，頓遙萬里，孟子所以示瞑眩之藥也。丁未，方實信程子'鳶飛魚躍'與'必有事焉'之旨謂之性者，色色天然，非由人力。鳶飛魚躍，誰則使之？勿忘勿助，猶爲學者戒勉；若眞機流行，瀰漫布濩，亘古亘今，間不容息，於何而忘，於何而助？所以必有事者，如植穀然；根苗花實，雖其自然變化，而栽培灌漑，全非勉強學問。苟漫說自然，都無一事，卽不成變化亦無自然矣。辛亥，方實言《大學》知本之旨；壬子，方實信《中庸》之旨。此道絕非名言可形，程子名之曰'天理'，陽明名之曰'良知'，總不若'中庸'二字爲盡。中者停停當當，庸者平平常常；有一毫走作，便不停當，有一毫造作，便非平常。本體如是，工夫如是，天地聖人，不能究竟。况于吾人，豈有涯際？勤物敦倫，謹言敏行；兢兢業業，斃而後已云爾。"此先生甲寅以前之功如此。其後涵養愈粹，工夫愈密；到頭學力，自云心如太虛，本無生死。子劉子謂先生心與道一，盡其道而生，盡其道而死；是謂無生無死，非佛氏所謂無生死也。先生之學，一本程朱，故以格物爲要；但程朱之格物以心主乎一身，理散在萬物，存心窮理，相須並進。先生謂纔知反求諸身，是眞能格物者也。頗與楊中立所說“反身而誠則天下之物無不在我”爲相近，是與程朱之旨異矣。先生又曰：“人心明卽是天理窮，至無妄處，方是理深，有助乎陽明‘致良知’之說；而謂談良知者致知不在格物，故虛靈之用，多爲情識，而非天則之自然，去至善遠矣。吾輩格物，格至善也；以善爲宗，不以知爲宗也。夫善豈有形象亦非有一善從而知之，知之推極處卽至善也。‘致良知’正是止至善，安得謂其相遠？”總之，致知格物，無先後之可言；格物者申明致之一字，格物卽在致之中，未有能致而不謂之格物者。先生謂“有不格物之致知”，則其所致者何事？故必以外窮事物之理爲格物，則可言陽明之致知，不在於格物。若如先生言，人心明卽是天理；則陽明之致知，卽是格物明矣。先生之格物本無可議；特欲自別於陽明，反覺多所扞格耳。

## 語錄

人心放他自由不得。

須知動心最可恥；心至貴也，物至賤也，奈何貴爲賤役！

人想到死去，一物無有，萬念自然撇脫；然不知悟到性上一物無有，萬念自無繫累也。有問錢緒山曰：“陽明先生擇才，始終得其用，何術而能然”？緒山曰：“吾師用人，不專取其才，而先信其心；其心可託，其才自爲我用。世人喜用人之才，而不察其心；其才止足以自利其身已矣，故無成功。愚謂此言是用才之訣也。然人之心地不明，如何察得人心術？人不患無才，識進則才進；不患無量，見大則量大。皆得之於學也。

## 劄記

有憒便有樂，不知手之舞之、足之蹈之；平日無憒無樂，足是悠悠。

天然一念現前，爲萬變主宰，此先立乎其大者。

## 說

靜坐之法，喚醒此心，卓然常明，志無所適而已。志無所適，精神自然凝復，不待安排，勿著方所，勿思效驗。初入靜者，不知攝持之法，惟體帖聖賢切要之法，自有入處；靜至三日，必臻妙境。

靜坐之法，不用一毫安排；只平平常常，默然靜去。此平常二字，不可容易看過，卽性體也。以其清淨，不容一物，故謂之平常，畫前之異如此。人生而靜以上如此，喜怒哀樂未發如此，乃天理之自然；須在人各各自體帖出，方是自得。靜中妄念強除不得，眞體旣顯，妄念自息；昏氣亦強除不得，妄念旣淨，昏氣自清。只體認本性原來本色還他湛然而已。大抵著一毫意不得，著一毫見不得；纔添一念，便失本色。由靜而動，亦只平平常常，湛然動去；靜時與動時一色，動時與靜時一色。所以一色者，只是一個平常也，故曰“無動無靜”。學者不過借靜坐中認此無動無靜之體云爾。靜中得力，方是動中眞得力；動中得力，方是靜中眞得力。所謂敬者此也。所謂仁者此也，所謂誠者此也。是復性之道也。

前靜坐說，觀之猶未備也。夫靜坐之法，入門者藉以涵養，初學者藉以入門。彼夫初入之心，妄念膠結，何從而見平常之體乎？

平常則散漫去矣。故必收斂身心以主於一，一卽平常之體也，主則有意存焉。此意亦非著意，蓋心中無事之謂，一著意則非一也；不著意而謂之意者，但從衣冠瞻視間整齊嚴肅，則心自一，漸久漸熟，平常矣。故主一之學，成始成終者也。

古人何故最重名節？只爲自家本色，原來冰淸玉潔，著不得些子汚穢；纔些子汚穢，自家便不安。此不安之心，正是原來本色，所謂道也。

爲善必須明善，善者性也，性者人生而靜是也；人生而靜時，胸中何曾有一物來？其營營擾擾者，皆有知識以後，日添出來，非其本然也。卽是添來，今宜減去；減之又減，以至於減無可減，方始是性，方始是善。何者，人心湛然無一物時，乃是仁義禮智也；爲善者，乃是仁義禮智之事也。

學必須悟，悟後方知痛癢耳。知痛癢後，直事事放過不得。

戒懼愼獨，不過一靈炯然不昧；知是必行，知非必去而已。所以然者，何也？此件物事，不著一毛，惟是知是必行，知非必去；斬斬截截，潔潔浄淨，積習久之，至於動念必正，方是此件。不然，只是見得他光景，不爲我有，試體行不慊心之時，還是此件否耶？

知危者便是道心。

聖學全不靠靜，但各人稟賦不同；若精神短弱，決要靜中培豐擁碩。收拾來便是良知，散漫去都成妄想。

人生處順境好過，却險；處逆境難過，却穩。世味一些靠不著，方見道味親切；道味有些靠不著，只是世味插和。兩者推敲，儘有進步；若順境中，一切混過矣。

接教言"連日精神不暢"，此不可放過，凡天理自然通暢和樂。不通暢處，皆私欲所蒙，刻刻喚醒，不令放倒。

爲己之根未深，怒於毁者必喜於譽。却似平日所爲好事，不過欲人道得一個；好於自己的性分，都無干涉。

躬行君子，文人所謂未得者，要形色，純是天性。聲爲律，身爲度；做到聖人，亦無盡處，所以爲未得。故不悟之脩，止是粧飾；不脩之悟，止是見解。二者皆聖人所謂文而已，豈躬行之謂哉？

人生只有一個念頭最可畏，全憑依他不得。精察天理，令這念頭只在兢業中行，久之純熟；此個念頭，卽是天理。孔聖七十方到此地位，吾輩何敢說大話也？

學問只要一絲不挂，其體方眞；體旣眞，用自裕。到眞用工夫時，卽工夫一切放下，方是工夫。

## 雜著

姚江之弊，始也掃聞見以明心耳，究而任心而廢學，於是乎詩書禮樂輕，而士鮮實悟；始也掃善惡以空念耳，究且任空而廢行，於是乎名節忠義輕，而士鮮實備。

凡人而可至於聖人者，只在愼獨；獨者本然之天明也，人所不知而己所獨知也。是卽知其爲是，非卽知其爲非；非由思而得，非由慮而知。卽此是天，卽此是地，卽此是鬼神；無我無人，無今無古，總是這個。知得這個可畏，卽便是敬；不欺瞞這個，卽便是誠。一一依這本色，卽便是明。

陸古樵曰："只要立大本，一日有一日之力，一月有一月之力；務要靜有定力，令我制事，毋使事制我。"余深喜其言。聞其謂子徵曰："靜後覺眞氣從丹田隱隱而生。"予又懼其誤認主靜之旨也。

李見羅書云："果明宗，果知本，眞有心意知物各止其所；而格致誠正，總付之無所事事的光景矣。"又曰："格致誠正，不過就其中缺漏處照管提撕，使之常止；常止則身常修，心常正，意常誠，知常致，而物自格矣。余則以《大學》格致，卽《中庸》明善，所以使學者辨志定業，絕利一源，分部爲己爲人之界，精研義利是非之極。透頂徹底，窮穴搗巢。要使此心光明洞達，直截痛快，無毫髮含糊疑似於隱微之地以爲自欺之主；夫然後爲善而更無不爲之意拒之於前，不爲惡而更無欲爲之意引之於後。意誠心正身脩，善之所以純粹而精，止之所以敦厚而固也。不然，非不欲止欲脩，而氣稟物欲，拘蔽萬端，恐有不能實用其力者矣。且脩身爲本，聖訓昭然千古，誰不知之？只緣知誘物化，不能反躬，非欲能累人知之不至也。何以旦晝必無穿窬之念，夜必無穿窬之夢？知之切至也。故學者辨義利是非之極，必皆如無穿窬之心，斯爲知至；此工夫吃緊沉著，豈可平鋪放在，說得都無氣力？且條目次第，雖非今日致，明日誠；然著個先後字，亦有意義，不宜如此儱侗。"此不過先儒舊說，見羅則自謂孔曾的傳，恐決不入也。

## 講義

自有知識以來，起心動念，俱是人欲；聖人之學，全用逆法，只從矩，不從心所欲也。立者立於此，不惑者不惑於此；步步順矩，故步步逆欲。到五十而知天命，方是順境；故六十而耳順矣，七十而心順矣。

人生有身，必有所處，不處約便處樂；不仁之人，約也處不得，樂也處不得，此身無一處可著落也。約者收斂之義，樂者發舒之義；不仁者愈約愈局，更無過活處，愈樂愈放，更無收煞處。

所謂一，不是只說一個心，是說這個心到至一處。譬之於金，當其在礦時，只可謂之礦，不可謂之金；故未一之心，只可謂之心，惟精之心，方可謂之一。

## 會語

凡事行不去時節自然有疑；有疑要思其所以行不去者，卽是格物。

人要於身心不自在處，究竟一個著落，所謂“困心衡慮”也。若於此蹉過，便是困而不學。聖學正派，只以窮理爲先，不窮理便有破綻；譬如一張桌子，須要四面皆見，不然，一隅有汙穢，不知也。又如一間屋，一角不照，卽躲藏一賊不知也。

問：“近覺坐行語默，皆瞞不得自家。”曰：“此是得力處，心靈到身上來了，但時時默識而存之。”

薛文淸、呂涇野語錄中，無甚透悟語，後人或淺視之；豈知其大正在此。他自幼未嘗一毫有染，只平平常常脚踏實地做去，徹始徹終，無一差錯。旣不迷，何必言悟？所謂悟者，乃爲迷者而言也。

氣節而不學問者有之，未有學問而不氣節者。若學問不氣節，這一種人爲世教之害不淺。

問：“康齋與白沙透悟處孰愈？”曰：“不如白沙透徹。”“胡敬齊如何”？曰：“敬齊以敬成性者也。”“陽明白沙學問如何”？曰：“不同。陽明象山是孟子一脈，陽明才大於象山，象山心粗於孟子。自古以來，聖賢成就，俱有一個脈絡：濂溪、明道與顏子一脈；陽明、象山與孟子一脈；橫渠、伊川、朱子與曾子一脈；白沙、康節與曾點一脈；敬齋、康齋、尹和靖與子夏一脈。”又問：“子貢何如？”曰：“陽明稍相似。”

# 錢啟新先生

錢一本，字國端，別號啟新，常州武進人。削籍後，歸築經正堂以講學。東林書院成，與顧端文分主講席。黨禍起，小人以東林爲正鵠；端文謠諑無虛日，而先生不爲弋者所篡。先生之學，得之王塘南者居多，懲一時學者喜談本體，故以工夫爲主。一粒穀種，人人所有，不能疑聚到發育地位，終是死粒；人無有不才，才無有不善，但盡其才，始能見得本體，不可以石火電光，便作家當也。此言深中學者之病。至謂性固天生，亦由人成，故曰成之者性。夫性爲自然之生理，人力絲毫不得而與；故但有知性而無爲性，聖不能成，愚不能虧。以成虧論性，失之矣！先生深於《易學》，所著有《像象管見》，《象鈔續鈔》；演九疇，爲四千六百八爻，有辭有象，占驗吉凶，名《範衍類儒學正脈》。名《源編匯編》，錄時政名《邸鈔》，語錄名《黽記》。

## 黽記

聖門教人求仁，無甚高遠，只是要人不壞卻心術；狂狷是不壞心術者，鄉愿是全壞心術者。

稜角多全無渾涵氣象，何以學爲？

毋信俗耳庸目，以是非時事，臧否人物。

人分上是非好醜，一切涵容，不轉發露，即高明廣大氣象。朱子曰："人之情僞，固有不得不察；然此意偏勝，便覺自家心術，亦染得不好了也。"

惟聖人然後可以踐形，學不存踐履處求，悉空談也。

四端只是果芽；若不充長，立地成朽。

常人耳目汩於睹聞，性體汩於情識；如病瘧漢，只爲未發是病，故發時皆病。

十二時中，看自家一念從何處起？卽檢點不放過，便見功力。

朱以功曰：“事事肯放過他人，則德日弘；時時不肯放過自己，則學日密。”

後世小人，動以“黨”字傾君子、傾人國；不過小人成羣，而欲君子孤立耳。或有名爲君子，好孤行其意而以無黨自命者，其中小人之毒亦深。

面孔上常要有血。

愚不肖可與知能行，見在都有下手處；及其至而聖人不知不能，到底都無歇手處。

生知之“生”字，人人本體；學知之“學”字，人人工夫。謂生自足而無待於學，古來無如此聖人。

只是這個身子頓放得下，是謂克己；提掇得起，又謂由己。

## 孫淇澳先生

孫愼行，字聞斯，號淇澳，常之武進人。先生之學，從宗門入手，與天甯僧靜峯參究公案，無不了然。每從憂苦煩難之境，心體忽現。然先生不以是爲得，謂：“儒者之道，不從悟入。君子終日學問思辨行，便是終日戒懼愼獨，何得更有虛閒？求一漠然無心光景，故舍學問思辨行，而另求一段靜存動察工夫以養中和者，未有不流於禪學者也。”其發先儒所未發者凡有數端：世說天命者，除理義外別有一種氣運之命，雜糅不齊。因是則有理義之性，氣質之性；又因是則有理義之心，形氣之心。三者異名而同病。先生謂："孟子曰：'天之高也，星辰之遠也；苟求其故，千歲之日至，可坐而致也'。是天之氣運之行無不齊也，而獨命人于氣運之際，顧有不齊乎哉？蓋一氣之流行往來，必有過有不及；故寒暑不能不錯雜，治亂不能不循還。以人世畔援歆羨之心，當死生得喪之際，無可奈何而歸之運命，甯有可齊之理？然天惟福善禍淫，其所以福善禍淫，全是一段至善；一息如是，終古如是。不然，則生理滅息矣。"此萬有不齊中一點眞主宰，先生之所謂齊也。先生謂性善氣質亦善。以薞麥喻之：生意是性，生意默然流行便是氣，生意顯然成象便是質；如何將一粒分作兩項，曰性好氣質不好？蓋氣稟實有不齊，生而愚知清濁，較然分途，如何說得氣質皆善。然亟愚極濁之人，未嘗不知愛親敬長；此繼善之體，不以愚濁而不存，則氣質之非不善可知。先生之所以爲善也。先生謂人心道心，非有兩項心也。人之爲人者心，心之爲心者道；人心之中，只有這一些理義之道心，非道心之外，別有一種形氣之人心也。蓋後人旣有氣質之性，遂以發于氣質者爲形氣之心；以爲心之所具者，些些知覺，以理義實之，而後謂之道心。須窮天地萬物之理，不可純是己之心也。若然，則人生本來，衹有知覺，更無理義；只有人心，更無道心。卽不然，亦是两心夾雜而生也：此先生之說長也。三者之說，天下浸淫久矣；得先生而雲霧爲之一開，眞有功於孟子者也！陽明門下，自雙江、念菴以外，總以未發之中，認作已發之和，謂工夫只在致和上；却以語言道斷心行路絕上一層，喚作未發之中。此處大段著力不得，只教人致和著力後，自然黑窣撞著也。先生乃謂從喜怒哀樂看，方有未發。夫人日用間，豈必皆喜怒皆哀樂？卽發之時少，未發之時多；心體截得清楚，工夫始有著落。自來皆以仁義禮智爲性，惻隱、羞惡、辭讓、是非爲情。李見羅道性編，欲從已發推原未發，不可執惻隱、羞惡、辭讓、是非之心而昧性，自謂提得頭腦。不知有惻隱而始有仁之名，有羞惡而始有義之名，有辭讓而始有禮之名，有是非而始有智之名；離却惻隱羞惡辭讓是非，則心行路絕，亦無縱覓性矣。先生乃謂孟子欲人識心，故將惻隱之心指爲仁之端；非仁在中而惻隱之心反爲端也。如此則見羅之說，不辨而知其非矣。蕺山先師曰："近看孫淇澳書，覺更嚴密；謂自幼至老，無一事不合于義。方養得浩然之氣，苟有不慊則餒矣"。是故東林之學，涇陽導其源，景逸始入細，至先生而集其成矣。

### 困思抄

獨，非獨處也；對面同堂，人見吾言而不見吾所以言，人見吾行而不見吾所以行，此愼獨也。且愼獨亦不以念初發論，做盡萬般事業，毫無務外爲人夾雜，便是獨的境界；斂盡一世心思，不致東馳西騖走作，便是愼獨的精神。

舉世非之而不顧，擎掌撐脚，獨往來於天地之間；到得夫焉有所倚地位，方是愼獨。

## 顧涇凡先生

顧允成，字季時，別號涇凡。兄則涇陽先生也，與涇陽同遊薛方山之門。丁未五月卒，年五十四。平生所深惡者鄉愿道學；謂此一種人占盡世間便宜，直將弒父與君種子，暗佈人心。學問須從狂狷起脚，然後能從中行歇脚。近日之好爲中行，而每每墮入鄉愿窠臼者，只因起脚時便要做歇脚事也。鄒忠介晚年論學，喜通融而輕節義。先生規之曰:“夫假節義乃血氣也。眞節義卽義理也;血氣之怒不可有,義理之怒不可無。義理之節氣,不可亢之而使驕,亦不可抑之而使餒。以義理而誤認爲血氣,則浩然之氣,且無事養矣。近世鄉愿道學,往往借此等議論,以銷鑠吾人之眞元,而遂其同流合污之志。其言最高,其害最遠。”一日喟然而嘆,涇陽曰:“何嘆也?”曰:“吾嘆夫今之講學者,恁是天崩地陷,他也不管,只管講學耳!”涇陽曰:“然則所講何事?”曰:“在縉紳,只‘明哲保身’一句;在布衣,只‘傳食諸侯’一句。”涇陽爲之慨然。涇陽嘗問先生工夫,先生曰:“上不從玄妙門討入路;下不從方便門討出路。”涇陽曰:“須要認得自家。”先生曰:“妄意欲作天下第一等人,性頗近狂;然自反尚學硜硜窠臼,性又近狷。竊恐兩頭不著。”涇陽曰:“如此不爲中行不可得矣。”先生曰:“檢點病痛,只是一個粗字;所以去中行彌遠。”涇陽曰:“此是好消息,粗是眞色,狂狷原是粗中行,中行只是細狂狷;練粗入細,細亦眞矣。”先生曰:“粗之爲害,亦正不小,猶幸自覺得,今但密密磨洗,更無他說。”涇陽曰:“尚有說在。性近狷,還是習性;情近狂,還是習情。若論眞性情,兩者何有于此?參取明白,方認得自家;旣認得自家,一切病痛,都是村魔野祟,不敢現形于白日之下矣。”先生遲疑者久之而後曰:“豁然矣!譬如欲適京師,水則具舟楫,陸則備輿馬;徑向前去,無不到者。其間倘有阻滯,則須耐心料理。若因此便生懊惱,且以爲舟楫輿馬之罪;欲思還轉,別尋方便,豈不大誤?”涇陽曰:“如是如是。”先生嘗曰:“吾輩一發念,一出言,一舉事,須要太極上著脚;若只跟陰陽五行走,便不濟事。”有疑其拘者,語之曰:“大本大原,見得透,把得住,自然四通八達,誰能拘之?若于此糊塗,便要通融和會,幾何不墮坑落塹,喪失性命!”故先生見義必爲,皆從性命中流出。沈繼山稱爲“義理中之鎮惡,文章中之辟邪”。洵不虛也!

## 小辨齋劄記

學者須在暗地裏牢守界限，不可向的然處鋪張局面。

“逆詐億不信”五字，入人膏肓，所謂殺機也。億逆得中，自家的心腸，亦與那人一般；億逆得不中，那人的心腸，勝自家多矣。

三代而下，只是鄉愿一班人名利兼收，便宜受用；雖不犯手弑君弑父，而自爲忒重，實埋下弑父弑君種子。

炎祚之促，小人足之也；善類之殃，小人殃之也；紹聖之紛更，小人紛更之也。今不歸罪於小人，而又歸罪於君子；是君子既不得志于當時之私人，而仍不得志於後世之公論。爲小人者，不惟愚弄其一時，仍并後世而愚之也。審如其言，則將曰比干激而亡商；龍逢激而亡夏；孔子一矯而春秋遂流爲戰國；孟子與蘇秦、張儀分爲三黨，而戰國遂吞于呂秦；其亦何辭矣！

南皋最不喜人以氣節相目。僕問其故，似以節義爲血氣也。夫假節義乃血氣也，眞節氣卽理義也；血氣之怒不可有，理義之怒不可無。禮義之節氣，不可亢之而使驕，亦不可抑之而使餒；以義理而誤認爲血氣，則浩然之氣，且無事養矣，近世鄉愿道學，往往借此等議論，以銷鑠吾人之眞元，而達其同流合汚之志；其言最高，其害最遠。

陽明提良知，是虛而實；見羅提修身，是實而虛。兩者如水中月，鏡中花，妙處可悟而不可言；所謂曾得時活潑潑地，會不得只是弄精魂。

昔之爲小人者，口堯舜而路盜跖；今之爲小人者，身盜跖而罵堯舜。

“名根”二字，眞學者痼疾；然吾輩見得是處，得做且做。若每事將此個題目，光光抹煞，何處開得口轉得身也?

平生左見，怕言中字；以爲我輩學問，須從狂狷起脚，然後能從中行歇脚。凡近世之好爲中行，而每每隨入鄉愿窠臼者；只因起脚時，使要做歇脚事也。

## 史玉池先生

史孟麟，字際明，號玉池，常州宜興人。先生師事涇陽，因一時之弊，故好談工夫。夫求識本體，卽是工夫；無工夫而言本體，只是想像卜度而已，非眞本體也。卽謂先生之言是談本體可也。陽明言“無善無惡心之體”，先生作《性善說》闢之。夫無善無惡心之體，原與性無惡無不善之意不同；性以理言，理無不善，安得云無? 心以氣言，氣之動有善有不善；而當其藏體于寂之時，獨知湛然而已，安得謂之有善有惡乎? 其時楊晉菴頗得其解，移書先生，謂錯會陽明之意是也。獨怪陽明門下解之者曰：“無善無惡，斯爲至善。”亦竟以無善無惡屬之于性，眞索解人而不得矣!

## 劉靜之先生

劉水澄，字靜之，揚州寶應人。八歲，讀《正氣歌》、《衣帶贊》，卽立文公位朝夕拜之。先生與東林諸君子爲性命之交。高忠憲曰：“靜之官不過七品，其志以爲天下事莫非吾事；若何而聖賢吾君，若何而聖賢吾相，若何而聖覽吾百司庶職，年不及強而仕，其志以爲千古事莫非吾事。生前吾者若何揚揭之，生當吾者若何左右之，生後吾者若何矜式之。”先師劉忠端曰：“靜之尚論千古得失，嘗曰：‘古人往矣，豈知千載而下，被靜之檢點破綻出來，安知千載後又無檢點靜之者？’其刻厲自任如此。”大概先生天性過於學問，其疾惡之嚴，眞如以利刃齒腐朽也。

## 緒言

有一等自是的人，動曰吾求信心；不知所信者，果本心乎，抑習心乎？

假善之人，事事可飾聖賢之迹；只逢著忤時抗俗的事，便不肯做。不是畏禍，便怕損名；其心總是一團私意故耳！

謙謙自牧，由由與偕；在醜不爭，臨財無苟。此居鄉之利也。耳習瑣尾之談，目習徵逐之行；以不分黑白爲渾融，以不悖時情爲忠厚。此居鄉之害也。夫惡人不可爲矣，庸人又豈可爲乎？小人不當交矣，庸人又豈足交乎？

尋常之人，慣苛責君子，而寬貸小人。非君子仇而小人暱也，君子所圖者大，則所遺者細，世人只檢點細處，故多疵耳；小人所逆者理，則所便者情，世人只知較量情分，故多恕耳。

與君子交者，君子也；與小人交者，小人也；君子可交小人亦可交者，鄉人也。鄉人之好君子也不甚，其惡小人也亦不甚；其用情在好惡之間；故其立身也，亦在君子小人之間。天下君子少，小人亦少，而鄉人最多；小人害在一身，鄉人害在風俗。

李卓吾曰：“有利于己，而欲時時囑託公事，則稱引‘萬物一體’之說；有害于己，而欲遠怨避嫌，則稱引‘明哲保身’之說。使君相獨其奸不許囑托，不許遠嫌避害，又不許稱引，則道學之情窮矣。”說心說性，說玄說妙，總是口頭禪。只把孟子“集義”二字，較勘身心；一日之內，一事之間，有多少不合義處，有多少不慊於心處。事事檢點，不義之端，漸漸難入；而天理之本體漸漸歸復，浩然之氣，不充於天地之間者鮮矣。

## 薛玄毫先生

薛敷教，字以身，號玄臺，常之武進人。方山薛應旂之孫也。年十五，爲諸生，海忠介以忠義許之。甲辰，顧涇陽修復東林書院，聚徒講學，先生實左右之。作《眞正銘》以勉同志曰："學尚乎眞，眞則可久；學尚乎正，正則可守。眞而不正，所見皆苟，正而不眞，終非已有。君親忠孝，兄弟恭友；褆身认廉，處衆以厚。良朋切劘，要於白首；鄉里謗怨，莫之出口。毋謂冥冥，內省滋疚；毋謂瑣瑣，細行匪偶。讀書學道，係所稟受；精神有餘，窮玄極趣。智識寡昧，秉哲省咎；殊途同歸，勞逸難狃。世我用兮，不薄五斗；雖不我用，徜徉五柳。無貴無賤，無榮無朽；殞節逢時今生諒否。必眞必正夙所自剖；寄語同心，各愼厥後。"年五十九而卒。先生持身孤峻，筮仕以來，未嘗受人一餽，垢衣糲食，處之泰然；舍車而徒，隋行一蒼頭而已，故其言曰："脚跟站定，服界放開；靜躁濃淡間，正人鬼分胎處。"又曰："道德功名，文章氣節，自介然無欲始。"又曰："學苟不窺性靈，任是皎皎不汙，終歸一節。但世風衰微，不憂著節太奇，而憂混同一色；托天道無名以濟其私，則中庸之說誣之也。"嘗有詩曰："百年吾取與，留作後人箴。"其自待不薄如此。然疾惡甚嚴，有毀其知交葉園適者，先生從稠人中奮臂而起；自後其人所在，先生必避去，終身不與一見也。

## 葉園適先生

葉茂才，字參之，號園適，無錫人也。壬子，黨論方興，抗疏以劾四明、崑宣，小人遂集矢於先生。先生言："臣戇直無黨，何分彼此？孤立寡援，何心求勝？內省不疚，何慮夾攻？雞肋一官，何難勇退？"遂歸。崇禎辛未卒，年七十二。先生在東林會中，於喁無間，而晰理論事，不厭相持，終不肯作一違心語。忠憲歿，先生狀之；其學之深微，使讀者恍然有入頭處。老屋布衣，儩若寒畯，於忠憲何愧焉？

## 許靜餘先生

許世卿，字伯勳，琥靜餘，常州人。揭《安貧五戒》曰："詭收田糧；干謁官府；借女結婚；多納僮僕；向人乞覓。"《省事五戒》曰："無故拜客；輕赴酒席；妄薦館賓；替人稱貸；濫與義會。"有強之者，輒指其壁曰："此吾之息壤也。"一日親串急贖金，求援於先生；先生鬻婢應之，終不破干謁戒也。守令罕見其面。歐陽東鳳請修郡志，先生曰。"歐公端人也。"爲之一出。東林之會，高忠憲以前輩事之；飲酒吟詩，終日不倦。門屏落然，不容一俗客。嘗曰："和風未學油油惠，清節甯希望望夷？"勅其子曰："人何可不學？但口不說欺心話，身不做斯心事，出無慚明友，人無慚妻子；方可名學人耳！"疾革，謂某逋未償，某拖未報，某券未還，言畢而逝。

## 耿庭懷先生

耿橘，字庭懷，北直河間人。知常熟時，值東林講席方盛；復虞山書院，請涇陽主教。太守李右諫御史左宗郢先後聚講于書院。太守言："大德小德，俱在主宰處看，天地間只有一個主宰。元神渾淪，大德也；五官百骸，無一不在渾淪之內，無一不有條理之殊，小德也。小德卽渾淪之條理，大德卽條理之渾淪，不可分析。"御史言："從來爲學無一定的方子，但要各人自用得著的，便是學問。只在人自肯尋求，求來求去，必有入處；須是自求得的，方謂之自得，自得的方受用得。"當時皆以爲名言。涇陽旣去，先生身自主之。先生之學，頗近近溪，與東林微有不同。其《送方鳴秋謁周海門詩》云："孔宗曾派亦難窮，未悟如何湊得同？愼獨其嚴四個字，長途萬里視君蹤。人傳有道在東揚，我意云何喜欲狂；一葉扁舟二千里，幾聲嚶鳥在垂楊。"亦一證也。

## 劉本孺先生

劉元珍，字伯先，別號本孺，武林人。未幾卒官，年五十一。先生家居講學，錢啟新爲同善會，表章節義，優恤鰥寡，以先生爲主。有言非林下所宜者，先生曰："痌瘝一體，如救頭目，惡問其宜不宜也？"先生每以子路自任，不使惡言入于東林。講論稍涉附會，輒正色斥之曰："毋亂我宗旨！"聞謗講學者曰："彼訾吾黨好名以爲日實，其實彼之不好名，乃專爲決裂名教地也。"疾小人不欲見，苟其在側，喉間輒如物便，必吐之而後已。當東林爲天下彈射，先生謂高忠憲曰：“此吾輩入火時也；無令其成色有減，期可矣”。

## 黄白安先生

黄諱尊素，字眞長，號白安。越之餘姚人。丙寅閏六月朔，賦詩而卒，年四十三。先生未嘗臨講席，首善之會，謂南皋曰：“賢奸雜沓，未必有益於治道。”其風期相許者，則蕺山、忠憲；忠節萬里投獄，蕺山慟哭而送之，先生猶以不能濟時爲恨。先生以開物成務爲學，視天下之安危爲安危；苟其人志不在弘濟艱難，沾沾自顧，揀擇題目以賣聲名，則直鄙爲硜硜之小人耳。其時朝士空疎，以通記爲粉本，不復留心於經學。章奏中有引“繞朝”之策者，一名公指以爲問，先生曰：“此晉諦隨會事也”。凡五經中隨舉一言，先生卽口誦傳疏，瀾倒水決，類如此。

### 懷謝軒講義

不是欺人方是僞；凡所行而胸中不能妥貼，人不見其破綻處，豈不是僞？

## 吴霞舟先生

吴鍾巒，字巒穉，號霞舟，武進人也。南渡陞禮部主事，未上而國亡。閩中以原官召之，上書言國事，時宰不悅。先生曰：“今日何等時？如某者更說一句不得耶？”出爲廣東副使，未行而國又亡，遁跡海濱。會口口浙至中左建國，以一旅奉之；二三人望，皆觀望不出。先生曰:“吾等之出，未必有濟;然因吾等之不出而人心解體，何以見魯衛之士?亦惟以死繼之而已!”起爲通政使。及返浙海，先生以禮部尚書口口，所至錄其士之秀者爲弟子員，率之見於口口，僕僕拜起。人笑其迂，先生曰:“此與陸君實舟中講《大學》正心章一例耳。”後退處補陀。聞濬洲事亟，先生曰:“昔者吾友李仲達死奄禍，吾尚爲諸生，不待請死;吾友馬君常死國難，吾爲遠臣，不得從死;閩事之壞，吾已辭行，不得驟死。吾老矣，不及此時此土，死得明白乾净，卽一旦疾病死，何以謝吾友見先帝於地下哉?”復渡海入濬洲。辛卯八月末，于聖廟右廡設高座，積薪其下;城破，捧夫子神位，登座危坐，舉火而卒。年七十五。先生受業於涇陽，而于景逸、玄臺、季思皆爲深交，所奉以爲守身法者，則淇澳《困思抄》也。在長興五載，以爲差足自善者三事:一爲子劉子弔丁長儒至邑，得侍杖履;一爲九日登烏瞻山;一爲分房得錢希聲。所謂道德文章山水兼而有之矣。先生嘗選時文名士品，擇一時之有品行者，不滿二十八，而某與焉;其後同處圍城，執手慟哭。某別先生行三十里，先生復棹三板追送，其語絕痛。薛諧孟傳先生，所謂“嗚咽而赴四明山中之招”者此也。嗚呼，先生之知某如此，今抄先生學案，去之三十年;嚴毅之氣，尚浮動目中也!

## 霞舟隨筆

人只除了利根，便爲聖賢。故喻利喻義，分別君子小人;小人所以喻利，只爲遂耳目口鼻之欲，孟子所以說養其小體爲小人。試想此天之所以與我者八字，直將此身立在千仞岡上，下視養口體物交物一班人。緲乎小哉，眞蟣蠓一世矣!

有伊尹之志則可仕，不則貧位慕禄之鄙夫而已矣，不可與事君也。有顔子之樂則可處，不則飽食閒居之小人而已矣，未足與議道也。

問：“朝聞道，所聞何道？”答：“只看下句。”

見危授命不要害怕；見利思義，却要害羞。

君子一生汲汲皇皇只這一件事，故曰“好學”。

## 華鳳超先生

華允誠，字汝立，别號鳳超。無錫人。在朝不滿一月，改革後，杜門讀易。越四年，有告其不薙髮者，執至金陵，不屈而死。先生師事高忠憲，忠憲殉節，不先生以末後語云：“心如太虚，本無生死；故其師弟子之死，止見一義，不見有生死，所以云本無生死。若佛氏離義而言無生死，則生也爲罔生，死也爲徒死；縱能坐脱立亡，亦是弄精魂而已。”先生居恆，未嘗作詩。蒙難之春，爲二律云：“緬思古則企賢豪，海外孤臣嘯雪毛；眼底兵戈方載路，靜中消息不容。毫默無一事陰逾惜，愁有千端枕自高；生色千秋青史在，自餘誰數卻勞勞。振衣千仞碧雲端，壽殀由來不二看；日月光華宵又旦，春秋遷革歲方寒。每爭毫髮留詩禮，肯逐波流倒履冠；應盡只今祈便盡，不堪回首問長安。”是亦知死之一證也。

## 陳幾亭先生

陳龍正，字惕龍，號幾亭，浙之嘉善人。壬午，上言：“勦寇不在兵多，期於簡練；殲渠非專恃勇，藉于善謀。所云招撫之道，則更有説，曰解散，曰安插。解散之法，仍屬良將；安插之法，專委有司。賊初淫殺，小民苦賊而望兵；兵旣無律，民反畏兵而從賊。至於民之望賊，而中原不可收拾矣！”及墾荒之議起，先生曰：“金非財，惟五穀爲財；興屯不足以生穀，惟墾荒可以生穀；起科不可以墾荒，惟不起科可以墾荒。五穀生則加派可罷，加派罷然後民生可安。”上以先生疏付金之俊議之。國變後，杜門著書。未幾卒。先生師事吳子往、高忠憲，留心當世之務，故以萬物一體爲宗。其後始湛心于性命，然師門之旨，又一轉矣。

## 二十　蕺山學案

今日知學者，大概以高劉二先生並稱爲大儒，可以無疑矣。然當《高子遺書》初出之時，羲侍先師於舟中；自禾水至省下，盡日翻閲。先師時摘其闌入釋氏者以示羲。後讀先師《論學》書，有答韓位云：“古之有朱子，今之有忠憲先生，皆半雜禪門。”又讀忠憲《三時記》，謂：“釋典與聖人所爭毫髮，其精微處吾儒具有之，總不出‘無極’二字；弊病處先儒具言之，總不出‘無理’二字。其意似主於無此釋氏之所以爲釋氏也。”卽如忠憲正命之語，本無生死，亦是佛語。故先師救正之曰：“先生心與道一，盡其道而生，盡其道而死，是謂無生死，非佛氏所謂無生死也。”忠憲固非佛學，然不能不出入其間，所謂大醇而小疵者；若吾先師則醇乎其醇矣，後世必有能辯之者。戊申歲，羲與惲日初同在越半年；日初先師高第弟子，其時爲《劉子節要》。臨別拜於河滸，日初執手謂羲曰：“知先師之學者，今無人矣；吾二人宗旨小可不同，但於先師言意所在，當稍渾融耳。”羲蓋未之答也。及《節要》刻成，緘書寄羲曰：“子知先師之學者，不可不序。”嗟乎，羲豈能知先師之學者！然觀日初、高劉兩先生《正學說》云：“忠憲得之悟，其畢生黽勉，祇重修持，是以乾知統攝坤能；先師得之修，其未後歸趣，亟稱解悟，是以坤能證入乾知。”夫天氣之謂乾，地質之謂坤；氣不得不凝爲質，質不得不散爲氣。兩者同一物也。乾知而無坤能，則爲狂慧；坤能而無乾知，則爲盲修。豈有先後？彼徒見忠憲旅店之悟，以爲得之悟；此是禪門路徑，與聖學無當也。先師之慎獨，非性體分明，慎是慎個何物？以此觀之，日初亦便未知先師之學也。使其知之，則於先師言意所在，迎刃而解矣。此羲不序《節要》之意也。惜當時不及細論，負此良友；今所錄一依原書次第。先師著述雖多，其大概具是，學者可以無未見之恨矣。

## 劉念臺先生

劉諱宗周，字起東，號念臺，越之山陰人。上方綜核名實，羣臣救過不遑；先生以爲此刑名之術也，不可以治天下，而以仁義之說進。上迂闊之。京師戒嚴，上疑廷臣謀國不忠，稍稍親向奄人。先生謂：“今日第一宜開示誠心，爲濟難之本；皇上以親內臣之心親外臣，以重武臣之心重文臣，則太平之業，一舉而定也。”當是時，小人乘時，欲翻逆案，遂以失事者牽連入之東林。先生曰：“自東林之以忠義著，是非定矣，奈何復起波瀾？用賢之路，從此而窮。”上問人才、糧餉、流寇三事。對曰：“天下原未嘗乏才，止因皇上求治太急，進退天下士太輕，所以有人而無人之用。加派重而參罰嚴，吏治日壞，民生不得其所，胥化爲盜賊，餉無從出矣。流寇本朝廷赤子。撫之有道，寇還爲吾民也。”上又問兵事，對曰：“臣聞禦外亦以治內爲本，此干羽所以格有苗也，皇上亦法堯舜而已矣。”上顧溫體仁曰：“迂哉劉某之言也！”上曰：“國家敗壞已極，如何整頓？”先生對：“近來持論者，但論才望，不諭操守；不知天下眞才望，出於大下眞操守。自古未有操守不謹，而遇事敢前者；亦未有操守不謹，而軍士畏威者。”上曰：“濟變之日，先才而後守。”先生對：“以濟變言，愈宜先守。卽如范志完操守不謹，用賄補官，所以三軍解體，莫肯用命。由此觀之，豈不信以操守爲主乎？”上始色解浙省降，先生慟哭曰：“此余正命之時也！”門人以文山、疊山、袁閬故事言。先生曰：“北都之變，可以死，可以無死，以身在削籍也；南都之變，主上自棄其社稷，僕在懸車，尚曰，可以死，可以無死。今吾越又降，區區老臣，尚何之乎？若曰‘身不在位，不當與城爲存亡’。獨不當與土爲存亡乎？故相江萬里所以死也。世無逃死之宰相，亦豈有逃死之御史大夫乎？君臣之義，本以情決；舍情而言義，非義也。父子之親，固不可解于心，君臣之義，亦不可解于心；今謂可以不死而死，可以有待而死，死爲近名，則隨地出脫，終成一貪生畏死之徒而已矣。”絕食二十日而卒，——閏六月八日戊子也——年六十八。先生起自孤童，始從外祖章穎學，長師許敬菴；而砥礪性命之友，則劉靜之、丁長儒、周甯宇、魏忠節、先忠端公、高忠憲。始雖與陶石梁同講席，爲證人之會，而學不同；石梁之門人皆學佛，後且流於因果，分會于白馬山。羲嘗聽講，石梁言一名臣轉身爲馬，引其族姑證之；羲甚不然其言，退而與王業洵、王毓蓍推擇一輩時名之士四十餘人，執贄先生門下。此四十餘人者，皆喜闢佛，然而無有根柢；於學問之事，亦浮慕而已，反資學佛者之口實，先生有憂之。兩者交譏，故傳先生之學者，未易一二也。先生之學，以愼獨爲宗。儒者人人言愼獨，唯先生始得其眞。盈天地間皆氣也，其在人心，一氣之流行；誠通誠復，自然分爲喜怒哀樂。仁義禮智之名，因此而起者也；不待安排品節，自不能過其則，卽中和也。此生而有之，人人如是，所以謂之性善，卽不無過不及之差；而性體原自周流，不害其爲中和之德。學者但證得性體分明，而以時保之，卽是愼矣。愼之工夫，只在主宰上覺有主，是曰意；離意根一步，便是妄，便非獨矣。故愈收斂是愈推致。然主宰亦非有一處停頓，卽在此流行之中。故曰，“逝者如斯夫，不舍晝夜”。蓋離氣無所爲理，離心無所爲性。佛者之言曰：“有物先天地，無形本寂寥；能爲萬象主，不逐四時凋。”此是其眞滅實犯。奈何儒者亦曰理生氣，所謂毫釐之辨，竟亦安在？而徒以自私自利，不可以治天下國家；棄而君臣父子，強生分別，其不爲佛者之所笑乎？先生大指如是。此指出眞是南轅北轍，界限清楚；有宋以來，所未有也。

## 語錄

湛然寂靜中，當見諸緣就攝，諸事就理；雖簿書鞅掌，金革倥偬，一齊俱了，此靜中眞消息。若一事不理，可知一心忙亂在；用一心，錯一心，理一事，壞一事。卽豎得許多功能，亦是沙水不成團。如喫飯穿衣，有甚奇事？纔忙亂已從脊梁過；學無本領，漫言主靜，總無益也。

凡人一言過，則終日言皆婉轉而文此一言之過；一行過，則終日行皆婉轉而文此一行之過。蓋人情文過之態如此，幾何而不墮禽獸也！

日用之間，漫無事事；或出入閫房，或應接賓客，成散步迴廊，或靜窺書册，或談說無根，或思想過去未來。或料理藥餌，或揀擇衣飲，或詰童僕，或量米鹽。恁他捱排，莫可適莫，自謂頗無大過，杜門守拙，禍亦無生。及夫時移境改，一朝患作；追尋來歷，多坐前日無事甲裏。如前日妄起一念，此一念便下種子；前日誤讀一册，此一册便成附會。推此以往，不可勝數。故君子不以閒居而肆惡，不以造次而違仁。

此心放逸已久，纔向內則苦而不甘；忽復去之，總之未得天理之所安耳。心無內外，其渾然不見內外處，卽天理也。先正云："心有所向便是欲。"向內向外皆欲也。此心絕無湊泊處，從前是過去，向後是未來，逐外是人分，搜裏是鬼窟；四路把絕，就其中間不容髮處，恰是此心眞湊泊處。此處理會得分明，則大本達道，皆從此出。

延平教人看喜怒哀樂未發時作何氣象，此學問第一義工夫。未發時有何氣象可觀？只是查檢自己病痛到極微密處，方知時雖未發，而倚著之私，隱隱已伏；纔有倚著，便易橫決。若於此處查考分明，如貫虱車輪，更無躲閃，則中體恍然在此，而已發之後，不待言矣。此之謂善觀氣象者。

游思妄想，不必苦事禁遏；大抵人心不能無所用，但用之於學者既專，則一起一倒，都在這裏，何暇及一切游思妄想？卽這裏處不無間斷，忽然走作，吾立刻與之追究去，亦不至大爲擾擾矣。此主客之勢也。

無事時得一倫字，有事時得一亂字。

纔認己無不是處，愈流愈下，終成凡夫；纔認己有不是處，愈達愈上，便是聖人。

體認親切法：

身在天也萬物之中，非有我之得私；

心在天地萬物之外，非一膜之能囿；

通天地萬物爲一心，更無中外可言；

體天地萬物爲一本，更無本心可覓。

小人只是無忌憚，便結果一生。至《大學》止言“閒居爲不善”耳，閒居時有何不善可爲？只是一種懶散精神，漫無著落處，便是萬惡淵藪，正是小人無忌憚處。可畏哉！

離獨一步，便是人僞。

主靜之說，大要主於循理。然昔賢云：“道德言動，皆翕聚爲主，發散是不得已事。天地萬物皆然，則亦意有專屬。”正黄蘗止兒啼，是方便法也！

古人“恐懼”二字，嘗用在平康無事時；及至利害當前，無可迴避，只得亦體承當。世人只是倒做了，心之官則思，一息不思，則官失其職；故人心無思而無乎不思，絕無所謂思慮未起之時。惟物感相乘，而心爲之動，則思爲物化；一點精明之氣，不能自主，遂爲憧憧往來之思矣，又如官犯臧，乃溺職也。

知無不良只是獨知一點。

心無存亡，但離獨位便是亡。

人心如穀種，滿腔都是生意，欲錮之而滯矣；然而生意未嘗不在也，疏之而已耳。又如明鏡，全體渾是光明，習染之薰而暗矣；然而明體未嘗不存也，拭拂而已耳。惟有內起之賊，從意根受者不易除。更加氣與之拘，物與之蔽，則表裏夾攻，更無生意可留，明體可覿矣。是爲喪心之人。君子惓惓于慎獨以此。“省察”二字，正存養中喫緊工夫。如一念於欲，便就此念體察；體得委是欲，立與消融而後已。

心是鑒察官，謂之良知，最有權，觸著便碎。人但隨俗習非，因而行有不慊，此時鑒審，仍是井井，却已做主不得。鑒察無主，則血氣用事，何所不至？一事不做主，事事不做主；隱隱一竅，托在恍惚間擁虛器而已。

語次多詭隨，亦見主心之不一。

本心湛然，無思無爲，爲天下主；過此一步，便爲安排。心有安排，因以有倚著，有倚著因以有方所，有方所因以有去住，有去住因以有轉換：則機械變詐，無所不至矣。

心放自多言始，多言自言人短長始。

後之學者，每於道理三分之，推一分於在天，以爲天命之性；推一分於萬物，以爲在物之理；又推一分於古今典籍，以爲耳目之用神。反而求之吾心，如亦貧之子，一無所有；乃日夕乞哀於三者，而幾幾乎其來舍焉。客子之過逆旅，止堪一宿，所謂疎者續之不堅也。當是時，主人貧甚，尚有一點靈明，可恃爲續命之膏；又被佛氏先得之，則益望望然恐曰："我儒也，何以佛爲？"并其靈明而棄之。於是天地萬物古今典籍，皆闕亡而返，求其一宿而不可得，終望門持鉢以死。甯爲牛後，無爲雞口。悲夫！

朱子曰："人心之靈，莫不有知。"所謂"良知"也。但朱子則欲自此而一一致之於外，陽明則欲自此而一一致之於中。不是知處異，乃是致處異。

意根最微，誠體本天。本天者，至善者也；以其至善還之至微，乃見其眞。止定靜安慮，第俱到，以歸之得；得無所得，乃爲眞得。禪家所謂"向一毛孔立脚"是也。此處圓滿，無處不圓；據此處虧欠，無處不虧欠。故君子起戒於微，以克完其天心焉。欺之爲言欠也，所自者欠也；自處一動，便有夾雜，因無夾雜，故無虧欠，而端倪在好惡之地，性光呈露。善必好，惡必惡，彼此兩關，乃呈至善，故間之"如好好色如惡惡臭"。此時渾然天體用事，不着人力絲毫，於此尋個下手工夫，惟有愼之一法，乃得還他本位，曰獨。仍不許動亂手脚一毫，所謂“誠之”者也。此是堯舜以來相傳心法，學者勿得草草放過。

起一善念，吾從而知之；知之之後，如何頓放此念？若頓放不妥，吾慮其剜肉成瘡。起一惡念，吾從而知之；知之之後，如何消化此念？若消化不去，吾恐其養虎遺患，總爲多此一起，纔有起處，雖善亦惡，轉爲多此一念，纔屬念緣，無滅非起。今人言“致良知”者如是。就性情上理會，則曰涵養；就念慮上提撕，則曰省察；就氣質上消鎔，則曰克治。省克得輕安，即是涵養；涵養得分明，即是省克。其實一也，皆不是落後着事。

## 會語

爲學莫先於辨誠僞；苟不於誠上立脚，千修萬修，只做得禽獸路上人。

祁世培問：“人於生死關頭不破，恐於義利尚有未淨處？”曰：“若從生死破，生死如何破得？只從義利辨得清認得眞，有何生死可言？義當生自生，義當死自死；眼前止見一義，不見有生死在。”

問：“三教同源否？”曰：“莫懸虚勘三教異同；且當下辨人禽兩路。”

古人成説如琴譜，要拍須自家彈。

静坐是養氣工夫，可以變化氣質。

世人無日不在禽獸中生活，彼不自覺；不堪當道眼觀，并不堪當冷眼觀。今以市井人觀市井，彼此不覺耳。

問：“先生教某静坐，坐時愈覺妄念紛擾奈何？”曰：“待他供狀自招也好。不然，且無從見矣。此有根株在，如何一一去得？不靜坐他何嘗無，只是不覺耳。”

吾輩心不能靜，只爲有根在。假如科舉的人只看在科舉上，仕途的人只着在仕途上；卽不專爲此，總是此傍枝生來。所以濂溪教人，只把“無欲”兩字作丹頭。

先生嘆曰：“人謂爲人不如爲己，故不忠。看來忠於己謀者亦少，如機變，如蠢息，如欺世盗名；日日戕賊此身，誤認是佔便宜事。”有友問：“三代之下，惟恐不好名，名字恐未可抹壞？”王金如云：“這是先儒有激之言。若論一名字，貽禍不是小小。”友謂：“卽如今日之會，來聽者亦爲有好名之心耳；卽此一念，便亦足取。”先生曰：“此語尤有病。這會若爲名而起，是率天下而爲亂臣賊子，皆吾輩倡之也，諸友裹足而不可入斯門矣！”友又謂：“大抵聖賢學問，從自己起見；豪傑建立事業，則從動名起見。無名心恐事業亦不成。”先生曰：“不要錯看了豪傑。古人一言一動，凡可信之當時，傳之後世者，莫不有一段眞至精神在內；此一段精神，所謂誠也。惟誠故能建立，故足不朽；稍涉名心，便是虛假，便是不誠。不誠則無物，何從生出事業來？”

敬則心中無一事。

先生儆諸生曰：“吾輩習俗既深，平日所爲，皆惡也，非過也。學者只有去惡可言，改過工夫，且用不着。”又曰：“爲不善却自恕爲無害；不知宇宙儘寬，萬物可容，容我一人不得。”

吾輩偶呈一過，人以爲無傷。不知從此過而勘之。先尚有幾十層；從此過而究之，後尚有幾十層。故過而不已必惡，謂其出有源，其流無窮也。

苟志於仁矣，無惡也，然後有改過工夫可言。

甯學聖人而未至，無以一善成名者，士君子立志之說也；甯以一善成名，無學聖人而未至者，士君子返躬之義也。如爲子死孝，爲臣死忠，古今之常理；乃舍見在之當爲，而曰吾不欲以一善成名，是又與於不仁之甚者也。

學者或云："於靜中見得道理如此，而動時又復忙亂。"或云："於動時頗近於道，而靜中又復紛擾。"症雖二見，其實一病也；動靜二字不能打合，如何言學？陽明在軍中，一面講學，一面應酬軍務，纖毫不亂；此時動靜，是一是二。

《大學》所謂格物，《孟子》所謂集義，一事也不放過，一時也不放鬆；無事時惺惺不寐，有事時一眞自如，不動些子。

無事時只居處恭便了。

省察是存養之精明處。

心中無一事，浩然與天地同流。

學不外日用動靜之間，但辨眞與妄耳。或問："如何爲眞？"先生曰："對妻子如此說，對外人却不如此說；對同輩如此說，對僕隸却不如此說。卽所謂'不誠無物'，不可以言學。"

問："所存自謂不差，而發之不能無過，何也？"曰："仍是靜存之中差耳。此中先有罅隙，而後發之日用之間，始有過不及之事，事豈離心而造者？故學者不必求之行事之著，而止求之念慮之微。一言以蔽之，曰誠而已矣。"

問："萬物皆備之義。"曰："總見得有箇萬物，便不親切。須知盈天地間無所謂萬物者，萬物皆因我而名：如父便是我之父，君便是我之君；類之五倫以往，莫不皆然。然必實有孝父之心，而後成其爲我之父；實有忠君之心，而後成其爲我之君。此所謂反身而誠，至此纔見得萬物非萬物、我非我，渾成一體。此身在天地間，無少欠缺，何樂如之！"

心須樂而行惟苦；學問中人，無不從苦處打出。

祝淵苦遊思雜念，先生曰："學者養心之法，必先養氣，養氣之功，莫如集義。自今以往，只事事求慊於心；凡閒勾當閒話說，概與截斷，歸併一路。游思雜念，何處可容？”

今人讀書，只爲句句明白，所以無法可處；若有不明白處，好商量也。然徐而叩之，其實字字不明白。

世言上等資質人，宜從陸子之學；下等資質人，宜從朱子之學。吾謂不然，惟上等資質然後可學朱子，以其胸中已有個本領，去做零碎工夫，條分縷析，亦自無礙。若下等資質，必須識得道在吾心，不假外求；有了本領，方去爲學。不然，只是向外馳求，誤却一生矣。

先生語龔敦艮曰：“學者立身，不可自放一毫出路。”

問：“改過先改心過否？”曰：“心安得有過？心有過，便是惡也。”

吾人只率初念去便是，孟子所必言本心也，初念如此，當轉念時，復轉一念，仍與初念合，是非之心仍在也。若轉轉不已，必至遂其私而後已，便不可救藥。

## 來學問答

王嗣奭問：“下學而上達自在，聖人不言，是待人自悟否？”先生曰：“形而上者謂之道，形而下者謂之器；上下原不相離，故學卽是學其所達，達卽是達其所學。若不學其所達，幾一朝之達，其道無由。譬之適京師者，起脚便是長安道；不必到長安，方是長安。不然，南轅而北轍矣。悟此之謂自悟，言此之謂不言之言。”

所列廣利濟一格，此意甚害道。百善五十善，書之無消煞處；紀過則無善可稱，無過卽是善。若雙行便有不通處。愚意但欲以改過爲善，而坐之焚香靜坐下，頗爲有見。今善惡並出，但准多少以爲銷折，則過終無改時；而善之所列，亦與過同歸而已。有過非過也，過而不改，是謂過矣；有善非善也，有意爲善，亦過也。此處頭路不清，未有不入於邪者。至于過之分數，亦屬穿鑿，理無大小多寡故也；今但除入刑者不載，則過端皆可湔除。但有過而不改，轉入於文，直須紀千萬過耳。諸君平日所講，專要無善，至此又設爲善册以勸人，落在功利一路；若爲下下人說法，尤不宜如此。僕以爲論本體決其有善無惡，論工夫則先事後得，無善有惡可也。

## 證學雜解

天命流行，物與无妄；此所謂人生而靜以上，不容說也，此處并難著“誠”字。或妄焉亦不容說，妄者，眞之似者也，古人惡似而非；似者，非之微者也，道心惟微，妄卽依焉，依眞而立，卽託眞而行。官骸性命之地，猶是人也，而生意有弗貫焉者。是人非人之間，不可方物，強名之曰妄，有妄心斯有妄形；因有妄解識、妄名理、妄言說、妄事功，以此造成妄世界，一切妄也，則亦謂之妄人已矣。妄者亡也，故曰罔之生也幸而免；一生一死，眞妄乃見，是故君子欲辨之早也。一念未起之先，生死關頭，最爲吃緊。曰此合下清楚，則一眞旣立，羣妄皆消；旣妄求眞，无妄非眞。以心還心，以聰明還耳目，以恭重還四體，以道德性命還其固然，以上天下地、往古來今還宇宙，而吾乃儼然人還其人。自此一了百當，日用間更有何事？通身仍得個靜氣而已。人心自妄根受病以來，自微而著，益增洩漏，遂受之以欺；欺與慊對，言虧欠也。《大學》首嚴自欺，自欺猶云虧心；心體本是圓滿忽，有物以攖之，便覺有虧欠處。自欺之病，如寸隙當堤，江河可決；故君子愼獨之功，只向本心呈露時，隨處體認去，便得全體熒然。眞天地合德，何慊如此？慊則誠，閒居之小人，揜不善而著善，亦儘見苦心；雖敗缺盡彰，自供已確，誠則從此便誠，僞則從此滋偽。凜乎凜乎，復云不遠，何祇於悔？

自欺受病，已是出人入獸關頭；更不加愼獨之功，轉入人偽，自此卽見君子，亦不復有厭然情狀，一味挾智任術，色取仁而行違，心體至此百碎，進之則爲鄉原；似忠信，似廉潔，欺天罔人，無所不至，猶宴然自以爲是，全不識人間有廉恥事。充其類爲王莽之謙恭，馮道之廉謹；弑父與君，皆由比出。故欺與僞雖相去不遠，而罪狀有淺深，不可一律論。近世士大夫受病，皆坐一偽字，後人呼之曰假道學；求其止犯欺者，已是好根器，不可多得。劉器之學立誠自不妄語始，至七年乃成；然則從前語亦妄，不語亦妄，卽七年以後，猶有不可問者。不觀程伯子喜獵之說乎？自非妄根一路火盡煙消，安能幷卻喉子，默默地不動一塵？至於不得已而有言，如洪鐘有叩，大鳴小鳴，適還本分，此中仍是不出來也。如同是一語，多溢一字，輕一字，都是妄。故云戲言出於思，七年之功，談何容易？不妄語方不妄動，凡口中道不出者，足下自移不去；故君子之學，置力全是躬行，而操心則在謹言上。戒欺求慊之功，於斯爲要。《易》曰：“君子居其室，出其言善，則千里之外應之，況其邇者乎？居其室，出其言不善，則千里之外違之，況其邇者乎？”嗚呼，善不善之辨微矣哉！

## 說

朱夫子答梁文叔書曰。“近看《孟子》道性善稱堯舜，此是第一義；若於此看得透、信得及，直下便是聖賢，更無一毫人欲之私，做得病痛。若信不及，孟子又說過第二節工夫。又只引成覸、顔淵、公明儀三段說話，教人如此發憤勇猛向前；日用之間，不得存留一毫人欲之私在這裏，此外更無別法。此朱子晚年見道語也。學者須占守第一義做工夫，方是有本領學問，此後自然歇手不得。如人行路，起脚便是長安道，不患不到京師。然性善堯舜人人具有，學者何故一向看不透信、不及？正爲一點靈光，都放在人欲之私上；直是十分看透，遂將本來面目盡成埋沒。驟而語之以堯舜，不覺驚天動地，却從何處下手來？學者只是克去人欲之私，欲克去人欲之私，且就靈光初放處討分曉；果認得是人欲之私，便卽時克了。陽明先生“致良知”三字，正要此處用也。孟子他日又說箇道二仁與不仁，不爲堯舜，則爲桀紂，中間更無一髮可容混處。學者上之不敢爲堯舜，下之不屑爲桀紂，却干兩下中擇個中庸自便之途，以爲至當；豈知此身早已落桀紂一途矣！故曰：“紂之不善，不如是之甚也。”學者惟有中立病難醫，凡一切悠悠忽忽，不激不昂，漫無長進者皆是。看來全是一團人欲之私，自封自固，牢不可破。今旣捉住病根在，便合信手下藥；學者從成覸、顔淵、公明儀說話激發不起且急推向桀紂一路上，果能自供自認否？若供認時，便是瞑眩時；若藥不瞑眩，厥疾不瘳正爲此等人說法。倘下之苟不爲桀紂，上之又安得不爲堯舜。

程子曰：“心要在腔子裏。”此本孟子求放心而言。則人心果時放外耶？卽放外果在何處？因讀孟子上文云：“仁人心也。”乃知心有不仁時，便是放，所謂“曠安宅而弗居”也。故陽明先生曰：“程子所謂腔子，亦卽是天理。”至哉言乎！程子又曰：“吾學雖有所授，然‘天理’二字，却是自家體認出來。”夫旣從自家體認而出，則非由名象湊泊可知。凡仁與義，皆天理之名象，而不可卽以名象爲天理，謂其不屬自家故也。試問學者何處是自家？一路須切己反觀，推究到至隱至微處，方有着落；此中無一切名象，亦並無聲臭可窺，只是個維玄維默而已。雖維玄維默，而實無一物不體備其中，所謂天也，故理曰天理。纔着人分，便落他家；一屬他家，便無歸宿。仔細檢點，或以思維放，或以卜度放，或以安徘放，或以智故放，或以虛空放；只此心動一下便是放，所放甚微，而人欲從此而横流，其究甚大。蓋此心既離自家，便有無所不至者。心齋云："凡有所向，有所見皆是妄。"既無所向，又無所見，便是無極而太極；無極而太極，卽自家眞底緼處。學者只向自家尋底蘊，常做個體認工夫；放亦只放在這裏，求亦只求在這裏，豈不至易，豈不至簡？故"求放心"三字，是學人單提口訣；下士得之爲入道之門，上根得之卽達天之路。

人坐終日擾擾也，一着歸根復命處，乃在向晦時；卽天地萬物，不外此理。于此可悟學問宗旨，只是主靜也。此處工夫最難下手，姑爲學者設方便法：且教之靜坐，日用之間，除應事接物外，苟有餘刻，且靜坐；坐間本無一切事，卽以無事付之，卽無一切事亦無一切心；無心之心，正是本心，瞥起則放下，沾滯則掃除，只與之常惺惺可也。此時伎倆，不合眼，不掩耳，不趺跏，不數息，不參話頭，只在尋常日用中；有時倦則起，有時感則應，行住坐臥，都在靜觀，食息起居，都作靜會。昔人所謂勿忘、勿助間，未嘗致纖毫之力，此其眞消息也。故程子每見人靜坐，便嘆其善學；善學云者，只此是求放心親切工夫，從此入門卽從此究竟，非徒小小方便而已。會得時立地聖域，不會得時，終身只是狂馳了，更無别法可入，不會靜坐，且學坐而已；學坐不成，更論恁學？坐如尸，坐時習；學者且從整齊嚴肅入，漸進于自然。《詩》云："相在爾室，尚不愧于屋漏。"又曰："神之格思，不可度思，矧可射思？"

學者靜中既得力，又有一段讀書之功，自然遇事能應。若靜中不得力，所讀之書，又只是章句而已；則且教之就事上磨練去，自尋常衣食以外，感應酢酬，莫非事也。其間千萬變化，不可端倪，而一一取裁于心。如權度之待物然，權度雖在我，而輕重長短之形，仍聽之于物，我無與焉，所以情順萬事而無情也。故事無大小，皆有理存。劈頭判箇是與非，見得是處，斷然如此，雖鬼神不避；見得非處，斷然不如此，雖千駟萬鍾不回。又于其中條分縷析，銖銖兩兩，辨個是中之非，非中之是；似是之非，似非之是，從此下手，沛然不疑，所行動有成績。又凡事有先着，當圖難于易，爲大于細；有要着，一着勝人千萬着，失此不着，滿盤敗局。又有先後着，如低棋以後着爲先着，多是見小欲速之病；又有了着，恐事至八九分便放手，終成決裂也。蓋見得是非後，又當計成敗，如此方是有用學問。世有學人，居恆談道理井井，纔與言世務便疎；試之以事，或一籌莫展。這疏與拙，正是此心受病處，非關才具。諺云："經一跌，長一識。"且須熟察此心受病之原，果在何處，因痛與之克治去，從此再不犯跌，庶有長進。學者遇事不能應，只有練心法，更無練事法；練心之法，大要只是胸中無一事而已，無一事乃能事事，便是主靜工夫得力處。又曰："多事不如少事；省事不如無事"。

應事接物，相爲表裏；學者于天下不能遺一事，便于天下不能遺一人。自落地一聲，此身已屬之父母；及其稍長，便有兄弟與之比肩，長而有室，又有妻子與之室家。至于食毛踐土，君臣之義，無所不在。惟朋友聯合于稠人廣衆之中，似屬疎闊；而人生實賴以有覺。合之稱五倫，人道之經綸，管于此也；然父子其本也，人能孝于觀，未有不忠于事君與友於兄弟、信於朋友、宜於家室者。夫妻一倫，尤屬化原；古來大聖大賢，又多從此處發軔來。故曰："刑于寡妻，至于兄弟，以御于家邦。"蓋居室之間，其事最微渺而易忽，其惡爲淫僻；學者從此關打破，便是眞道德、眞性命、眞學問文章。不然，只是僞也。自有五倫，而舉天下之人，皆經緯聯絡其中；一盡一切盡，一虧一切虧。第一要時時體認出天地萬物一體氣象，卽遇惡人之見，橫逆之來，果能作如是觀否？彼固一體中人耳，纔有絲毫隔絕，便是斷滅性種。至于知之之明，與處之之當，皆一體中自作用，非關權術；人第欲以術勝之，未有不墮其彀中者。然此際煞合理會陸，象山先生曰："除了人情事變，無可做工夫"。要知做工夫處，果是何事？若不知此事，只理會個人情事變，仍不是工夫，學者知之。

今爲學者下一頂門針，卽"向外馳求"四字，便做成一生病痛；吾儕試以之自反，無不悚然汗浹者。凡人自有生以後，耳濡目染，動與一切外物作緣，以是營營逐逐，將全副精神，都用在外，其來舊矣。學者旣有志於道，且將從來一切向外精神，盡與之反復身來，此後方有下手工夫可說。須知道不是外物，反求卽是，故曰："我欲仁，斯仁至矣。"無奈積習旣久，如浪子亡家，失其歸路；卽一面回頭，一面仍住舊時綠，終不知在我爲何物。又自以爲我矣，曰吾求之身矣，不知其爲軀殼也；又自以爲我矣，曰吾求之心矣，不知其爲口耳也；又自以爲我矣，曰吾求之性與命矣，不知其爲名物象數也。求之于軀殼，外矣；求之于耳目，愈外矣；求之于名物象數，外之外矣！所爲一路向外馳求也。所向是外，無往非外：一起居焉外，一飲良焉外，一動靜語默焉外，時而存養焉外，時而省察焉外，時而遷善改過焉外，此又與于不學之甚者也。是故讀書則以事科舉，仕宦則以肥身家，勳業則以望公卿，氣節則以邀聲譽，文章則以腴聽聞，何莫而非向外之病乎？學者須發眞實爲我心，每日孜孜汲汲，只幹辦在我家當。身是我身，非關軀殼；心是我心，非關口耳；性命是我性命，非關名物象數。正目而視之，不可得而見；傾耳聽之，不可得而聞。非惟人不可得而見聞，雖吾亦不可得而見聞也。於此體認親切，自起居食息以往，無非求在我者；及其求之而得，天地萬物，無非我有，絕不是功名、富貴、氣節文章，所謂自得也。總之，道禮本無內外，而學者自以所向分內外；所向在內，愈尋求愈歸宿，亦愈發皇。故曰："君子之道，闇然而日章。"所向在外，愈尋求，愈決裂，亦愈消亡。故曰："小人之道，的然而日亡。"學者幸早辨諸。

天命流行，物與无妄。人得之以爲心，是謂本心；人心無一妄，而已忽焉有妄，希乎微乎，其不得而端倪乎？是謂微過，獨知主之；有微過是以有隐過，七情主之；有隱過是以有顯過，九容主之；有顯過是以有大過，五倫主之；有大過是以有叢過，百行主之。總之，妄也。譬之木自本而根而幹而標，水自源而後及于流，盈科而至於放海。故曰："涓涓不息，將成江河；緜緜不絕，將尋斧柯"。是以君子貴防之早也，其惟愼獨乎！愼獨則時時知改，俄而授之隱過矣；當念過便從當念改，又授之顯過矣；當身過便從當身改，又授之大過矣；當境過，當境改，又授之叢過矣。隨事過，隨事改，改之則復於無過，可喜也；不改成過，且得無改乎？總之皆袪妄還眞之學，而工夫次第如此。譬之擒賊者，擒之於室甚善，不於室而於堂，不於堂而於外門於衢於境上，必成擒而後已。"子絕四，毋意、毋必、毋固、毋我"。眞能愼獨者也。其次別克伐怨欲不行焉爾。朱子之言曰："獨行不愧影，獨寢不愧衾，獨而顯矣。"司馬溫公則云："某平生無甚過人處；但無一事不可對人言者，庶幾免於大過乎？若邢恕之一日三檢點，則叢過對治法也。"眞能愼獨者，無之非獨；卽邢恕學問，孔子亦用得着。故曰不爲酒困。不然，自原憲而下，總是個閒居小人爲不善而已。善學者，須學孔子之學，只於意根上止截一下，便千了百當；若到必固我已漸成決裂，幸於我處止截得，猶不失爲顏子克己，過此無可商量矣。落一格，粗一格，工夫轉愈難一格，故曰可爲難矣。學者須是學孔子之學。

人之言曰："有心爲惡，無心爲過。"則過容有不及知者，因有不及改，是大不然。夫心不愛過者也，纔有一點過，便屬礙膺之物，必一決之而後快；故人未有有過而不自知者，只不肯自認爲知爾。然則過又安從生？曰："只不肯自認爲知處，其受蔽處良多，以此造過遂多。仍做過不知而已。"孟子言："君子之過，如日月之食。"可見人心只是一團靈明，而不能不受暗於過。明處是心，暗處是過；明中有暗，暗中有明。明中之暗卽是過，暗中之明卽是改，手勢如此親切；但常人之心，忽明忽暗，展轉出沒，終不能還得明明之體，不歸薄蝕何疑？君子則以暗中之明，用個致曲工夫，漸次與它恢擴去。在《論語》則曰訟過，如兩造當庭，抵死仇對，不至十分明白不已，纔明白便無事，如一事有過，直勘到事前之心，果是如何；一念有過，直勘到念後之事，更當如何？如此反覆推勘，更無躲閃，雖一塵亦駐足不得。此所謂致曲工夫也。大《易》則言補過，謂此心一經缺陷，便立刻與之圓滿那靈明爾；若只是小小補綴，頭痛救頭，脚痛救脚，敗缺難掩，而彌縫日甚，謂之文過而已。雖然，人猶有有過而不自知者。子路人告之以有過則喜。子曰："丘也幸！苟有過，人必知之。"然則學者虛心遜志時，務察言觀色以輔所不逮，有不容緩者。

## 聖學吃緊三關

學莫先于問途，則人己辨焉；此處不差，後來方有進步可觀。不然，只是終身擾擾而已。爲已爲人，只聞達之辨，說得大概已盡；後儒又就聞中指出許多病痛，往往不離功名富貴四字，而蔽之以義利兩言。除却利便是義，除却功名富貴便是道；此中是一是二，辨之最微。學者合下未開眼孔，只爲己不足，故求助於人；豈知愈求助於人，愈不足於己乎？

學以爲己，己以內又有己焉；只此方寸之中，作得主者是，此所謂眞已也敬乎？

由主敬而入，方能覿體承當；其要歸於覺地，故終言迷悟。

工夫却從存養中來，非懸空揣控，索之象罔者也，故朱懦往往不喜頓悟之說。或曰："格物致知，《大學》之始事；今以悟爲終事，何也？"曰："格致工夫，自判斷人己一關時，已用得著矣。然必知止知至以後，體之當身，一一無礙，方謂之了悟。悟豈易言乎？若僅取當下一點靈明瞥然有見時，便謂之悟，恐少間已不可復恃。"

# 二十一　附案

## 顔冲宇先生

顔鯨，字應雷，號冲宇，甯之慈谿人。海忠介下獄，特疏救之；沈青霞冤死，拔其子襄於太學。出提學政，先風化而後文藝。在楚則忤江陵，在中州則忤新鄭，其守正如此。鄒南臯曰："子讀先生所論孔、孟、顏、曾及原人原性諸語，其學以求仁爲宗，以默坐澄心爲入門，以踐履操修爲見性，而妙於愼獨，極於默識，既殫厥心矣；而總於悟格物之旨盡之。世儒以一事一物爲物，而先生以通天下國家爲物爲格，其力久故其悟深，其悟深故其用周。眞從困衡中入，而非以意識承當之者。”先師蕺山曰：“先生於學問頭腦，已窺見其大意，故所至樹立磊落。”先生與許敬菴皆談格物之學，敬菴有見於一物不容之體，先生有見於萬物皆備之體；蓋相反而相成者，總之不落訓詁窠臼者也。

## 應天彝先生

應典，字天彝，號石門，永康人。初謁章懋於蘭江，奮然有担負斯道之志；後介黃宗明見王守仁於稽山，授以“致良知”之學，歸而講學五峯書院。典之論學曰：“聖賢之學，在反求諸己而無自欺。人心本體，至虛至明，纖毫私意，容受不得。如鼻之於臭，纔觸便覺，纔覺便速除去，更無一毫容忍。古之聖賢，當生而死，當富貴而甯貧賤；以至處內外、遠近、常變、得失、毀譽之間，不肯稍有所狥者，以能自見其心之本體，而勿以自欺而已。人心無聲無臭，渾然天理，不能不爲物欲所蔽；而本體之明，終不可泯。一念覺若鬼神之尸其兆，上帝之宰其衷，此卽是不可欺之本心；充而達之，卽盡是心。孟子曰：‘人能充無欲害人之心，而仁不可勝用也；人能充無穿窬之心，而義不可勝用也。’充其不欺之心，至於纖悉隱微，無所不盡；事之巨細大小，俱以一心處之，而本然之體，原是不動，此聖賢學問緊關切要處，學者知此，工夫方有着落。若徒務外近名，竊取口耳聞見之似以誇於人，又或知有身心之學，摸擬想像，不實踐下手；自欺之罪，終恐不免。”此其論學之大概也。典爲人誠慤和粹，孝友兼篤，謹言愼行，廉隅修整。黃宗明稱其篤實謙虛，刻苦好學，浙中罕儷云。

## 周德純先生

周瑩，字德純，號寶峯，永康人。嘗學於應元忠，往見陽明子。陽明子曰：“子從應子之所來乎？”曰：“然。”曰：“應子云何？”曰：“應子曰：‘希聖希賢，毋溺流俗。’且曰：‘吾聞諸陽明子云。’瑩是以不遠千里而來謁。”曰：“子之來猶有未信乎？”曰：“信。”曰：“信而又來何也？”曰：“未得其方。”陽明子曰：“子既得其方矣。”對曰：“瑩惟不得其方，是以來見。願卒賜之教。”陽明子曰：“子既得之矣！”周子悚然起，茫然有間。陽明子曰：“子之自永康來也幾何程？”曰：“數百里而遙。”曰：“遠矣。”曰：“從舟乎？”曰：“舟而又登陸也。”曰：“勞矣！當茲六月暑乎？”曰：“途之暑特甚。”曰：“難矣！具資糧從童僕乎？”曰：“攜一僕，中途而病，舍貸而行。”曰：“茲益難矣！”曰：“子之來既遠且勞，其難若此也，何不遂返乎？將毋有強子者乎？”曰：“瑩至夫子之門，勞苦艱難，誠樂也；甯以是而遂返，又奚俟人之強也？”曰：“如是則子固已得其方矣。子之志欲至於吾門，則至於吾門，無假於人；子而志於聖賢之學，則亦卽至於聖賢，而又段於人乎？子之舍舟從陸、捐僕貸糧、冒毒暑而來也，又安受其方也？”周子躍然而拜曰：“茲乃命之方也矣！微先生言，瑩何以得之？”陽明子曰：“子不見夫爇石以求灰乎？火力足也，乃得水而化；子歸就應子，而足其火力焉，吾將儲擔石之水以俟子之再見。”瑩學於姚江，既有所得，乃請其學於五峯。

## 盧德卿先生

盧可久，字德卿，永康人。從陽明子於越。三月，既得“良知”之學；辭歸，處一松山房，端默靜坐，恍覺浮翳盡掃皎月中天之象。再見陽明，商證益密，同門王幾、錢德洪皆相許可。陽明子歿，歸而聚徒講學於五峯，曰：“本體工夫，不落階級，不涉有無；悟者超於凡俗，不悟卽落迷途。”又曰：“原無所存，更有何亡？原無所得，更有可失？默而識之，神而明之。”又曰“省愆改過，是眞實下工夫處；見得己過日密，則用工益精。”或問學之實功。曰：“非禮勿視聽言動，充之而手舞足蹈，充之而動容周旋中禮。”其論學如此。可久負荷斯道，篤實精進，汲引提撕，至老不倦。孝事二親，居喪盡禮。室人早喪，鰥居四十年，守嚴一介，芥視千乘，襟懷灑落，略爲攖滯。享年七十有七卒。所著有《光餘或問》、《望洋日錄》、《草牕巷語》、《文錄》等書。

## 杜子光先生

杜惟熙，字子光，號見山，東陽人。年十七，卽北面一松之門；凡四歲，恍若有得。一松曰：“爲學須經事變，方可自信所得。”復十半，家難遽作；乃悵憶一松言，作《悔言錄》以自勵。復至五峯，盡其道。嘗言學者一息不寐，則萬古皆通；一刻自寬，卽終身欠缺，蓋得程子識仁之旨。又詩曰：“古今方寸裏，天地範圍中；有事還無事，如空不落空。”所造深矣！其學以復性爲宗，克欲爲實際；審察克治，無間晝夜，持己接物，眞率簡易，不修邊幅。其教人迎機，片語卽可證悟。自奉粗糲淡泊，脫粟杯羹，與來學者共之。分守張鳳梧，建崇正書院，聘與徐用檢遞主教席。海門周汝登見《悔言集》，以爲非大悟後不能道，由姚江而直溯洙泗。年八十餘，小疾，語諸友曰："明晨當來作別。"及期，焚香端坐曰："諸君看我如是而來，如是而去，可用得意見安排否？"門人請益，曰："極深研幾，遂焉。"

# 編後記

本書整理者許嘯天（1886~1946），字澤齋，號嘯天，別署嘯天生、嘯天廬主等，浙江上虞人。早年在《蘇報》發表文章，深得章太炎的賞識。後又致力於戲劇，能編善演。1914年，許嘯天與其妻高劍華創辦《眉語》雜誌，成爲鴛鴦蝴蝶派的名刊之一。新文化運動興起後，許嘯天提倡新文化，致力於古代文化典籍和古代著名小說的點校和闡釋工作。曾以新式標點校點《黃黎洲集》《顧林亭集》《王船山集》《朱舜水集》《顏習齋集》（合爲“清初五大師集”，《黃黎洲集》是其中的卷一，知識產權出版社《民國文存》第一輯對這五卷均有收錄）以及《紅樓夢》《三國演義》等，又以白話註釋《詩經》《戰國策》《史記》等。許嘯天著有小說、劇本多種，在小說創作方面以歷史演義題材爲主，其中以《清宮十三朝演義》流傳最廣，曾被改編爲京劇，原作亦多次再版，此外還編著有《文學小史》《中國文學史解題》《國故學討論集》等。1946年抗戰結束，許嘯天返回上海，任上海誠明文學院教授，創辦嘯天講學社，教授中國文學史，兼事寫作。

黃黎洲即黃宗羲（1610~1695），字太沖，號南雷，浙江余姚人，晚年自稱黎洲老人，學者因稱黎洲先生，明末清初的思想家、經學家、教育學家，在史學、地理學、天文曆算學等方面亦有所長，與王船山、顧炎武並稱爲“清初三大儒”。清兵入關后，黃宗羲積極參加抗清義軍，失敗后隱居，屢拒清廷徵召，隱居著述。《明夷待訪錄》和《明儒學案》是黃宗羲的代表作。《明夷待訪錄》是一部具有啓蒙性質的批判君主專制的名著，體現了黃黎洲的民主、民本思想，黃宗羲亦被稱爲“中國思想啓蒙之父”。《明儒學案》是一部闡述明代學術思想發展演變及其流派的學術史著作，將明代各派的學術淵源、學者傳記和學術宗旨有機結合起來，系統而完整。梁啟超在《清代學術概論》中認爲：“中國之有‘學術史’，自此始也。”

本書依據群學社1926年1月付印、1928年再版的《黃黎洲集》爲底本進行整理。《黃黎洲集》是由《明夷待訪錄》和《明儒學案節要》合刊成的一部集子，後者是許嘯天據時代的需求對《明儒學案》用了“一番刪節工夫”而成。編輯在整理的過程中，版式上將原來的直排變爲橫排，以便於今人閱讀；儘量保持民國時期的語言文字原貌，如文中的繁簡混用現象，並未加以改動；對底本中需要補充或明顯錯訛需要糾正的地方，以“編者註”的形式說明；底本已經使用了現代標點，但與今天的規範仍有差異，編輯以尊重原稿爲主、依據現代漢語標點規則修改。另需說明的是，“黃黎洲”的“黎”字，底本有“黎”和“梨”兩種寫法，今保持底本原貌。限於整理者水準，錯漏不當之處仍在所難免，誠望讀者批評指正。

韓　帥

二零一三年二月

# 《民國文存》第一輯書目

| | |
|---|---|
| 紅樓夢附集十二種 | 徐復初 |
| 萬國博覽會遊記 | 屠坤華 |
| 國學必讀（上） | 錢基博 |
| 國學必讀（下） | 錢基博 |
| 中國寓言與神話 | 胡懷琛 |
| 文選學 | 駱鴻凱 |
| 中國書史 | 查猛濟、陳彬龢 |
| 林紓筆記及選評兩種 | 林紓 |
| 程伊川年譜 | 姚名達 |
| 左宗棠家書 | 胡嘯天 |
| 積微居文錄 | 楊樹達 |
| 中國文字與書法 | 陳彬龢 |
| 中國六大文豪 | 謝無量 |
| 中國學術大綱 | 蔡尚思 |
| 中國僧伽之詩生活 | 張長弓 |
| 中國近三百年哲學史 | 蔣維喬 |
| 段硯齋雜文 | 沈兼士 |
| 清代學者整理舊學之總成績 | 梁啟超 |
| 墨子綜釋 | 支偉成 |
| 讀淮南子 | 盧錫烴 |

| | |
|---|---|
| 國外考察記兩種 | 傅芸子、程硯秋 |
| 古文筆法百篇 | 胡懷琛 |
| 中國文學史 | 劉大白 |
| 紅樓夢研究兩種 | 李辰冬、壽鵬飛 |
| 閒話上海 | 馬健行 |
| 老學蛻語 | 范禕 |
| 中國文學史 | 林傳甲 |
| 墨子閒詁箋 | 張純一 |
| 中國國文法 | 吳瀛 |
| 錢基博著作三種 | 錢基博 |
| 老莊研究兩種 | 陳柱、顧實 |
| 清初五大師集（卷一）· 黃梨洲集 | 許嘯天 |
| 清初五大師集（卷二）· 顧亭林集 | 許嘯天 |
| 清初五大師集（卷三）· 王船山集 | 許嘯天 |
| 清初五大師集（卷四）· 朱舜水集 | 許嘯天 |
| 清初五大師集（卷五）· 顏習齋集 | 許嘯天 |
| 文學論 | 夏目漱石、張我軍 |
| 經學史論 | 本田成之、江俠庵 |
| 經史子集要略 | 羅止園 |
| 古代詩詞研究三種 | 胡樸安、賀楊靈、徐珂 |
| 古代文學研究三種 | 張西堂、羅常培、呂思勉 |
| 巴拿馬太平洋萬國博覽會要覽 | 李宣龔 |
| 國史通略 | 張震南 |
| 先秦經濟思想史 | 甘乃光、熊夢 |
| 三國晉初史略 | 王鍾麒 |
| 清史講義（上） | 汪榮寶、許國英 |
| 清史講義（下） | 汪榮寶、許國英 |

| | |
|---|---|
| 清史要略 | 陳懷 |
| 中國近百年史要 | 陳懷 |
| 中國近百年史（上） | 孟世傑 |
| 中國近百年史（下） | 孟世傑 |
| 中國近世史 | 魏野疇 |
| 中國歷代黨爭史 | 王桐齡 |
| 古書源流（上） | 李繼煌 |
| 古書源流（下） | 李繼煌 |
| 史學叢書 | 呂思勉 |
| 中華幣制史 | 張家驤 |
| 中國貨幣史研究二種 | 徐滄水、章宗元 |
| 歷代屯田考（上） | 張君約 |
| 歷代屯田考（下） | 張君約 |
| 東方研究史 | 莫東寅 |
| 近世歐洲史 | 何炳松 |
| 西洋教育思想史（上） | 蔣徑三 |
| 西洋教育思想史（下） | 蔣徑三 |
| 西洋教育史大綱 | 姜琦 |